KB200830

사데 교회에 보내는 편지

사데 교회에 보내는 편지

교회에

보내는

편지

유원상

ΙΧΘΥΣ

사데 교회에 보내는 편지

2011년 9월 23일 초판 1쇄 발행

지은이 유원상
펴낸이 박찬규
펴낸곳 도서출판 익두스
편집디자인 이초원

등록 제406-2011-000064호 (2009년 2월 3일)
주소 경기도 파주시 교하읍 문발리 597-4 202호
홈페이지 www.ixdus.or.kr
TEL 031-947-7504
FAX 031-947-7987

ISBN 978-89-966723-2-6-02230

거치는 돌 예언적 사도

유원상 선생은 독립전도자였다. 선생의 복음 전파는 일차적으로 그가 약 30년간 매주에 한 편씩, 주위의 지인과 독자들에게 써온 전도 엽서를 통해 이루어졌다. 일반에 공개되지는 않았지만 이 엽서를 묶은 것으로 출간된 책이 10권에 이르며, 묶여진 전도 엽서의 수도 1천 편이 넘는다. 그리고 생애의 말기에 쓴, 아직 정리조차 되지 않은 더 짧은 분량의 엽서까지 합하면 약 1천 4백여 편의 엽서를 수신자들에게 띄우고 하늘나라로 가신 것으로 생각된다.

1920년에 태어난 유원상 선생은 젊은날 기독교에 귀의 한 후 대전 감리교신학교에서 신학을 공부하고, 대전과 부평지방에서 6년간 목회를 하기도 하였다. 그러나 교직 생활의 신앙적 부자유에서 고민하던 그는 우찌무라 간조를 접한 후 평생 독립전도자의 길을 걷게 된다. 그렇기에 그 발걸음에 무교회주의의 영향이 짙게 묻어 있는 것은 당연한 일이요, 그가 말하는 복음에도 강렬하게 이 색채가 더해져 있다.

그러나 복음을 찾고 누리는 방법상에 있어 유원상 선생이 추구한 바는 무교회주의의 그것과도 완전히 같지는 않았으니, 선생은 무교회주의 모임에서 강조하게 되는 성서에 대한 학구적인 연구 중심적 태도, 그 자체를 만능으로 여기지는 않았다는 점이다. 선생은 오히려 신앙에 있어 강조점이 성서연구에만 머무를 때, 그 신앙은 의문儀文에서 벗어나지 못한다고 지적하였다. 오히려 그는 교회가 예수의 피의 복음 그 자체에서 약동하는 생명을 회복해야 함을 선포하였다. 그렇기에 선생의 복음 엽서를 읽으면 보기 좋게 윤색된 것이 아닌, 날것 그대로의 복음을 접한다는 느낌이 든다.

이 책은 유원상 선생이 초기에 쓴 원고 중 한 권인 『성전의 비밀』에서 일부를 덜어내고 재편집한 것이다. 크게 네 가지 주제로 나누어, 선생의 관점이 잘 드러나도록 편집하였다. 그 주제는 각각 감사, 평강, 양심, 기독교(나라)이다. 거칠게 요약하자면 선생은 기독교인에게 감사가 없는 것이 기독교의 가장 심각한 '고장'이며, 이로 인하여 그리스도인에게 절대 평강 즉 안식이 없는 삶이 가장 큰 비극이라고 말한다. 또한 신앙 양심이 부패한 것이 한국 기독교의 가장 큰 문제이며, 정직한 신앙 양심에서만 진정한 기독교를 직시할 수 있음을 말한다.

이 책은 제목을 새롭게 하여 『사데 교회에 보내는 편지』라고 붙였다. 이 글들을 읽으며 우리 스스로를 돌아보니, 계시록에 등장하는 교회들 가운데 유독 사데 교회가 떠오르는 것은 나뿐일까. 참으로 비통하고 가슴 아픈 일이지만 이 글의 수신자를 그렇게 이름 지었다.

살아생전 유원상 선생의 외침은 교회에서나 밖에서나 주목할 만한 목소리가 될 수 없었다. 애초에 그런 자신의 운명을 생각하였던 것일까, 유원상 선생은 이사야와 같이 백성의 눈을 가리우고 귀를 막는 일을 스스로의 사명으로 생각하였다. 듣고 돌이키는 이가 없어도 외쳐야 하는 예언자의 사명이 그의 역할이었는지 모른다. 그 외침을 엮었으니 이 책 역시 귀 있는 자는 들을 것이나, 그렇지 않은 이들에게는 거치는 돌이 될 뿐인 것이다.

유 선생을 잘 알던 이는 그를 일컬어 "사도와 같은 분"이라 말했다. 보내심을 받은 대로 선포한 그 인생은 세상이 보기에는 흠모할 것이 아무것도 없는 것이었다. 그러나 씨앗은 썩고 나서야 그 열매를 알 수 있지 않겠는가. 그 사도적 생애를 기리며 출간의 뜻에 갈음한다.

자유의 힘

진리를 알지니 진리가 너희를 자유롭게 하리라 (요 8:32)

진리에서의 생명이란, 영원한 발전성을 뜻하며, 이는 또 영원히 주는 힘을 말하는 것이다. 이처럼 줄 수 있는 힘만이 참 능력이기에 부활하신 그리스도는 사도들에게 성령이 임하시면 땅 끝까지 이르러 증인이 될 능력이 부여된다고 말씀하셨다. 이처럼 주는 자가 참 행복자인데, 문제는 어떻게 주는 자가 될 수 있느냐이다.

바로 이에 대한 해답이 복음이다. 즉, 주는 자란 먼저 넘치는 감사자로서, 이 감사는 자유에서 오는 축복이니, 욕심에서의 해방이요 의무에서의 자유를 뜻한다. 이와 같은 자유는 오직 그리스도만이 주실 수 있는, 실로 책임 있고 권세 있는 자유로서 당신의 전 생명을 투입한 대가로 주어진 피의 자유인 까닭에, 이 자유와 바꿀 만한 것은 이 세상에 있을 수 없다.

그러므로 그리스도가 계신 곳에만 이 자유가 보장되는 까닭에 만일에라도 그리스도를 잘못 이해한다면 벌써 그곳에는 자유 아닌 압제가, 감사 아닌 불평이 싹터, 그 결과로 주는 자 아닌 빼앗는 자로 되어 생명을 해치는 존재로 전락하게 마련이다. 이가 양의 옷을 입은 이리다.

그런고로 그리스도를 어떻게 받아들이느냐의 문제가 얼마나 심각한가를 우리는 재인식해야 되는 것이다. 교회는 교회 사업 때문에 그리스도를 바로 증거할 수 없은즉 이는 다만 성서로서만 가능기에 이 성서를 올바르게 계시해 주시는 분이 성령인 것이다. 그런 까닭에 성령의 역사가 정상일 때 비로소 성서를 통한 그리스도가 밝히 믿어지면서 참 자유를 누리게 되며, 이 참 자유가 결국 주는 자로서의 무궁한 생명의 능력을 여실히 증명하는 영생의 실력자로 나타나게 되는 것이다. 이가 바울이 말한 바 죄와 사망의 법을 정복한 생명의 성령의 법이다.

우리는 흔히 주지 못하는 자를 주게 하는 길이 열심, 노력, 계명 준수 또는 의식 엄수처럼 떠드나, 주는 힘이란 더 높은 복음에서 오는 자유의 힘인즉, 우리는 기독교의 출발부터의 잘못을 회개하고 새롭고 산 길로 돌이킬 때에만 피차가 살게 될 것이다. 귀있는 자 들을진저.

차 례

I 감사로 제사를 드리는 자

II 악인에게는 평강이 없다

Ⅲ 그리스도 안에 있는 양심

IV 진동치 아니할 나라

I 감사로 제사를 드리는 자

이처럼 감사를 먼저 하느냐, 나중 하느냐에 따라서 복음이냐 율법이냐의 진리 차이가 생기고 그리스도와 모세의 격차가 있게 되는 것이다. 아브라함이 이삭을 바친 사건, 엘리야 선지자가 사르밧 과부에게 떡을 먼저 요구한 사건, 여호사밧 왕이 전투도 하기 전에 하나님께 감사의 찬송부터 했던 사건 등은 바울 사도가 빌립보 교우들에게 권면한 복음적 순수 감사의 선구자들을 보여주는 것이다

Ω
절대적 진리

하나님은 절대자이신데 우리 인생은 상대적 존재인고로, 하나님께 돌아가려면 오직 예수 그리스도를 통해서만 가능하니, 그리스도는 어제도 오늘도 영원토록 변치 않으시는 절대 세계의 길이요 진리시요 생명이시기 때문이다.[1]히 13:8, 요 14:6, 행 4:12, 마 11:27 그리스도는 인간으로 오신 하나님이시며 영생이시며 말씀이시고 참 빛이시며 충만이신고로,[2]요 1:1, 요일 5:20, 골 1:19 그리스도 안에 있는 참 믿음이란 이 상대 세계에서 절대 세계로, 즉 사망에서 생명으로, 어두움에서 빛으로 옮겨진 것을 뜻한다.[3]요 5:24, 골 1:13 인간이 하나님의 형상대로 지음 받았다는 말도 바로 이와 같은 절대 세계의 삶을 말함이니[4]창 1:27 이처럼 비교할 수 없는 세계, 비교가 안 되는 세계에서의 삶이란 상대 세계에서 사는 인간으로는 납득할 수 없는 별천지인 까닭에 이를 해결하는 것이 바로 믿음이다.[5]히 11:6, 고전 1:18

인간 세계는 모두가 상대적이며 비교 세계다. 위와 아래, 좌와 우, 대와 소, 과거와 현재, 미와 추, 선과 악, 행복과 불행, 지혜와 우둔, 생과 사, 자기와 타인 등등. 우리는 항상 사물을 생각할 때에 그것 하나만을 생각 못 하고 꼭 비교하는 버릇이 있는데, 이 때문에 가령 감사를 할 때도 타인과 비교 또는 과거와 비교해서의 감사지, 현재 그 자체에 대한 순수한 감사를 못하는 것이 보통이니, 여기에 우리 신앙의 문제점이 있다.6)요 21:22 왜냐하면 하나님의 나라는 무엇과도 비교할 수 없는 절대 세계요 영원 생명의 세계이므로 인간이 자기중심이라는 상대적 가치 판단의 비교에서의 탈피 없이는 하나님의 참 사랑을 모르기 때문이다.7)요 3:10 즉 절대자이신 하나님은 우리 한 사람 한 사람을 당신처럼 절대적 존재로 대우 취급하셔서 탕자가 돌아왔을 때도 그의 과거에 대해 일체 언급하지 않는 것은 돌아온 아들의 그 현재가 무엇과도 비교할 수 없는 절대 가치의 현재이기 때문이었다. 천국 시민이란8)눅 12:32 항상 땅에 붙은 상대적 비교의 사슬에서 벗어나서9)시 116:16 절대적 현재에서 사는 자이므로 그의 감사가 범사 감사로 또는 영원 감사로 절대성을 띠는 그 점이, 그가 바로 절대 국적을 소유했다는 증거인 것이다.10)빌 3:20

진리를 알지니 진리가 너희를 자유롭게 하리라 (요 8:32)

Ω

오염된 감사

마땅히 감사해야 할 것을 감사 못 하는 자를 가리켜 멸망하는 짐승이라 한다면,[1]시 49:20 소위 감사한다는 우리 신앙에도 문제가 있는 것으로 봐야 한다. 왜냐하면 우리가 감사하는 그 내용을 엄밀히 따져 보면 모두가 비교에서 오는 우월감 아니면 어떤 구체성에 대한 보이는 감사이기 때문이다.[2]눅 18:11, 고후 4:18 예수 안에서의 감사는 그런 것이 아니니,[3]히 13:15, 시 150:6 실로 오염된 공기가 생명을 위협하는 격으로 신자의 감사가 오염될 때 그 신앙은 위기에 봉착해 있음을 알아야 한다. 그리스도를 통한 하나님의 은혜는 어디까지나 일방적이고 절대적인 은총인 까닭에 우리들의 복음 신앙이란 이 복된 사실을 믿고 의지하고 신뢰하는 것이 신앙의 전부이다.[4]욥 1:21 그런 까닭에 어떤 사실에 대한 결과만 감사하거나 또는 타인과의 비교에서의 감사란 결코 순수한 감사가 못되는, 변질되고 오염된 것으로 알고 엄히 경계해야 옳을 것이다.

가령 돈을 쓰는데 은행에서 내 양심만 믿고 대부해 주는 신용

대부와 나의 재산을 저당하는 담보 대부와는 그 내용에서 내 인격을 평가하는 데 천양지차가 있는 것처럼, 우리들이 하나님의 사랑에 감사한다는 그 감사도 조건부냐 무조건이냐에 따라서 하나님께 돌리는 영광의 차가 이만 저만이 아니게 된다.[5]고후 4:15 이처럼 감사를 먼저 하느냐(무조건), 나중 하느냐(조건부)에 따라서 복음이냐 율법이냐의 진리 차이가 생기고 그리스도와 모세의 격차가 있게 되는 것이다.[6]눅 16:16, 요 1:17 아브라함이 이삭을 바친 사건,[7]히 11:19 엘리야 선지자가 사르밧 과부에게 떡을 먼저 요구한 사건,[8]왕상 17:13 여호사밧 왕이 전투도 하기 전에 하나님께 감사의 찬송부터 했던 사건[9]대하 20:22 등은 바울 사도가 빌립보 교우들에게 권면한 복음적 순수 감사의 선구자들로서 우리로 하여금 진리상의 공적 재물은 다만 감사의 찬송뿐임을 다시 확인하게 해준다.[10]시 50:23, 히 10:35 아, 뻔뻔스럽게도 오염된 감사, 변질된 제사를 드렸던 이 죄인을 다시 회개시키는 이 큰 은혜여. 아, 참으로 큰 은혜로다.[11]사 1:11

🕊 아무 것도 염려하지 말고 다만 모든 일에 기도와 간구로, 너희 구할 것을 감사함으로 하나님께 아뢰라 (빌 4:6)

Ω

무슨 독을 마실지라도

기독교는 세상을 이기는 진리다.[1]요일 5:4, 창 1:28 누가 우리를 그리스도의 사랑에서 끊으리요. 환난이냐 곤고냐 핍박이냐 기근이냐 적신이냐 위험이냐 칼이랴.[2]롬 8:35 너희가 세상에서는 환난을 당하나 담대하라 내가 세상을 이기었노라 하신 이 말씀은 항상 우리에게 무한한 감격과 용기를 가져다준다.[3]요 16:33 사탄은 신자를 유혹 파멸케 함이 그의 역할이기에 그리스도까지도 유혹했음은 물론이요[4]마 4:3 우리들을 항상 밀을 까부르는 격으로 시험하고 있는 것이다.[5]눅 22:31 이와 같은 세상에서 즉 사망의 음침한 골짜기에서 우리가 전진할 수 있는 승리의 비결은 무엇인가. 그것은 믿음뿐이다.[6]막 9:23, 히 11:6 그리스도께서 하나님의 아들임을 믿는 자만이 이길 수 있다는 그 믿음이란 소위 교회 출석, 세례, 성찬, 헌금, 전도 등을 말함이 아니라 무슨 독을 마실지라도 해를 받지 않는 믿음이니, 그 믿음이란 바로 범사에 감사하는 믿음을 뜻한다.[7]살전 5:18

이 점에 대해 내가 감동이 된 해석을 소개해 본다. "당신이 항상 불평과 불만을 토로하지만 않으면 모든 시험은 결코 당신을 해치지 못한다."(레이 스탠드먼, 『히브리서 평해』) 이처럼 감사는 실로 하나님의 기뻐하시는 공적 제물로서 이 제사야말로 영광이 넘치므로 어떤 사물도 이를 방해할 수 없는 것이다.[8]시 50:23, 히 13:15 그리스도를 믿는 자란 그리스도의 피로써 하나님의 성전이 된 자요 [9]고전 3:16, 6:19, 20 하나님의 의와 하나님의 거룩, 하나님의 구속과 하나님의 지혜가 충만한 새로운 피조물이기 때문이다.[10]고전 1:30, 골 1:19, 고후 5:19 이와 같이 그리스도 안에서 넘치는 피로 증거된 진리 때문에[11]롬 5:9, 히 10:29, 9:22, 고전 11:25, 히 9:16 그는 어떠한 독물을 당한다 해도 심지어 사망의 독까지도 그를 쏠 도리가 없는 것이다.[12]고전 15:55, 요 5:24, 요일 5:18, 롬 8:38, 39 이처럼 그리스도 안에서의 절대 승리자, 이가 바로 기독자이니 그는 주는 복을 가진 자로, 이가 곧 복의 전부인 것이다. 아멘.[13]행 20:35

🕊 뱀을 집어올리며 무슨 독을 마실지라도 해를 받지 아니하며 병든 사람에게 손을 얹은 즉 나으리라 하시더라 (막16:18)

Ω
감사의 잔

주님이시여, 나의 잔이 넘치나이다. 오직 한 가지 감사의 잔이 넘치나이다. 저는 지금까지 어리석게도 도저히 넘칠 수 없는 기이한 일만 힘써왔나이다. 사업의 잔을 넘치게 하려고 열심히 해 보기도 하고, 또 그 열심이 계속되지 않을 때 낙심뿐이었나이다. 인생의 잔이 넘칠 줄 알고 사정도 하고 기대도 하며 원망도 했으나, 알게 된 것은 넘칠 까닭이 없다는 서글픈 현실입니다. 거룩의 잔 역시 넘치지 못해서 고민과 실망 끝에 오는 공허감에 사로잡히기 일쑤였나이다. 전도의 잔이나 기도의 잔 모두가 실패요, 사랑의 잔은 더구나 엄두도 못 내었습니다. 이처럼 모든 것이 실패로 돌아간 결과 저는 저 자신의 본성이 오직 죄뿐임을 절실하게 느껴서 할 수 없이 빈손 들고 당신의 십자가 밑에 굴복하고 용서와 처분을 기다렸나이다. 그런데 이게 웬일입니까. 바로 거기서 감사의 잔이 넘치게 되었고, 오직 그 잔 하나만이 참 잔임을 비로소 알게 되었습니다.

저도 한 때는 명예의 잔과 인격의 잔, 그리고 지식의 잔을 넘치게 하려고 애쓰기도 했으나 결국 그곳에 남은 것은 다만 쓴 잔뿐이었는데 이처럼 완전 실패자인 제 앞에 마지막 남은 것이 이 감사의 잔이었습니다. 이전에는 이 따위는 하찮은 것으로만 알고 더 큰 것, 더 높은 것, 남보다 뛰어난 것을 찾아 헤맸던 이 소경의 욕심의 눈, 세상의 눈, 불신앙의 눈 속에 당신의 십자가의 피가 떨어져 비늘이 없어지게 되면서 이제 나의 영원한 생명의 잔은 오직 이것뿐임을 알게 되었나이다.[1]행 9:18 참으로 다행스럽게도 내가 죽지 않고 살아서 이 존귀한 선물, 생수의 잔을 맛보게 해 주신 이 큰 은혜를 무엇으로 보답할 수 있사오리까. 더욱더 이 감사의 잔에만 사탄이 덤비지 못한다는 산 체험을 하고 보니[2]요일 5:18 정말 정말 감사뿐이옵니다. 이 감사의 잔으로 감히 제사를 올리게 된, 이 과분한 영광에 대하여 저는 온 천지가 터지는 듯한 기쁨으로 찬송을 드리나이다.[3]시 50:23, 히 13:15

주께서 내 원수의 목전에서 내게 상을 차려 주시고 기름을 내 머리에 부으셨으니 내 잔이 넘치나이다 (시 23:5)

Ω
왜 고난이 필요한가

하나님은 어째서 사랑하는 자를 징계하시고 받으시는 아들마다 채찍질하심인고.[1]히 12:6 이 문제에 대하여 두 분의 증언을 들어 본다.

장님이 된 나로서 당신들 보는 사람들에게 줄 하나의 충고는 눈을 쓰되 마치 내일 당신이 장님이 된다면 하는 기분으로 쓰십시오. 그리고 또 다른 감각 기관에서도 같은 방법을 쓸 수 있습니다. 마치 내일 당신이 귀머거리가 된다는 기분으로, 당신의 감각 기능이 내일 마비된다는 기분으로 모든 사물을 만져 보세요. (헬렌 켈러)

세상에 어리석은 자에게는 기이한 것이 없으되, 현명한 이에게는 낱낱의 사물이 기이하지 않은 것이 없다. 이른 봄 살구나무를 보고 놀란 것은 선지자 예레미야였고,[2]렘 1:11 찬 하늘 별들의 운행을 우러러보면서 가슴 속의 엄연한 도덕률에 놀란 것은 철인 칸트였다. 이처럼

고도로 신경이 훈련된 이들에게는 보이는 것도 많고 놀라운 것도 많았다. 불탄 밥 한 공기라도 감사로서 받아서 집사람들까지 위로하는 이가 있고, 탄내 난다 뿌리치고 온종일 분노로 주위에 독을 주는 사람이 있다. 감사의 자료에 포위되어 있어도 감사를 발견 못 해 마르는 생명이 있고, 눈물의 사막 같은 골짜기에서도 수시로 도처에 샘과 계류와 화초를 발견하는 눈이 있다. 감사할 것도 감사를 느끼지 못하는 생애, 이가 가장 하등동물의 생애며, 극히 적은 감사 자료에도 절대적인 감사와 찬송을 발견하는 신경, 이는 만물의 영장의 신경이다. 남부러워하는 팔자에 태어났다고 해서 감사의 생애가 있는 것이 아니라 신경을 훈련하여야만 매사에 감사하여 항시로 기쁨이 넘치는 사람이 되는 것이다. (김교신)

눈은 떴다고 보이는 것이 아니요 귀는 열렸다고 듣는 게 아니니 요는 신경에 있다.[3]마 13:9 그러므로 징계(훈련)는 다 받는 것이거늘 너희에게 없으면 사생자요 참 아들이 아님을 알진저.[4]히 12:8

고난 당한 것이 내게 유익이라 이로 말미암아 내가 주의 율례들을 배우게 되었나이다 (시 119:71)

Ω
진리의 공동 생산

진리에 속한 자는 진리를 생산한다. 그것이 진리의 특성이요 권능이다. 인간이 진리를 생산한다면 망발처럼 여길 것이나, 여기서 생산이란 없는 것을 만든다는 뜻은 결코 아니며, 이는 마치 우리가 국산이라 하면서도 그 재료는 외국서 수입한 것을 가공해서 만든 것을 국산이라 하는 식의 생산이니, 이는 또 자원 없는 국가들의 공통점인고로 이를 가리켜 공동생산이라고도 말할 수 있는 것이다. 진리는 크게 나누어서 과학적 진리와 종교적 진리로 나눌 수 있다. 즉 외적과 내적, 보이는 것과 안 보이는 것으로, 나는 종교적 진리 중에서 기독교 진리를 말하는 것이다. 즉 기독교 진리만이 절대적 진리인 까닭에 여기에 속한 자들만이 진리를 공동생산할 수 있어서이다.[1]요 15:5 그리고 이 공동생산 없이는 인류는 자멸이요, 따라서 만물도 파멸이 있을 뿐이니, 즉 인류의 회생과 만물의 소생도 오직 이 진리의 공동생산에 달려 있다는 말이다.

그렇다면 이와 같은 기독교에 의하여 공동생산 할 수 있는 진리란 도대체 무엇인가. 다름 아닌 감사의 진리이다. 절대 감사인 것이다.[2]시 50:23, 히 13:15 즉 예수 그리스도에 속한 자는 하나님과 백 퍼센트 접착이 된 새로운 존재인 까닭에 거기서부터 오는 절대 평강과 절대 자유 때문에 그는 그 여생이 덤으로 사는 제2의 인생이 되는 것이다.[3]롬 14:8, 갈 2:20 그런 까닭에 그 여생 전부가 감사가 되니 모든 것을 선의로, 환희로, 여유 있는 관용으로, 용서와 원수 사랑으로 살 수 있게 된다. 이와 같은 감사야말로 전 인류의 공동 유산인고로 이를 생산하는 자만이 천국 시민으로서 진리와 더불어 영존하게 된다고 믿는 바이다.

실로 기독교에 있어서는 이 감사가 생명선이니 여기서부터 불가능이 가능으로 변하는 기적이 일어나는 것이며,[4]요 6:11, 고후 4:15 진토가 영광으로, 거름더미가 존귀로 재생되는 곳에 그리스도의 새 창조의 비밀이 있다.[5]삼상 2:8, 고후 5:17 인류가 공동 파멸에서 공동 생존으로 숨통을 돌리는 길은 악의와 증오 대신 감사를 공동 생산하는 이외에 무슨 길이 남아 있단 말인가.[6]갈 5:15 바울 사도는 전 세계 개조의 비밀이 여기 있다고 이미 예언했던 바이니,[7]살전 5:18, 행 20:35 진정한 혁명은 무력도 금력도 지력도 아닌 감사의 심력뿐임을 몸소 입증해 준 스데반을 따르는 자가 참 기독자로다.[8]행 7:60

🕊 하나님께서 지으신 모든 것이 선하매 감사함으로 받으면 버릴 것이 없나니 (딤전 4:4)

Ω

오직 하나로 족하도다

나는 요새 일본을 다녀온 후 곳곳에서 만나고 싶다는 연락이 와서 나로서는 고마운 생각과 더불어 기쁘기도 하지만, 반면에 내 마음은 심히 무겁기만 하고 또 육체적으로도 여독이 안 풀려서 아무곳에도 갈 용기가 안 난다. 한편 그 이상으로 심히 두려운 것이 있으니, 여러분들이 나의 정체를 잘못 인식하고 오해하고 계신 것이 아닌가 해서다. 사실 나는 누구와도 만나서 토론할 만한 전도인이 못 된다. 자랑스러운 것은 아무것도 없는 존재니, 즉 나는 사랑도 없고 능력도 없고 지식도 없어 더욱 그렇다. 성서 원어를 아는 자도 아니니 참으로 내세울 것이 전혀 없는 자이다. 다시 말해서 전부가 실패자일 뿐 아니라 요새는 건강마저 자신이 없어졌으니, 이처럼 동서남북으로 사면초가요 모두가 실패투성이나 한 가지 뻔뻔스럽게도 감사는 있는 것이 사실이다.

무능과 무정과 실패와 파탄으로 인격과 도덕면의 총파산자인데도 불구하고 주님의 사랑, 즉 이와 같은 무자격자를 받아 주시는 그 놀라운 주님의 따뜻한 품안이 그저 고마운 그 감사 하나가 나의 밑천의 전부라는 말이다.[1]시 50:23 이와 같은 내 실상을 토로하는 일이 나를 아껴 주시며 나를 기대해 주시는 분들에게는 참으로 미안한 일이나 이것이 숨김없는 나의 본성이니 도리가 없다. 그러나 나는 이 감사 하나가 내 일생을 바꾼 잔고임을 부끄러워 않는다. 왜냐하면 여러 가지를 복잡하게 떠들고 장식해 봤자 결국 남는 결론이 도대체 뭐냐 말이다. 내가 오늘 있는 것은, 하나님의 특별한 배려로 인해 어제까지 다하지 못한 감사로 마지막을 장식하기 위함이라는 의미에서의 '오늘' 이외에는 달리 생각할 수가 없다는 것이 나의 믿음이다.

천국은 겨자씨 한 알로 통하는 곳이요,[2]마 13:31 두 손에 가득 가지고 바람을 잡는 것보다는 한 손에만 가득하고 평온함을 나는 택한다.[3]전 4:6 그런데 이 감사마저 때때로 고장이 나서 내가 자랑할 것은 다만 주님의 기도뿐임이 재확인되니 새 감사가 터지게 되는도다.[4]눅 22:32, 히 7:24, 25

🕊 몇 가지만 하든지 혹은 한 가지만이라도 족하니라 마리아는 이 좋은 편을 택하였으니 빼앗기지 아니하리라 하시니라 (눅 10:42)

Ω

천 명이 넘어지고 만 명이 엎어져도

감사는 모든 범죄를 막는 방부제요, 만사를 창조하는 능력이 되는 까닭에 그리스도의 진리가 또한 감사의 진리도 되나니,[1]히 13:15 그래서 이 감사가 빠진 제사는 결국 무효가 되고 실패로 마치는 것이다.[2]시 50:23 가인의 제사가 이것이며 사울의 헌신이 이것이었다.[3]창 4:5, 삼상 15:22 하나님은 알파도 되시고 오메가도 되시기에 그의 자녀에게는 반드시 두 가지 보증을 주셔서 견고한 믿음으로 좌우에 흔들림 없이 이 세상을 이기도록 하시는 것이다.[4]히 6:18, 19, 요일 5:4 그래서 그 나라와 그 의를 우리의 신앙 요소로 하셨으니 이 두 기둥이 없는 자는 반드시 실패한다는 사실을 몸소 보여 주는 곳이 바로 한국 교회의 현실이다. 그 나라와 그 의니,[5]마 6:33 이 나라는 진동치 않는 천국이요,[6]히 12:28 그의 의는 낡아지지 않는 영원한 의를 말한다.[7]사 59:17, 고후 5:21 나라(천국 축복)에는 두 가지가 있으니 병 고침, 부자 됨 등은 보이는데 속하고 양심과 평강은 안 보이는 나라에 속해 있다.[8]고후 4:18 의 역시 하나님의 의와 사람의 의로 구분되니,[9]롬 10:3 전자는 영원한 차별 없는 무진장의 의로서 절대적인 의요,[10]시 119:142, 롬 3:22, 시 71:15 후자는 잠시의 자랑거리로 차별된 제한된 상대적 의니 행위, 율법, 의식, 조직 등이 여기에 속한다.[11]사 64:6 이 상징이 바로 창세기에 나타나 있는 무화과 잎 치마와 양의 가죽 옷의 진리다.[12]창 3:7~21

한국 교회가 자랑하는 축복과 부흥은 모두 보이는 것인고로 이 천국은 진동하는 운명의 가짜 천국이요, 그 신앙의 영도자가 전하는 복은 역시 가감된 것임은 물론 그 자신이 서 있는 자리, 즉 차별된 직업 성직이 바로 차별 없는 하나님의 의를 대적하는 인간의 의인 까닭에 이와 같은 오염된 종교 공해 속에서는 외형과 숫자만 떠드는 것이 유일한 자랑거리니 이와 같은 비진리 교회가 망하지 않는 것이 이상한 일인 것이다. 이번에 하나님의 특별 자비로 박 목사 사건이 터졌으니 얼마나 감사한 일인가. 실로 한국 교회는 더 썩고 더 빨리 터져야 하나니 그래야만 새싹이 나올 것이 아니냐.[13]사 6:13 의의 구별도 모르는 어린애에게 자기 영혼의 운명을 맡기는 소경은 과연 누구뇨. 아아.[14]마 15:14, 히 5:13, 시 49:20

천 명이 네 왼쪽에서, 만 명이 네 오른쪽에서 엎드러지나 이 재앙이 네게 가까이 하지 못하리로다 (시 91:7)

Ω

내게 능력을 주시는 자 안에서

금요일이 되니 관례적으로 엽서전도지 발행 준비를 위하여 작업을 시작하려는데 마침 진객이 찾아왔다. 40년 전 중국 만주에서 헤어진 친구인지라 어찌나 반가운지 그 동안의 밀린 이야기꽃으로 오전과 오후가 다 달아났다. 그 분이 떠난 후 오후 5시부터 먼저 엽서에 고무 도장을 찍고 우편번호를 기입한 후 원고를 쓰려 하는데 너무나 더워서인지 피로 때문에 머리가 잘 안 돈다. 우선 한잠 자고 보자는 배짱으로 자다가 깨 보니 벌써 오전 두시다. 원고 구상을 가까스로 마치니 오전 네 시, 다시 한잠 자고서 아침 식사 전에 겨우 원지 필경을 마쳤다. 조반 후 엽서 180장을 하나하나 인쇄하니 점심때다. 삼복더위라 도무지 능률이 안 오른다. 점심 후 다시 주소 종이를 붙여서 엽서를 한 묶음으로 정돈했을 때, 멀리서 우편배달부의 오토바이 소리가 들려왔다. 배달부에게 엽서 전부를 건네고 보니 시각은 네 시가 지났었다.

　오늘이 토요일인즉 집을 떠나야 하는데 도저히 용기가 안 난다.

할 수 없이 내일 새벽 떠나기로 맘먹고 일찍 잠자리에 들었다. 주일날 새벽 눈을 뜨니 네 시다. 곧 출발, 도보로 한 시간 40분 걸려 대천역에 도착, 기차로 천안까지, 거기서 다시 버스로 수원 오니 아홉시가 넘었다. 식사 대접을 받고 열시 반부터 집회 시작, 점심 후 다시 인천행, 부두에서 일본에 편지를 써 부치고 다섯 시에 영종도행 배를 탔다. 섬에서 밤 집회를 마치고 해산하니 열한시였다. 굉장히 피곤했으나 책임을 다한 기쁨이 위로가 되어 잘 쉬었다. 월요일 아침 다시 인천에 나와 화성서 대학에 들러 집에 오니 오후 일곱 시였다. 극도의 피곤을 느끼기는 했지만, 65세의 나이로 이만큼 활동할 수 있음도 특별하신 하나님의 일방적 은혜로 참으로 감사 감사한 일이다. 그러나 육신 상 꼼짝도 못 할 처참한 환경 때문에 아무것도 못하면서도 그 마음에 늘 감사와 평강이 넘친다면 이는 더 큰 능력으로서 은혜 중 은혜이니 참으로 우리 하나님은 약한 데서 더 강하게 쓰시는 분인 것이다.[1]고후 12:10 이렇게 어떠한 형편에서든지 찬미의 제사를 드릴 수 있는 자가 진정 기독자임을 알고 나는 더욱 감사하노라.[2]히 13:15

🔥 내게 능력 주시는 자 안에서 내가 모든 것을 할 수 있느니라 (빌 4:13)

Ω
불평할 이유 없도다

너는 어째서 그렇게 불평이 많으냐. 설령 어떤 사태가 주어졌다 하더라도 너는 절대로 불평할 수 없는 신분임을 아직도 모르는가. 첫째 이유는 환난은 내가 일부러 창조 허락한 까닭이니,[1]사 45:7 너를 사랑하기 때문에 타인 이상의 훈련과 연단 과정이 네게 필요함이 상식 아닌가.[2]히 12:8 둘째 이유는 너는 질그릇인 까닭에 토기장이의 자유로 할 것이 아니냐.[3]사 45:9 이 질그릇을 만든 것은 보배를 담기 위해서요, 그러기 위해서는 완전히 속을 비워야 하는데, 그것이 싫다고 질그릇이 토기장이에게 항거하는 것은 언어도단의 광태 아니겠는가.[4]고후 4:7 셋째 이유는 아무리 괴롭다 한들 죽는 것보다는 낫지 않은가. 네게 생명이 있음은 너를 사랑하는 나의 소원 때문인데[5]빌 2:13 만일 나만 생각하고 내 신과 기운을 거둔다면 너는 당장에 진토로 돌아갈 것 아니냐.[6]욥 34:14 넷째 이유는 네가 십자가의 복음을 진정으로 믿는다면, 그래서 거저 주시는 은혜를 믿는다면,[7]빌 1:6 네 대신 다 이루신 그 큰 사랑을 믿는 자라면,[8]요 19:30

너는 이제 모든 것이 덤일 터인데[9)롬 14:8] 덤인 인생에게 무슨 불평이 있겠는가 말이다. 덤 나라 국민이 곧 천국 시민이기에 그래서 항상 기뻐하고 범사에 감사함이 당연한 습성인 것이다.[10)살전 5:16, 17]

그런고로 불평은 아직도 덤이 아니기 때문에 생기는 독소니라. 덤으로 사는 자는 순간순간의 호흡만으로도 찬송이 터지는데 너는 이 감사가 고장난 것이 아니냐.[11)시 150:6] 다른 데서는 몰라도 예수 안에서는 이 찬송이 당연하니, 그것은 예수의 구원이 실로 큰 구원이기 때문이다.[12)마 1:21, 히 2:3, 13:15] 그러니 너는 이제 수술이 필요함을 알아야 한다.[13)마 18:8, 9] 네 눈을 빼고 네 귀를 깎고 네 팔을 자르고 네 발을 부숴야 한다. 그래야만 죽은 자가 안 되고 산 자가 될 것이다.[14)눅 9:24] 눈 귀 손발이 당연히 있다고 생각하는 곳에 죄의 씨가 들어 있는 법이다. 즉 감사 없는 눈, 감사 없는 귀, 감사 빠진 손, 감사를 못 느끼는 발, 이것들이 모두 영생의 방해물인즉 믿음으로 잘라 버려야 한다. 그 후에 없다고 생각한 눈이 보이니 감사, 없다고 느낀 귀가 들리니 감사, 없는 줄 안 손이 움직이니 감사, 잘린 줄로 체념한 발이 걸리니 감사, 이 같은 감사의 회복이 곧 중생이니라.[15)딤전 4:4, 요 3:3] 귀 있는 자는 들으라.

너희는 내 얼굴을 찾으라 하실 때에 내가 마음으로 주께 말하되 여호와여 내가 주의 얼굴을 찾으리이다 하였나이다 (시 27:8)

Ω
발로 세계를 움직이는 사람

나는 기회가 있어서 신체 장애자들의 모임인 경기도 평택읍 소재 소망의 집을 방문한 일이 있다. 그 곳에서 만난 한석분 씨는 국민 학교 2학년 때 뇌염으로 신경마비가 되어 상반신 일체를 완전히 못 쓰고 말도 못 하며 모든 것을 오직 발로만 하고 있는, 참으로 기구한 분이었다. 그분은 발로 글씨도 쓰시며 발로 식사, 발로 세면, 기타 모든 것을 하시는데 그 분은 내 눈앞에서 친필로(발로) "발로도 전도도 하고 해요. 발로 못 하는 것 없이 다 잘하지요. 한석분"이라고 써 주셨는데, 나는 그 분과 알게 된 것을 참으로 큰 축복과 영광으로 알고 감사하고 있다. 왜냐하면 진정 십자가 의 도는 바로 이런 분이 정빈正賓이요 귀빈貴賓이기 때문이다.[1]고전 1:18, 26~31 이런 분들이 비록 말로는 못 하나 그 마음의 찬송이야 말 로 정말 지옥을 흔드는 권세 있는 찬송인 까닭이다.[2]히 13:15, 대하 20:22

기독자의 정상 위치는 영문 밖이요 시민권이 하늘에 있는 자의 특징이란 바로 호흡이 있는 한 찬송을 그칠 수 없는 점인데,[3]히 13:13,

빌 3:20, 시 150:6 그 이유는 찬송이야말로 하나님의 인류 창조의 성패의 분기점이기 때문이다.[4]사 43:21 다시 말해 이처럼 발밖에 못 쓰는 분 속에서도 찬송이 나온다는 것은 오로지 하나님의 권능이 아니고 서는 절대 불가능한 기적인고로 그 찬송의 눈물 속에 하나님의 영 광이 가득 차 있어서이다.[5]합 3:3 진실로 용사란 자기 마음을 다스리 는 자인고로,[6]잠 16:32 실로 찬송은 하나님의 승리를 뜻하며 저주는 사탄의 승리를 뜻하니, 욥의 경우를 봐서도 알 수 있다.[7]1:21, 2:5 인 류는 두 갈래로 나간다. 축복하는 무리와 저주하는 무리,[8]신 27:12, 13 복음의 시온산과 율법의 시내산이다.[9]히 12:22, 갈 4:24 한석분 씨의 감 사야말로 시온성 새 예루살렘의 실력이니 이는 이 민족의 자랑이 요 보배로다. 할렐루야.

무릇 하나님께로부터 난 자마다 세상을 이기느니라 세상을 이기는 승리는 이것이니 우리의 믿음이니라 (요일 5:4)

Ω

성령과 감사

성령을 떠나서는 아무도 예수를 믿을 수 없고,[1]고전 12:3 기도도 할 수 없으며,[2]롬 8:26 더구나 진리를 증거할 수 없다.[3]마 10:20 그것은 권능이 없어서요[4]행 1:8 천국도 아니기 때문이니,[5]롬 14:10 예배도 될 수 없다.[6]요 4:23, 24 또한 성령의 검인 말씀 없이는 그리스도인이 될 수 없으니[7]엡 6:17, 롬 8:9 그는 기독자의 생명인 자유가 박탈되었기 때문이다.[8]고후 3:17, 요 8:36 진리의 영은 생명과 평안으로 나타나며,[9]롬 8:6, 말 2:5 생명은 사망에 대한 승리요, 평안은 세상에 대한 승리를 뜻한다.[10]요 5:24, 요일 5:4

그래서 세상은 사망의 음침한 골짜기이며 악인에게는 평강이 없다.[11]시 23:4, 사 57:21 실로 인생은 죽기 무서워서 마귀의 종이 되니, 원수의 두목은 사망임을 알아야 한다.[12]히 2:15, 고전 15:26 영생의 신앙인은 어떠한 장애물도 뚫고 나가니 그가 부활의 권세를 가진 그리스도의 성령의 집이 된 연고이다.[13]시 119:165, 고전 3:16 이가 바로 풍랑을 정복하신 그리스도의 평강이다.[14]막 4:38, 골 3:15 또 하나님의 평강으로서 이는 다만 하나님께 속한 자에게만 주어지는 축복인고로[15]빌 4:7, 시 29:11 이를 체험한 자의 필연적인 속성의 하나가 용서다.[16]마 5:44 그런 까닭에 부활하신 그리스도의 첫 말씀이 평강이었고 성령이었고 용서였었다.[17]요 20:19~23

그러나 죄인 된 인간에게는 이 용서가 잘 안 되는 것이 치명상이다. 그것은 저의 교만이 무너지지 않기 때문이다.[18]약 4:6 그래서 참으로 성령을 받으려면 구하고 찾고 두드려야 하니 이는 오로지 자기 죄의 용서와 해결을 진심으로 구하는 자이며, 하나님 앞에서의 자기의 위치를 찾으려고 애타는 자며, 마지막에 이르러 결국 변치 않는 자기 교만의 실상에 눈떠서 얍복강에서의 야곱처럼 주님의 가슴을 눈물로 두드려야 하기 때문이다.[19]눅 11:9~13, 창 32:22, 23

의인은 오직 믿음만으로 사는 자다.[20]갈 3:11, 히 10:38 그 믿음은 믿음에서 믿음으로, 은혜에서 은혜로 계속 연결되는 것이니,[21]롬 1:17, 요 1:16 이는 그 자신이 자기 실력이란 다만 무능의 무능뿐임을 잘 알기 때문이다. 이처럼 그는 철두철미한 무익한 종인데도 불구하고, 다만 성령의 덕분으로 하나님이 쓰시기에 그에게서 감사가 폭발하니 이가 바로 복음의 증인의 산제사로다.[22]롬 12:1

그러므로 우리는 예수로 말미암아 항상 찬송의 제사를 하나님께 드리자 이는 그 이름을 증언하는 입술의 열매니라 (히 13:15)

Ω

실력 대결

신앙생활은 실력의 대결이다. 사탄과의 대결인 것이다.[1)눅 22:31, 마 10:16,
벧전 5:8] 그리고 진 자는 이긴 자의 종이 될 수밖에 없는 것도 엄연
한 현실이다.[2)벧후 2:19] 인간은 아무도 흑암의 세력인 공중의 권세 잡
은 자 마귀를 이길 수 없어서,[3)엡 2:2] 내 자신의 힘으로는 백전백패
이지만 그러나 우리 편에 하나님이 개입하실 때는 반대로 백전백
승이 되니 이것이 바로 믿음의 승리이다.[4)시 118:6, 요일 5:4] 이가 곧 바울
이 말한바 하나님의 약한 것이 사람보다 강하고 하나님의 어리석
음이 사람보다 지혜로운 진리인 것이다.[5)고전 1:25] 그것은 그리스도가
하나님의 능력이며 하나님의 지혜이기 때문이다.[6)마 16:26, 사 49:5, 고전 1:24]

실로 그리스도는 성전보다 크신 자요[7)마 12:6] 안식일의 주인이시요
[8)마 12:8] 사망보다 강한 자요 음부보다 더 큰 권세자이니,[9)고전 15:57, 딤
후 1:10, 마 16:18] 기독자가 세상의 빛과 소금이 될 수 있는 것은 이처럼
강력한 진리의 실력자가 함께 하는 까닭에서다.[10)마 5:13, 14, 28:20, 고후
13:5] 만군의 여호와께서 나의 목자로서 내 편에 서실 때 내게는 아

무런 부족함이 없는 그 감사가 두려움을 물리쳐서 풍랑도 오히려 천국 가는 협력자의 역할을 하게 되는 것이다.11)시 23:1, 118:6, 롬 8:28 우리는 자기 눈에서 불신의 비늘이 떨어져서,12)행 9:18 나를 보위하는 진리의 세력이 강해서,13)왕하 6:16 과연 우리 편이 많고 우리 편이 큰 것이 실감될 때 연약한 무릎을 다시 일으켜 세워 전진하게 되는 것이다.14)대하 32:7, 히 12:12, 잠 24:16

나의 싸움이 진리의 싸움이자 곧 하나님의 싸움임을 알게 될 때 우리 편의 실력이 올바로 인식되면서 강하고 담대한 여호수아의 진군과 여호사밧의 승리가 내 것으로 되는 것이다.15)수 1:5, 대하 20:15 문제는 비늘이로다.

🔥 주를 경외하는 자에게 깃발을 주시고 진리를 위하여 달게 하셨나이다 셀라 (시 60:4)

Ω

현 선생에게 드리는 나의 사과

주 안에서의 현 선생. 나는 선생에게 사과할 일이 있어서 이 글을 쏩니다. 이번에 나오는 내 책『복음의 비밀』의 초교初校가 나왔다는 장거리 전화를 주신데 대해 심히 미안하게 느끼기 때문입니다. 사실 지난 번에 낸 책『십자가의 비밀』도 선생이 아니었으면 어찌 햇빛을 보았겠습니까. 교정과 표지 등등 정말 자기 일처럼 가족적으로 협력 이상 동참해 주신 공동작품이었으며, 더욱 서울 시내 각 서점에 소개와 수금까지 맡아 주셨으니 그것이 어찌 우리들의 주님 안에서의 공동사업이 아니었겠습니까. 이번 일에도 원고 정리로부터 모든 걸 선생께 맡길 수 있었던 것도 유구무언, 이심전심 다 알아서 자기 일처럼 해 줄 것을 주 안에서 확신했기 때문이었습니다. 더구나 고맙게도 선생 자신이 시집을 두 권까지 낸 분이며 또 출판을 맡아 주신 분 역시 전번과 똑같이 정두영 선생이시니 나는 정말 우리 세 사람이 이처럼 이 땅에서 같이 일할 수 있는 것이 보통 축복이 아닌 것으로 느끼고 있는 것입니다.

그런데 내가 삼월 초에 내야겠다는 주제넘은 욕심 때문에 초교를 선생에게 독촉까지 했으니 얼마나 미안하고 부끄러운지 모릅니다. 더욱 부인이 골절로 입원까지 한 사실을 알면서, 제가 그런 실수를 했으니 얼마나 선생의 사랑을 무시한 불신의 처사였는지 정말 중심으로 용서를 빕니다. 이제는 마음 놓으시고 늦어도 좋으니 아무런 부담 갖지 마시고 자유롭게 해주시기를 부탁드리는 바입니다. 왜냐하면 우리의 이 책은 문학이 아니라 정신이요, 믿음이요, 복음이기 때문에 모두가 감사로부터 시작해서 감사로 마쳐야 하기 때문입니다. 다시 말하면 감사가 빠진 책은 절대로 내고 싶지 않다는 말입니다. 그 이유는 그것은 하나님께 영광이 될 수 없고 믿음도 복음도 아니기 때문입니다.[1]시 50:23, 롬 14:23 더구나 과거에 우리 동지들이 출판 때문에 큰 상처를 입은 일은 바로 우리를 위한 거울인즉[2]고전 10:11 우리는 명심하고 책보다도 정신과 사랑과 믿음을 남깁시다. 그것만이 이 민족을 위한 정신 유산이 된다고 믿기에 삼가 한 마디 사과의 뜻으로 아뢰나이다.[3]전 10:1

하나님께서 구하시는 제사는 상한 심령이라 하나님이여 상하고 통회하는 마음을 주께서 멸시하지 아니하시리이다 (시 51:17)

Ω
얼어붙은 수도

수돗물이 얼었다. 그 전에는 뜨거운 물을 부으면 잠깐이면 나왔는데 한 시간을 해도 소용없다. 할 수 없이 대천 시내로 나가 수도업자에게 말했더니 왈 "이제 물이 나오면 잠그지 말고 조금씩만 흐르게 하면 안 얼 것입니다. 그렇게 해 보시지요" 하므로 다음부터는 그렇게 했더니, 과연 얼지 않고 덕분에 고생을 안 하게 됐다. 우리의 신앙생활에도 이와 같은 길이 없을까? 우리는 흔히 사랑이라 하면 엄청난 큰일로만 생각해서 자신이 그와 같은 큰일을 할 수 없는 존재로 스스로가 항상 좌절 속에서 벗어나지 못하는 침체된 신앙 상태, 이것이 부인 못 할 우리들의 현실 아닌가. 나는 가끔 외국 친구들한테 그림엽서를 이용해 그때그때 느껴지는 작은 감사를 표시하고 있다. 편지 그것도 국제편지라 하면 무슨 큰일 같아서 좀처럼 붓을 들지 못하고 차일피일 끌다가 끝내는 본의 아니게 소원해져 우정이 식어지게 되니, 마치 얼어붙은 수도 격이다. 이를 보아도 작은 일에 충성함이 바로 큰 충성이라 하신 성서

말씀이 얼마나 큰 진리인지 뼈에 사무친다.[1]눅 16:10

천국을 하필 겨자씨 한 알만 하다고 하신 이유를 알 만하다.[2]마 13:31 하나님은 우리의 머리털까지도 세시는 분이니, 사실 우리의 작은 일에 실수가 생기는 것은 바로 우리 자신이 그의 자녀답지 못하다는 실증 아니겠는가.[3]눅 12:7 바울 사도가 마귀로 하여금 틈타지 못하게 하라는 말씀도 여기 관련됨이 아닌가.[4]엡 4:27 복음 진리의 위대함이 바로 여기 있도다. 모순 같으나 작은 일이란 큰일을 해결한 자만 할 수 있으니, 이가 곧 의인의 믿음이다.[5]잠 29:7, 롬 1:17 영적 허영심을 채우기 위하여 날뛰는 자의 복음이란 거짓 복음으로 경계할지니 우리 주님은 가난한 자를 진토에서, 빈핍한 자를 거름더미에서 일으키시는 분이시기 때문이다.[6]갈 1:8, 삼상 2:8 믿는 자로서 감사가 두절되었다면 이는 얼어붙은 신앙[7]히 13:15 곧 얼어붙은 인생이니 왜냐하면 창조 목적의 이탈이기 때문이다.[8]사 43:21 우리는 불가능의 큰 일 아닌 가능한 작은 일을 소화할 때 비로소 하나님이 동행하는 복음 제사장, 산 지성소로 인정되는 것이다.[9]롬 15:16, 고후 6:16

🕊️ 여호와여 내 마음이 교만하지 아니하고 내 눈이 오만하지 아니하오며 내가 큰 일과 감당하지 못할 놀라운 일을 하려고 힘쓰지 아니하나이다 실로 내가 내 영혼으로 고요하고 평온하게 하기를 젖 뗀 아이가 그의 어머니 품에 있음 같게 하였나니 내 영혼이 젖 뗀 아이와 같도다 이스라엘아 지금부터 영원까지 여호와를 바랄지어다 (시 131편)

Ω

기독자의 완전

기독자의 완전이란 신앙의 결실을 말함이요, 이는 하나님이 기뻐
하시는 최고의 이상적 상태인 동시에 본인으로는 후회 없이 총력
을 발휘한 전력투구의 상태를 뜻한다.[1]히 6:2~7 이는 주어진 자리에
서의 마음과 뜻과 정성을 다하는 전력투구니 이가 기독자의 완
전이다. 그러므로 이를 못 하는 자는 사실에 있어서 어린아이로
초년생인 초보 신앙자임을 드러낸다.[2]히 5:13, 6:1 문제는 이 전력투구
이다.

인생이란 누구나 자기가 지닌 능력을 발휘 못 할 때는 불평과
불만의 후회하는 인생을 살게 되는데, 이는 현실의 인생이란 항상
본의 아닌 시험과 고장 또는 유혹과 고난이 따르기 때문에서다.[3]
욥 5:7, 마 26:41 그런데 이와 같은 불가능 상태를 가능케 하는 힘이 바
로 신앙이다.[4]막 9:23 신앙인은 두 가지 특색을 지닌 자다. 하나는 현
실의 직시요 또 하나는 내세에 대한 완전 준비다. 그러므로 그는
내일이란 꿈에 속지 않고 내일은 내일이 와야 있음인즉 다만 오늘

로는 주어진 현실의 삶에 충실해서[5]마 6:34, 약 4:14 항시 오늘을 마지막 임종의 날로 깨어 사는 동시 한편 그리스도의 십자가로 허락된 은혜의 구원을 믿는 영생의 신앙 때문에 언제든지 천국 갈 준비가 복음적으로 완비된 삶을 살게 된다.[6]요 6:47, 사 49:5

이처럼 그는 세상을 미련 없이 뜰 수 있는 등불이 예비 되어 있는 동시에,[7]마 25:4 그가 주어진 시간 시간이 마지막 시간인고로 그는 매사를 임종의 기념사업처럼 정성껏 자기 총력을 발휘하지 않을 수 없으니, 이는 마치 유언이나 유필, 혹 유품에는 그 성격상 나태나 회피, 핑계나 지체할 하등 이유나 구실이 없는 것과 같은 것이다. 내일을 기대 안 하는 그의 마음이란 근심과 욕심 등의 잡념, 잡심이 아닌 오로지 집중된 전심뿐으로 그 결과의 전력투구는 결실이란 당연한 귀결을 가져온다. 이는 실로 하나님도 그 이상 더 요구 안 하시는 최선의 상태로 믿어지는, 양심상의 안심, 만족과 희열의 상태이다. 이것이야 말로 바울 사도가 말한 산제사로서 믿음의 승리자라면 누구나 누리는 이 땅의 천국생활이다.[8]롬 12:1, 살전 5:16~18 임종의 기념사업인 전력투구, 여기 신앙의 진선미가 있도다.[9]계 21:6, 7

하나님께서 지으신 모든 것이 선하매 감사함으로 받으면 버릴 것이 없나니 (딤전 4:4)

Ω
12월 13일

이 날은 나의 아버지의 승천 기념일로 매년 가족끼리의 추모예배로 지냈는데, 그 분이 남긴 유품 가운데 지금까지 간직하고 있는 것이 노트 한 권이요 그것이 바로 히브리서 성경공부 기록이다. 이는 내가 그 당시 매주 토요일 밤마다 교우들에게 한 내용을 꼼꼼하게 기록해 두신 것인데 세월로 말하면 벌써 20년이 넘은 옛날이야기다. 금년(1984년)은 공교롭게도 연초 순창 교회에서 히브리서 집회를 가졌는가 하면 연말인 지금은 수원 모 대학에서 직원 중심의 히브리서 특강을 마치게 되는 전날이 바로 이 추도식 날이 되어 나로서는 감회가 깊지 않을 수 없다. 회고컨대 그분은 그 히브리서 진리를 말뿐 아니라 생활로 사셨기에, 내가 목사 안수를 포기했을 때도 기꺼이 찬성하셨고, 필연적 귀결로 내가 독립 전도의 가시밭길을 헤쳐 나가는 길에도 묵묵히 동조 협력해 주신 자랑스러운 분이었다. 이로 보건대 우리의 두 대는 히브리서 진리를 이 땅에 심는 밑거름이 된 셈인데, 나는 결코 이를 후회는커녕 과분한 영

광으로 알며, 더욱 이번 추도식 직전에 일본에서 온 다음의 편지
한 통은 이 불효자식이 아버지 앞에 올리는 꽃다발이 된 격이다.

일본 순회 때 우리 집회까지 와 주셔서 성서를 같이 배울 수 있음을
깊이 감사하고 있습니다. 그 때 다기다 군의 이야기를 하시고, 또 그
후에 주신 편지 속에도 그에 대한 깊은 사랑이 담겨져 있어 나는 눈
물이 넘칠 정도입니다. 일본인은 한국 여러분에게 매우 나쁜 일을 해
왔는데, 그런 속에서도 한국 사람의 마음으로 지낸 일본인이 있었음
을 알고 다소 마음이 놓입니다. 양국은 오랫동안 교류가 있어 특별히
가까운 관계에 있었지만, 그 중에서도 같은 그리스도를 믿음으로 마
음이 결합된다는 것은 다시없는 기쁨입니다. 유 선생님 일 년에 한 번
은 일본에 와 주십시오. 우리들은 선생님의 일본 내에서의 여비를 준
비하겠습니다. (고바야시 신이찌)

이 모든 영광을 하나님께로 그리고 히브리서 진리의 주인 되신 그
리스도께 돌리노라. 새롭고 산 길 만세.[1]히 10:19, 20

🪶 이러므로 우리에게 구름 같이 둘러싼 허다한 증인들이 있으니 모든 무거운 것과 얽매
이기 쉬운 죄를 벗어 버리고 인내로써 우리 앞에 당한 경주를 하며 (히 12:1)

Ω
복음의 농도 시험

새해 정초부터 속리산 동기집회 참가 준비의 하나로, 전도엽서를 출발 전에 미리 발행할 준비를 하던 섣달 그믐날 새벽이었다. 서울서 갑자기 온 전화 연락이 믿음의 대선배인 박석현 선생님의 승천 소식과 아울러 장례식에 올라오라는 전갈이었다. 나는 만사를 포기하고 곧 상경해서 그 이튿날 즉, 1월 1일에 거행된 장례식 사회를 마치고 곧 다시 속리산으로 달려가 3박 4일의 집회를 예정대로 마칠 수 있었는데 마지막 날 감화회가 밤 12시를 훨씬 넘었던 관계로 다음날 즉 해산하는 아침의 폐회 집회는 그 날부터 출근(시무식)하는 사람들로 서둘러야 할 사정도 있어서 매우 힘든 집회였었다. 그 폐강 시간을 맡았던 나는 그런 저런 관계 때문에 할 말도 다 못하는 아쉬운 느낌으로 마쳤는데, 그와 같은 미흡한 기분으로 돌아오는 차중에서 나는 하나님의 영감에 접했다.

　나는 네게 설교시키려는 것이 아니고 유언을 하게 했던 것이다. 유언을 하는데 누가 칭찬을 하며 박수칠 사람이 있겠는가 말이다. 그런 일은 웅변대회나 강연회에나 있는 일이니, 너는 이번 집회가 매우 잘된 것으로 알아야 한다. 너는 어째서 나를 안 보고 청중을 의식하는가.[1]히 12:2 그런 것은 생각할 가치조차 없는 것을 아직도 모른단 말이냐.[2]사 2:22 너를 그와 같은 어려운 조건하에서 시킨 것은[3]사 43:1 뜻있는 연초부터 네가 교만해서 들뜨지 않도록 하기 위해 일부러 그런 고배를 마시게 했던 것이니라. 그리고 또 한 가지는 네가 증언하는 안식 신앙의 진가를 시험하기 위해서였으니, 즉 네가 누리는 그 평강이 요동 교란당하는 여부 즉 그 복음의 농도濃度를 시험하기 위해서였다. 그리고 그것은 또 네가 앞으로 하고자 하는 복음 증거를 권위 있게 하기 위해서는 절대로 뺄 수 없는 과정인 까닭에서이다. 네가 진정 그리스도로 인한 진리의 상속자라면 그와 같은 연단은 없어서는 안 될 요소이니, 천국은 말에 있지 않고 능력에 있으며,[4]고전 4:20 제사보다 순종이 더 귀한 것이 진리이기 때문이다.[5]삼상 15:22 상속자에겐 의당 그만한 해산의 고통이 따르는 법이요, 진리의 독립에서 오는 자유를 누리려면 고독의 대가를 치르는 것은 당연한 것이 아니냐[6]요 8:36. 마 16:24, 고전 10:13 운운.

나를 연초부터 유익케 하는 실패 고난 만만세.[7]시 119:71

🪶 나는 빛도 짓고 어둠도 창조하며 나는 평안도 짓고 환난도 창조하나니 나는 여호와라 이 모든 일들을 행하는 자니라 하였노라 (사 45:7)

Ω

생이란 이렇게도 좋은 것인가

충남 대전은 내가 6·25 후의 제2의 고향으로 정착한 곳이니 거기서 나는 장로가 되었고, 직장인 호수돈여고 서무 과장으로 있다가 다시 신학을 한 후 그 곳에서 목회도 했었으나 나는 결국은 교단에서 독립하기 위해 20년 전에 사표를 던진 곳이다. 그 후 나의 복음 전도 기지로서 내가 가장 기대하고 정력을 기울인 그곳이 내 생각과는 정반대로 내게 제일 큰 상처를 안겨 준 곳인 까닭에, 나는 다시는 대전에 발을 안 디딜 작정이었다. 그런데 수년 만에 말씀 증거의 기회가 생겨서 어느 독립교회에서 2월 17일 주일 오전 집회에서 말씀의 전력투구를 할 수 있었고, 마친 후 점심 대접과 함께 나는 여러분과 아쉬운 작별을 해야 되었으니, 그 날 밤은 한 달 한 번 정기적으로 홍성군 홍동에 가는 날인 까닭에서였다. 그래서 공주, 청양, 광천, 홍성을 거쳐 홍동에 밤 도착, 먼저 집회원들과 회식을 같이 하니 방안에 꽉 찬 모임 식구들과의 작은 천국 같은 화기애애한 사랑을 느끼면서 계속 나의 말씀 전력투구의 한 시간 반, 그리고 또 푸짐한 다과를 나누면서 교제하다가 다시 침소로 와서 밤 1시 이후까지 환담, 그 후 나는 또 일본 보낼 전도지를 정리하다가 잠들 때 보니, 시간은 2시 반이었다. 단잠을 자고 눈뜨니 시계는 6시가 넘었고 매우 피곤했다.

그러나 오늘은 수원 가서 일본에 전도지를 발송해야 하는데 뜻밖에도 평택까지 들릴 용건이 또 생겼다. 즉 어느 자매를 한의원에 소개하기 위해서다. 부랴부랴 조반 후 우리는 홍성까지 버스, 그리고 택시로 역까지, 다시 특급열차로 평택 도착, 인화당 한의원을 찾으니 원장 장로 내외와 서울서 오신 김 목사님도 뵙게 됐다. 약을 지은 후 우리들은 언제나 하듯이 옆방에서 임시 예배 집회가 열렸다. 나는 백 번 사양했지만 김 목사님의 능숙한 솜씨에 넘어가 할 수 없이 내가 또 말씀을 하게 되니 부득불 또 전력투구 한 시간, 그러나 성령의 축복된 시간이었다. 마치고 식사 받고 다시 수원으로, 그리고 성균관대에서 일본에 보낼 용무를 마치고 수원역에 오니 저녁 5시 반이다. 때마침 구정 귀성객으로 초만원, 나는 입석이라도 타려고 줄에 섰는데, 뜻밖에도 어느 주부가 남편이 못 가게 됐다고 좌석표를 양보해 주어 나는 무사히 밤 9시 대천 도착. 생이란 이렇게도 좋으니 천국은 얼마나 더 좋을꼬.[1]시 150:6

🕊 예수께서 그들에게 이르시되 내 아버지께서 이제까지 일하시니 나도 일한다 하시매
(요 5:17)

Ω
멜기세덱과 아브라함

콩을 심으면 콩이 나고 팥을 심으면 팥이 난다. 심는 대로 거둔다는 것은 만고불변의 법칙이다.[1]갈 6:7 진리는 씨처럼 번지는 것인데 눈물로 씨를 뿌리는 자가 기쁨으로 거두는 이유는 좋은 씨는 항상 인간들에게는 감춰진 보화 격이기 때문이다.[2]마 13:3, 13:44, 시 126:6 그런고로 진리는 절대적인 것과 상대적인 것, 그림자와 본체가 있으니[3]히 1:3, 10:1 그림자란 불완전한 과도적인 진리요, 본체란 완전한 궁극적인 진리를 뜻한다.[4]히 6:2 이것이 바로 모세 율법과 그리스도 복음의 차요,[5]요 1:17 다른 복음과 참 복음의 차이다.[6]고후 11:4 단수 복음과 복수 복음의 차니,[7]신 17:6, 전 4:12 사생자와 참 아들의 차요, 형제와 장자의 차이기도 하다.[8]히 12:8, 16, 23) 뒤집은 떡과 뒤집지 않은 떡의 차요,[9]호 7:8 약속 천국과 현실 천국의 차이인 것이다.[10]눅 17:21, 롬 14:17 그러므로 그리스도를 믿는다 해도 이처럼 두 갈래로 갈라질 수밖에 없으니 생명의 길과 사망의 길,[11]마 7:13, 14 모래 위에 지은 집과 반석 위에 지은 집이다.[12]마 7:24 여기 맹세의 말씀의 절대성이 있는 것이다.13)막 13:31, 히 7:28 그래서 말씀을 떠난 기도는 가증한 것이 되며,14) 잠 28:9 닻 없는 배의 운명은 처참한 것이다.15)히 6:19

이와 같은 엄숙한 도리를 도외시할 때16)히 2:1, 10:23 배교의 비극, 즉 하늘의 은사를 맛보고 성령에 참예한 바 되고 하나님의 말씀과 내세의 능력을 맛보고도 타락하는 것이다.17)히 6:4 바울의 복음은 하나님의 의인 그리스도의 진리로서 창세기에 나타난 가죽옷인데 반해18)롬 1:17, 창 3:21 다른 복음들은 사람의 의인 모세 율법을 못 떠난 무화과 잎의 치마였던 것이다.19)사 64:6, 창 3:7 전자는 그 상징이 멜기세덱이요 후자는 아브라함이었던 것이다.20)창 14:20, 히 7:8 이와 같은 진리의 뿌리를 모르면 만년 어린애로 장성 못 하며 결국 맛 잃은 소금의 비극을 연출하게 된다.21)히 5:11~13, 눅 14:34 그리스도는 죄를 위한 제물인 동시에 성도를 위한 제사장이니, 그는 십자가를 지셨을 뿐 아니라 부활 승천하여 보좌 우편에서 현재도 역사하시는 분이시다. 이처럼 두 가지 사실을 믿는 자는 두 가지 축복 즉 하나님의 아들뿐 아니라 그의 기뻐하시는 존귀자임을 알기 때문에22)마 3:17, 시 16:3 감사로 십자가를 지게 되는 것이다.23)히 7:24, 25, 눅 14:27 기독자가 넉넉히 이기는 비밀은 바로 주님이 살아계셔서 그 제사 직분을 현재 수행하는 중인데 그 이유가 있는 것이다. 할렐루야.24)히 7:24, 25, 출 17:11

주는 우리 아버지시라 아브라함은 우리를 모르고 이스라엘은 우리를 인정하지 아니할지라도 여호와여, 주는 우리의 아버지시라 옛날부터 주의 이름을 우리의 구속자라 하셨거늘 (사 63:16)

Ω

제3차 일본 전도 여행

나는 이번에 뜻밖에도 또 일본에 가게 되었으니 말하자면 제3차 전도 여행이 되는 셈이다. 내용인즉 일본 무교회의 원로이신 마사이께政池 선생의 장례식에 대표로 가게 된 것인데, 원래는 다른 분들이 가야 마땅한데 공교롭게도 김교신 선생 기념 강연회가 겹쳐서 부득이 말석인 내 차례가 된 것이다. 사실인즉 마사이께 선생은 나로서도 잊지 못할 분이니 나로 하여금 다소라도 일본글에 자신을 심어준 분으로 즉 내가 보낸 편지를 그 잡지에 실어 주시고 또 신앙 고백문 역시 크게 기뻐하시면서 과분한 찬사와 함께 지면에 소개해 주신 일 등등, 또 지난해 2차 방일 때는 이미 병중이셔서 병원으로 방문, 거기서 기념으로 사진도 찍었으니 한국인으로는 내가 마지막 면회자가 아닌가 한다.

우리는 그 때 천국에서 다시 만나기로 약속했는데, 이번에 또 내가 아니고서는 갈 사람이 없을 정도의 깊은 인연이 되었으니, 새삼 하나님의 섭리를 생각 안 할 수 없다. 즉 제1차 방일 때도 내가 아니면 갈 사람이 없어서였고 2차 방일 역시 나 외에는 갈 사람이 없었는데, 이처럼 세 번씩 이 부족한 죄인을 일본으로 보내시는 그 뜻은 참으로 황송하고도 두려움을 안 느낄 수 없다. 내가 아니면 안 되는 일, 이것이 바로 믿음의 축복이요 새롭고 산 길로 구원된 새 인생의 성격이라고 증거해 준 히브리서의 진리가 새삼 명심된다.[1]히 2:3, 10:20, 11:40 그렇다. 비단 이번뿐이 아니라 우리가 감사로 받기만 한다면 모두가 이처럼 빠질 수 없는 은혜뿐이니[2]딤전 4:4 하나님이 어찌 헛되이 인생을 창조하시며 헛되이 구원하실쏘냐[3]사 45:18, 삼상 2:8 호흡이 있는 인생은 모두가 다 꼭 필요한 존재이기에 감사의 찬송이 당연하다.[4]고전 12:21, 시 150:6 내가 아니면 일본 갈 사람이 없는 것처럼 천국 역시 내가 아니면 갈 사람이 없는 절대적 초청으로 믿어 새로운 소망과 자신으로 독수리처럼 새 힘으로 전진할 것이다.[5]사 40:31 그 이유는 예수 그리스도는 어제도 오늘도 영원토록 변함없는 나의 구원, 나의 생명, 나의 기쁨, 나의 찬송이기 때문이다.[6]히 13:8

오직 성령이 너희에게 임하시면 너희가 권능을 받고 예루살렘과 온 유대와 사마리아와 땅 끝까지 이르러 내 증인이 되리라 하시니라 (행 1:8)

Ω
하수구 복음

제헌절을 이용해서 결혼하는 분이 있어서 참석을 예정 중인데 전날 밤새 억수 같은 비가 쏟아져 당사자들을 생각하니 민망한 마음과 더불어 이럴 때일수록 가야지 하고 아침 일찍 집을 떠나 우중에 대전으로 갔다. 다행히 식전에는 비가 멈췄는데, 식이 끝나자 또 비가 내리니 이처럼 우중의 결혼식이란 보통은 기분이 좋을 리 없지만 나는 빗속에서도 하나님의 사랑을 느껴 혼자 미소를 지었다. 즉 세상 죄를 지고 가신 그리스도의 복음이란 바로 하수구의 복음인 까닭이다. 비가 와서 방방곡곡에 수해 난리가 터짐은 요약하면 배수가 안 되어 물이 안 빠지는데 그 원인이 있은즉 만일 하수구가 넉넉하면 암만 비가 와도 빠지니 하등 문제가 없는 것이다. 그런고로 수해 예방 대책의 하나는 하수구 정비요, 그의 확장에 있다.

기독자란 결론부터 말해 타인을 위해 사는 자요, 원수까지 용서 사랑하는 사명자의 역할이 바로 하수구인 것이다. 즉 세상 사람들은 하수구가 막혀서 작은 일에도 항시 불평과 불만, 증오와 대립으로 악의의 홍수를 일으키는 것이 사회인데, 기독자란 그들의 하수구 역할을 담당하는 존재인고로 빛과 소금이 아니냐 말이다.[1]마 5:13, 14, 44, 45, 롬 12:21 이처럼 그는 모든 정신 홍수를 삼킬 하수구인즉 실제로 하수가 잘 안 될수록 자아의 구멍을 더 크게 넓히는 길만이 만사의 온전한 해결법이요 또 이를 가능케 함이 그리스도의 사랑이요 성령의 능력이다.[2]시 81:10, 계 3:20, 고전 10:13, 마 16:24 하나님께서는 신랑 신부의 복잡한 처지를 잘 아시고, 더욱이 그들이 전도자인 까닭에 실물 교훈으로 이 진리를 계시하시기 위해 일부러 억수같은 비를 내리셨으니, 이처럼 해서 새 출발을 축복하시는구나 하는 생각에 나는 진정 두 분의 앞날에 그대로 이루어지기를 기도했던 것이다. 그런데 어찌 이 교훈이 이 두 분에게만 해당하랴. 바로 나 자신이 이제부터 진정 하수구 역할을 잘 감수해야 그것이 은혜가 넘쳐 있는 증거가 되니, 나는 비여 오라, 오라 하면서 새로운 각오를 했음을 고백하노라.[3]고전 13:11 제일 큰 하수구 탄생 만세.[4]막 9:23

무릇 하나님께로부터 난 자마다 세상을 이기느니라 세상을 이기는 승리는 이것이니 우리의 믿음이니라 (요일 5:4)

Ⅱ 악인에게는 평강이 없다

하나님의 안식에 들어간 자의 표시는 오직 하나 자기 일을 쉬는 점이다. 실로 그는 하나님 앞에 회개, 항복한 자로 그의 전부를 하나님에게 위임 이양했으니 그는 이제 아무 권리도 의무도 책임도 의욕도 없는 새 인생이기에 그는 생사 간 순종의 자유를 누리는 존재일 뿐이다. 이 안식은 사람에게는 없는. 다만 절대자이신 하나님 속에만 있는 성품이기에 예수 그리스도만이 안식일의 주인이 된다. 그래서 하나님은 예루살렘에 계시는 평강의 왕이시며 평강의 하나님인 것이다.

Ω
생명의 위치

사탄은 인간에게 분주와 열심만을 충동해서 그의 평강을 늘 상
실케 하나, 성령은 열심 대신 조화토록 해서 넘치는 평강을 부여
한다.1)사 57:21, 시 29:11, 사 48:18 그래서 칼빈은 말하기를 분별없는 열심은
게으름이나 무기력 못지않게 해롭다고 했고 이사야도 머희가 안
녕히 거하여야 구원을 얻을 것이요, 잠잠하고 신뢰하여야 힘을 얻
는다고 말했다.1)사 30:15 그리스도의 십자가는 차별이 없는 하나님
의 의를 모든 사람에게 미치게 함으로써 이 땅에 참 평화를 이루
려 하심이니3)고후 5:21, 눅 2:14 의의 공효는 화평이요, 의의 결과는 영원
한 평강과 안전이기 때문이다.4)사 32: 17, 롬 3:22 그리스도께서 완성하신
하나님의 의는 실로 영원한 의요, 또 무한한 의인 까닭에 이와 같
은 의에서만 인간들은 천국으로 연결될 수 있다.5)마 5:20, 시 119:142, 71:15
그래서 바울이 말한 천국 역시 성령 안에서 의와 평강과 희락으
로서6)롬 14:17 복음이란 이와 같은 하나님의 의의 나타나심을 말함이
요, 또 오직 그곳에만 구원이 있기에 바울로서는 이 복음을 추호

도 양보 안 했던 것이다.[7]롬 1:16, 17, 갈 1:8

이처럼 구원이 하나님의 의로 보장된 까닭에 절대적인 구원인 동시에 그 의를 믿음으로 힘입는 자의 위치 역시 절대적인 위치로 이가 바로 생명의 좁은 길이다. 또 이는 천하에 다만 그 혼자서 가야 할 절대의 길인 까닭에 타인에게는 지극히 미미한 적은 것으로 밖에는 안 보이게 되는 것이다.[8]눅 16:10 그러나 그리스도의 천국이란 원래가 겨자씨 한 알 같은 것이기에 그에 대한 충성 역시 지극히 작은 것으로 훈련하시는 연고로 큰 일만 좋아하고 기이한 것에만 흥이 동하는 오만한 불신자에게는[9]시 131:1, 렘 45:5 예수를 소개하는 교회(장대)는 보이나 그 장대 끝에 달리신 놋뱀 되신 그리스도 자체는 무시하기 일쑤이기에, 여기서부터 생명을 떠난 큰 길, 큰 예수가 유행하게 되는 것이다.[10]요 3:14, 민 21:9, 고후 11:4, 마 7:13, 14, 롬 12:1, 2 하나님의 의인 절대의 의, 하나님의 구원인 절대의 구원을 믿는 그 절대의 위치가 감사와 평강과 만족의 위치니, 그곳이 큰 산도 평지가 되고 버릴 것이 하나도 없는 곳 즉 사망 없는 부활의 꽃동산이니라.[11]슥 4:7, 딤전 4:4, 고전 12:21

레위와 세운 나의 언약은 생명과 평강의 언약이라 내가 이것을 그에게 준 것은 그로 경외하게 하려 함이라 그가 나를 경외하고 내 이름을 두려워하였으며 (말 2:5)

Ω

지독한 복음

바울의 십자가의 도는 유대인에게도 헬라인에게도 환영을 못 받은 그리스도의 복음이었다.[1]고전 1:23 특히 유대인에게는 바울이 증거하는 복음이 너무나 독특해서 반대한 정도가 아니라 이를 염병이라고 하면서 살려 둘 놈이 못 되니 죽여야 한다고 40여 명이 암살대로 모일 정도였다.[2]행 22:22, 23:12 바울은 여기에 맞서서 항상 죽음을 각오하면서도 이 복음 진리를 조금도 양보 안 할 뿐 아니라, 자기 것 아닌 다른 복음은 비록 천사가 와서 전하더라도 저주 받는다고 극언했으니, 이는 사랑의 사도인 그로서 참으로 기이하게 느껴지는 면이다.[3]고전 13장, 갈 1:8 그런데 바울은 사실 동족을 사랑하기 때문에 진리를 증거할 때 추호의 에누리 없이 전한 그 태도가 바로 거짓이 없는 사랑이었던 것이다.[4]고후 13:8, 롬 12:9

그러면 바울이 전한 복음이 다른 전도자의 그것과 어떤 점이 달랐을까. 나는 거기에 대하여 두 가지 점을 들고 싶다. 첫째는 그 내용에 있어서 하나님의 의와 사람의 의의 충돌로서 복음의 의와 율법의 의의 차이였다.5)롬 1:17, 사 64:6 바울이 남달리 은혜와 평강의 그것도 그리스도의 평강을 강조한 것은 이가 바로 하나님의 의에서 오는 필연적 귀결이기 때문이다.6)사 32:17 이 절대 평강 없이는 아무리 열심을 다해도 양심상 해결이 없는 쓰라린 경험이 있어서였다.7)롬 10:2, 사 57:21, 행 9:1, 딤전 1:19 그 다음은 전도자의 위치의 차이다. 바울은 다른 사람과는 달리 전도자를 중매인으로 자처했다.8)고후 11:2 신자를 그리스도에게 중매하는 직책으로 결혼이 성사되면 중매자는 물러서며 신부는 단체가 아닌 단독으로 시집 가는 점을 강조한 것이다.9)고전 12:21

이와 같은 바울의 복음이 터질 때, 한쪽에서는 생명의 냄새로 환영이요 또 한쪽에서는 사망의 냄새로 반대가 일어났으니,10)고후 2:16 태양이 쪼일 때 양초는 녹아지고 진흙은 굳어지는 격이었다.11)행 18:5 이처럼 극심한 부작용이 없는 원만한 복음(다른 복음)으로는 도저히 인간의 구원 양심의 회복이 불가능하다는 것이 바울의 생명을 건 고집이었는데, 이 점 우리들이 바보인지 바울이 바보인지 똑똑히 판단할 때가 왔도다.12)롬 12:2

🕊 내가 복음을 부끄러워하지 아니하노니 이 복음은 모든 믿는 자에게 구원을 주시는 하나님의 능력이 됨이라 먼저는 유대인에게요 그리고 헬라인에게로다 (롬 1:16)

Ω

하나님이 우리에게 안식을 요구하시는 이유

기독교의 고장은 두 가지다. 신앙의 마비(불성장)와 성령 모독죄가 그것이다. 이것을 명백히 해명한 히브리서의 기자는[1]히 5:11, 6:1, 10:29 우리들에게 안식의 진리에 못 들어가면 결단난다고 엄중 경고하면서 이를 구약시대의 광야 사건 즉 애굽에서 나온 이스라엘 백성이 목적지에 도달 못 하고 도중에서 멸절한 고사를 예증으로 들고 있다.[2]히 3:16, 4:9 이 안식은 소위 안식일의 안식이 아닌 안식일의 주인 되신 그리스도의 안식(평강)을 뜻함은 물론이다.[3]마 12:8, 골 3:15 이 안식의 상징으로서 그리스도께서 하나님 보좌 우편에 앉으신 사실을 더욱 필자는 강조했는데,[4]히 1:3, 8:1, 10:12, 12:2 여기에 대한 적절한 해설이 있어서 소개하고자 한다.

옛 성막의 특이한 점 한 가지는 의자가 없었다는 점이다. 제사장들이 앉을 수 있는 의자가 없었다는 것은 그들이 계속해서 직무를 수행해야만 했기 때문이다. 그러나 그리스도께서는 자신을 단번에 제물로 바치신 후 앉으셨으니 그 이유는 그리스도께서 입증하신 원리가 모든 일을 성취시키는데 필요한 완전한 원리이기 때문이다. 이 원리에는 조용하면서도 강하고 냉철하면서도 힘찬 능력이 들어 있다. 자신의 생명을 기꺼이 희생하는 곳에는 아무것도 장애될 것이 없으며, 그 무엇도 이 원리를 막을 수 없으며 중지시킬 수도 없다. 이 원리에는 승리만이 기약되어 있을 뿐이다. (레이 스테더먼, 『히브리서 평해』)

그리스도의 나라는 진동치 못 할 나라이다.5)히 12:28, 눅 12:32 모든 것이 다 진동하고 무너져도 이 나라만은 결코 안 무너지는 본토이다.6)암 9:15 방주의 나라요 보증된 나라이기에 참 안식은 오직 그곳에만 있는고로7)창 7:1, 히 6:17 세상은 다 변해도 그곳만은 절대 안전이 보장되어 있기 때문에 거기서만 새로운 역사가 창조된다.8)요 5:17 홍수 속에서도 노아의 방주 안에 있는 생물들은 성장 약동했으니 이처럼 참 안식은 곧 인내와 창조로 통하는 법이다.9)히 10:36 그래서 기독자는 최고 인내자인 동시에 최고 창조자니 이가 곧 소금과 빛이로다.10)마 5:13, 14

 수고하고 무거운 짐 진 자들아 다 내게로 오라 내가 너희를 쉬게 하리라 (마 11:28)

Ω
외적 능력과 내적 능력

누구든지 그리스도 안에 있으면 새로운 피조물이요 이 생명에는 새 힘이 담겨져 있기에 이를 가리켜 독수리라 했다.[1]고후 5:17, 롬 6:4, 사 40:31 바야흐로 시대는 말세가 되어 소년이라도 피곤하며 곤비하고 장정이라도 넘어지고 자빠지는 때지만 오직 여호와를 앙망하는 자는 새 힘이 주어진 까닭에 걸어가도 피곤치 않고 달음박질하여도 곤비치 않는 고로 세상을 이기게 되는 것이다.[2]사 40:28, 요일 5:4 그러나 이 새 것이 올 때에는 옛 것은 기억되거나 생각나지도 않는 법이니,[3]사 65:17 새 하늘과 새 땅, 새 예루살렘 진리는 반드시 옛 것을 미련 없이 완전 포기할 때 비로소 주어지는 것이다.[4]계 21:7

우리가 힘이라 하면 보통 물질과 사람의 힘을 연상한다. 즉 재력과 조직력이요 한 걸음 더 나아가서 기사, 이적 등의 보이는 힘인데, 이것 가지고는 해결 안 되는 것을 아는 자는 알 것이다. 왜냐하면 보이는 것은 잠깐이요 보이지 않는 것만이 영원하므로[5]고후 4:18 우리가 진정 갈망함은 영원한 힘인데도 불구하고, 우리 교계에서의 자랑이란 헌금, 집회 인원, 병 고침, 방언에 그치니 이것은 결코 독수리의 새 힘은 아닌 것이다. 독수리의 힘은 그리스도의 힘 즉 하나님의 의의 힘이니, 여기서부터 비로소 천국의 힘이 흐르게 마련이다.[6]고후 5:21, 롬 1:17 천국은 먹고 마시는 것이 아니라 의와 평강과 희락의 나라인고로,[7]롬 14:17 천국인에게는 평강의 힘[8]시 29:11과 희락의 힘[9]느 8:10이 반드시 부여되며 이것은 모두가 보이지 않는 마음의 힘인 것이다. 이와 같은 내적 능력은 누구든지 자기 것으로서 영원히 간직할 수 있는 오직 하나의 밑천이기에 성령께서는 이 능력을 모두가 차지하도록 지금도 말할 수 없는 탄식으로 역사하고 계시는 것이다.[10]행 1:8, 롬 8:26, 시 119:165, 요 16:22

외적 능력과 내적 능력, 그림자와 본체, 우리는 이 둘 중의 하나를 택해야 한다. 이제 외적 능력에 지친 자는 내적 능력으로 전환함으로 전 세계를 자기 교구로 삼는 진리의 증인, 독수리로서 복음의 광채를 천하에 비칠 것이나, 아직도 외적 능력에 연연한 자는 그 말로를 생각할지니, 하나님은 소멸하시는 불이시니라.[11]마 7:22, 히 12:29, 계 19:20

🕊 내게 능력 주시는 자 안에서 내가 모든 것을 할 수 있느니라 (빌 4:13)

Ω
그루터기 복음

이사야가 받은 복음의 씨는 그루터기를 살리는 특별한 씨였다.[1]사 52:7, 6:13 바늘귀를 통해서만 떨어지는 세미한 씨였으니[2]마 19:24, 왕상 19:11, 12 부자에게는 숨겨진 비밀이요, 불파, 지진파, 바람파들은 알 수 없는 수수께끼였다. 그러나 이 씨가 떨어진 곳에는 뱀이 흙을 먹게 되며 사자는 소처럼 풀을 먹으며 이리와 어린양이 함께 먹고 놀게 된다.[3]65:25 가시나무는 잣나무가 되고 질려는 화석류로 변하고 들포도는 극상 포도로 소생하게 되는 씨니[4]55:13, 5:2 이는 사람들의 죄가 배나 용서되는 새 창조의 은혜의 씨요 메시아 그리스도의 씨며, 멜기세덱의 씨인고로[5]40:2, 52:8, 히 7:1 이처럼 차원 높은 씨인 까닭에 아브라함이 모르고 이스라엘이 인정 못 함이 당연하였다.[6]63:16

이사야의 사명은 백성의 마음을 둔하게 하고 눈을 멀게 하며 귀를 막히게 하고 말씀을 봉하는 일이었다. 그런데 이는 도대체 어찜인고.[7]6:10, 8:16 당시의 백성들은 건물 성전 우상 신앙으로 제물과 절기성회와 대회를 통해 여호와의 이름을 부르면서 여호와를 괴롭게 했던 것이다.[8)62:1, 1:11~15] 이처럼 발바닥에서 머리끝까지 손댈 수 없는 치명상을 당하고도 모르는 그 원인이 바로 천박한 진리 운동이였기에 이사야는 그들 종교 지도자들과는 달리 망하고 망한 마지막 그루터기에서 소망을 거는 오메가의 씨를 뿌리라는 명령을 받았던 것이였다. 이는 살리기 위해 죽이는 격의 역할을 하라는 것이다.[9)마 16:25, 갈 2:20]

저들은 성전 성전 하면서 참새 떼처럼 사람끼리 모이는 데만 전념해서 축복이니 능력이니 영광이니 떠들면서 한 가지 참 평강은 없었으니 이는 그들이 노리는 속효주의速效主義 때문에 모래 위에 지은 집으로 본토 백성이 아니기 때문이다.[10)57:21, 마 7:25, 암 9:15] 이사야는 여기에 대해 독수리처럼 천하를 상대하는 새 힘을 받을 것을 역설했다. 새 힘이란 끝까지 견디는 인내의 힘을 뜻한다.[11)30:15, 마 24:13] 성령도 인내요 사랑도 인내라.[12)갈 5:22, 고전 13:4] 모세 때의 광야 생활 40년이 인내의 훈련이었다면 오늘날의 개신교가 루터의 개혁 후 4백 년이 넘었어도 이 꼴일진대 이제 참 기독자라면 4천 년을 목표하는 그루터기 복음 외에는 소망이 없음을 알리라. 그러나 감사한 것은 주께는 천 년도 하루 같으니 4만 년이라도 우리는 만만세로다.

🕊 사랑하는 자들아 주께는 하루가 천 년 같고 천 년이 하루 같다는 이 한 가지를 잊지 말라 (벧후 3:8)

Ω

망하면 얼마나 망한단 말인가

날씨가 추운 탓도 있으나 또 우환도 겹쳐서 모든 면에 소극성을
면치 못해 공연히 시간만 낭비하는 자신을 한 번 반성해 보았다.
적어도 복음은 영문 밖으로 능욕을 지고 나가는 것인데, 능욕을
지는 대신 영광만 바라는 자신이 얄밉기 한이 없다.[1]히 13:13 이 작
은 엽서전도지 한 장 쓰는데 이렇게도 애를 먹으니 참으로 기가
찬 노릇이다. 언젠가 신문에 "창작이란 그렇게도 힘든 일인가"라
는 부제로 소설가라는 직업에 대해 김동리 씨가 말한 일이 있었다.

어느 직업엔들 환자가 없을까마는 문단 사회에 특히 더 많은 것 같다.
우리가 대강 아는 숫자로 시인 속에 4, 5명이 앓는다고 했을 때 소설
에서는 7, 8명이나 되었으니 나타난 숫자만 해도 그렇지만 전체 시인
의 약 사분의 일밖에 안 되는 전체 소설가라는 비율로 볼 때는 열여
덟 곱절이나 되는 셈이 아닐까. 소설이란 이렇게도 모질게 독하고 힘
든 직업인가. (『조선일보』, 「일사일언」, 1982년 6월 6일)

내가 매주 이 엽서를 쓰는 이유는 각지의 복음 동지에게 만나지 못하는 대신 보내는 내 마음의 고백인데 원고를 만들다가 주저하고 마는 때가 많다. 이유는 너무나 초라하게 보여서이다. 좀 더 잘 쓰고 싶은데 그렇지 못해서이다. 그런데 바로 문제가 거기에 있다고 본다. 창피를 당하기 싫고 망하기 싫다는 심정이기 때문이다. 이는 능욕을 지는 자세가 결코 아니요 복음의 자세가 될 수 없다. 도대체 망하면 얼마나 망할쏘냐. 망한다는 결말이 죽음 이상 있을 리 없으니 이미 사망에서 생명으로 옮겨진 것이 내 영혼일진대 이제 와서 망하기를 두려워한다 함은 언어도단의 불신의 극치 아니냐.[2)요 5:24] 바울 선생처럼 기독자는 사망과 이미 믿음으로 대결한 자이기에 이제 우리에게는 죽는 것도 유익한 존재 즉 망하는 것도 유익한 새로운 피조물인 것이다.[3)고전 15:55, 빌 1:21, 고후 5:17] 생명의 떡은 다시 배고프지 않는 영원한 떡이다.[4)요 6:48] 망할래야 망할 수 없고 밑질래야 밑질 수 없는 것이 이 새로운 피조물(카이노스)이니 이는 살아계신 하나님의 성전이기 때문이다.[5)고후 6:16]

 그러므로 너희 담대함을 버리지 말라 이것이 큰 상을 얻게 하느니라 (히 10:35)

Ω
축복의 비밀

인간은 누구나가 축복을 원한다. 그러면서도 진정한 축복을 모르기 때문에 더욱더 복, 복 하면서 날뛰게 된다. 즉 누구나 부자 되는 것을 축복으로 아나 실제로 부자가 되고 보면 만족을 모르고 탐심만 커져 일생을 분주하게 보낼 뿐만 아니라 그 재물 때문에 그 자손이나 친척이 잘못되는 경우가 허다하니,[1]딤전 6:10 재물이 꼭 축복이라고는 말할 수 없다. 건강이 축복인 것도 사실이지만, 그러나 그 건강 때문에 죄 짓고 또 장수했기 때문에 못 볼 것을 보았다면 단명도 결코 불행만은 아니리라. 권력을 축복으로 아나 권력을 잡기까지 또는 그것을 유지하기 위한 심려와 상처와 비극을 안다면 그 권력이 반드시 축복은 아닐 것이다. 지식이 무식에 비해 큰 축복으로 보이겠으나 사람의 지혜인 이성만으로는 세상 만사를 해결할 수 없다는 냉엄한 현실을 알며, 오히려 고민과 악랄하고 간교함을 볼 때 이 지식 역시 꼭 축복이라고 단언은 못하게 된다. 즉 하나님의 지혜 아닌 인간의 지식은 한계가 있기 때문이다. 그러면 자녀가 많은 것이 축복인가. 옛날 속담에 무자식이 상팔자라 하듯이 자녀 역시 올바르게 못 둘 때는 오히려 그것이 화근으로 된 사실이 우리 앞에 허다하니 이로 보건대 우리들이 맹목적으로 떠드는 축복이란 모두가 상대적인 까닭에 문제 해결이 안 되는 것을 알게 된다.

하나님은 우리에게 이와 같은 상대적인 축복이 아닌 절대적인 축복을 주시고자 그리스도를 이 땅에 보내셨으니 이가 바로 평강의 복이다. [2]눅 2:14, 요 14:27 평강은 부자도 가난한 자도 필요하며 건강한 자, 병든 자 모두가 필요하며, 권세가나 낮은 자도 필요하며, 유식자도 무식자도 남녀노소 누구에게나 언제나 필요한 근본적인 축복이다. 이처럼 평강이 절대적인 축복인고로 하나님은 자기 백성에게만 비밀리에 주시며 악인에게는 없기 마련이다. [3]사 57:21, 시 29:11 그 까닭은 이 절대 평강은 하나님 자신이 함께하시는 임마누엘에서만 나오는 생수이기 때문이다. [4]마 1:23, 사 32:17, 살후 3:16 아, 복된 예루살렘이여. 풍랑 속에서도 안식의 권능을 맛본 자만 새 복인 주는 복을 누리리라. [5]히 4:9, 행 1:8, 막 4:38, 행 20:35

 주의 법을 사랑하는 자에게는 큰 평안이 있으니 그들에게 장애물이 없으리이다
(시 119:165)

Ω

사람의 생각과 하나님의 생각

인간의 생각이란 항상 천박하여 보이는 효과밖에 모르기 때문에 조급하기 마련이다. 하나님의 생각은 이와는 대조적으로 항상 깊어서 영원 절대성을 띠기 때문에 만사가 순수하고 질서 있게 나타난다. 그래서 사물을 대하는 태도가 이처럼 정반대로 갈라지게 되는데 어느 교우의 말에 "신앙에 있어서 복음의 진리를 바르게 안다는 이상의 큰 축복이 없을진대 아주 간단하게 쏙쏙 들어가도록 쉽게 만든 전도지가 있었으면 좋겠어요. 나는 긴 세월을 헛된 교회 생활로 지내면서 상처투성이로 이제야 가까스로 참 복음을 알았으니, 다른 사람들은 나처럼 어리석은 길을 걷지 않도록 말입니다"라는 하소연이었다. 나는 그 말을 들을 때 문득 이사야의 말이 생각났으니 그는 이와는 반대의 소명을 받았으니 말이다.

즉 "너는 이 백성의 눈을 멀게 하고 귀를 둔하게 해서 진리를 깨닫지 못하게 하라"는 것이었으며,[1]사 6:8 "잠잠하고 신뢰하여야 힘을 얻기 때문에 헛된 재물을 다시 가져오지 못하게 하고 말씀도 봉

함해서 안식일과 대회로 모여서 악을 행치 못하게 하라"[2]1:13, 30:15는 것이었으니 말이다. 이 점 바울의 말에도 인간의 지혜로는 하나님을 알 수 없기 때문에 하나님께서는 당신의 지혜인 계시를 통해서 인간에게 깨닫게 하심으로 사람 보기에는 이 계시(전도)가 어리석게 보이기 마련이라 했다.[3]고전 1:18 이처럼 계시(하나님의 지혜)와 이성(인간의 지혜)의 싸움은 숙명적이기에 마틴 루터 역시 이 이성이 무너지는 곳에 신앙이 싹튼다고 역설했던 것이다.[4]고전 1:21, 마 11:28

진정한 믿음이란 지혜로써 해결되는 관념의 세계가 아니며 도리어 그 인간 자체가 깨어지고 죽은 후(포기) 열리는 절대 세계의 생명인 까닭에 거듭나야만 하며,[5]요 3:6 에스더처럼 "죽으면 죽으리라"[6]에 4:16의 고비를 넘지 않고는 그 세계가 열릴 수 없으니 부활이란 죽은 후에 비로소 나타나는 법이기 때문이다.[7]요 11:25, 히 9:27 성경 이상 더 요약된 전도지가 따로 없고 순종 이상의 믿음이 없으니 하나님이 일하시는 것은 우리의 지혜가 아니라 심성인즉 위대한 믿음은 철두철미 오직 인내뿐인 것이다.[8]히 12:1, 마 24:13 인내의 결실이 의의 평강이기에 그래서 악인에게는 평강이 없기 마련이로다.[9]히 12:11, 사 57:21

이는 내 생각이 너희의 생각과 다르며 내 길은 너희의 길과 다름이니라 여호와의 말씀이니라 (사 55:8)

Ω

해결

사람이 세상에 있다는 것은 문제를 안고 있다는 뜻이며, 이 문제의 총 해결자가 바로 그리스도이시다.[1]마 11:28 그 문제 중 최대 문제가 사망이니 천하에 그리스도 밖에는 이 해결이 없는 것이다.[2]고전 15:55 그는 자신의 십자가(피)로써 사망의 씨가 되는 죄를 대속하셨고 정죄의 근거가 되는 율법을 폐기시켰던 것이다.[3]히9:22, 엡 2:15 여기서부터 부활의 새 생명이 시작됐기에 부활 역시 그리스도 이외는 없는 것이다.[4]요 11:25 이 부활 생명은 그리스도의 성령을 통하여 인간 속에 임재하시기 때문에 그리스도는 현재 사셔서 온 천하를 지배하시는 것이 된다. 그러나 이 성령에 반항하는 악의 세력인 사탄이 각 사람을 집요하게 미혹하고 오도하여 비진리 속의 멸망 길로 인도하고 있음도 또한 엄연한 현실이다.

이와 같이 인생이란 흑암 세력과의 싸움을 잠시도 쉴 수 없는 존재니,[5]눅 22:32 여기에 대한 승리의 길은 다만 우리들도 그리스도처럼 작은 십자가를 지는 길밖에 없는 것이다.[6]마 16:24 즉 믿음으로 자기희생이라는 새 능력을 발휘하는 길 이외에는 해결책이 없는 것이다.[7)요 10:17, 18, 요일 5:4] 왜냐하면 사탄은 항상 우리를 욕심과 아집 속으로 유도하기 때문이다.[8)약 1:15]

그래서 바울은 주는 자가 복이 있다 하였고,[9)행 20:35] 주님 자신도 한 알의 밀이 땅에 떨어져 죽어야만 열매를 맺는다고 하신 것이다.[10)요 12:24] 영원한 생명이란 이처럼 죽어도 죽지 않고, 주어도 안 없어지고, 졌다고 손실 없는 새 차원의 세계 즉 늘지도 않고 줄지도 않는 절대 세계에 속하는 천적天的 세계인 까닭에 실로 독수리처럼 솟아오르고 또 달음박질하는 새 힘의 자유행동이 가능하니, 이가 바로 참 자유다.[11)사 40:31, 요 8:36] 이 자유는 다만 성령으로써만 각자에게 부여되며, 인생은 이때에 비로소 참 삶의 보람을 느끼게 된다. 그래서 사탄은 각양각색으로 이 자유를 방해하고 교란시켜 인생을 평강이 빠진 악인으로 만드는 관계로[12)사 57:21, 전 4:6] 이 자유 평강의 유지 자체가 천국민의 능력과 축복으로 평가되는 것이다.[13)시 29:10, 11] 이처럼 만사의 문제 해결법은 오직 자기희생뿐이요, 이 희생을 가능케 함이 바로 복음의 능력이니, 주의 음성을 들은 자는 살아나리라.[14)요 5:25]

예수께서 이르시되 내가 곧 길이요 진리요 생명이니 나로 말미암지 않고는 아버지께로 올 자가 없느니라 (요 14:6)

Ω
열쇠

하나님 아버지, 오늘부터는 제 열쇠를 인도해 드립니다. 지금까지는 제가 제 열쇠를 가지고 있었습니다. 그래서 비진리에 대해 제가 싸웠기로 제게는 괴로움이요 또 고민이었습니다. 그 결과로 저는 피곤과 실망과 초조 등 무엇인가 너그러움이 빠진 여유 없는 삶이었습니다. 복음은 말해도 그 복음대로 살지 못한 것이 제 자신의 거짓 없는 생활이었습니다.[1]빌 1:27 그런데 이번에 친구의 소개로 『지성소』(안드류 머레이, 1984)라는 히브리서 주해서를 읽고 배운 것이 그리스도를 영접하고도 그 분에게 열쇠를 안 드린다면 그리스도는 존귀한 손님은 될지언정 주인은 못 되신다는 엄청난 교훈이었습니다.

　사실은 그것이 제 자신의 모습이었습니다. 저는 신앙 신앙 하는 말만 했지 신앙의 핵심되는 열쇠는 안 드렸기로 그리스도는 내 생명의 관리를 조금도 자유롭게 못하셨으니, 저는 참으로 형식적인 신앙이었던 이 불신의 죄를 고백하지 않을 수 없습니다. 그것은 마치 바리새인 시몬이 모처럼 주님을 초대해 놓고도 발 씻을 물도 안 드리고 입도 아니 맞추며 흔해빠진 감람유도 안 부어 드린 것과 같이, 저의 사랑 없는 거짓 신앙이 폭로된 것이었습니다.2)눅 7:36~47

참으로 그같은 악독한 제가 이제야 회개하고 그 열쇠를 드리고 본즉 저는 참으로 자유로운 여유가 생기기 시작했습니다.3)요 8:36 이것이 바로 바울의 간증이며4)롬 14:8 또 히브리서에서 말한 "하나님의 안식"임을 비로소 알게 됐으니, 왜냐하면 이 안식에 들어간 자는 자기 일을 쉬게 된다고 해서입니다.5)히 4:10 이제 저는 아무 열쇠도 없는 자로서 내 소유란 아무것도 없으니, 그러므로 이제야 가장 값진 진주가 내 것이 되었고6)마 13:46 또 이 질그릇 속에 보배가 담겨진 사실을 실감할 수 있게 되어 감사가 북받칩니다.7)고후 4:7 그 까닭은 이 새 그릇은 진리의 공기로서 천하의 무엇으로도 막지 못하니,8)사 43:13, 롬 6:13 내 열쇠를 받으신 분이 바로 무궁한 생명의 능력의 주인공이기 때문입니다.9)히 7:16, 마 28:18 열쇠만 드리면 새 힘의 독수리가 되는 이 비밀을 허락하신 성호를 찬송 찬송합니다.10)마 11:27, 사 40:31, 계 3:7

사무엘이 이르되 여호와께서 번제와 다른 제사를 그의 목소리를 청종하는 것을 좋아하심 같이 좋아하시겠나이까 순종이 제사보다 낫고 듣는 것이 숫양의 기름보다 나으니 (삼상 15:22)

Ω

그리스도의 보증

하나님처럼 강한 분에게는 보증이 필요 없으나 약한 자에게는 보증밖에는 살리는 힘이 없으니 보증은 실로 약자의 유일한 살 길인 것이다. 보증이란 모든 책임을 대신 맡는다는 뜻인 고로 거기에는 희생의 각오가 따르니, 만일 손해를 안 보려면 결코 보증을 해서는 안 되는 것이다.[1]잠 11:15

　그리스도는 하나님의 언약의 보증자로서[2]히 7:22 그것도 산 보증이요 맹세의 보증인고로 결정적인 절대 효과를 지니고 있으니,[3]히 6:16, 17, 7:21 그 까닭은 무궁한 생명의 능력의 근원이신 하나님 자신의 피로 된 보증이기 때문이다.[4]히 9:12 그리스도께서 절대 진리가 되시는 증거는 단수가 아닌 복수로 나타나신 점에 요지부동의 절대성에 있다.[5]신 17:6 그 자신이 제물인 동시에 제사장인 것처럼 그의 보증도 하나님에 대한 사람을 위한 보증(제물)과 아울러 사람에 대한 하나님 편의 보증(제사장)도 되신, 실로 완전한 보증자이신 것이다. 즉 사람을 위한 보증은 죄에 대하여,[6]히 9:22 의에 대하여,[7]롬 5:9 거룩에 대한 보증이니,[8]히 10:29 이와 같은 보증 때문에 하나님은 우리를 죄 없는 자로 거룩한 자로 의로운 자로 인정하고 대우하시니, 이에 복음의 진수가 있고, 기독자의 평강의 비밀이 있는 것이다.[9]골 1:22, 고전 1:30, 시 119:165 이가 바로 하나님의 안식이다.[10]히 4:10

다음은 사람에 대한 하나님의 보증이니, 그리스도께서는 자기 피로써 하나님의 사랑을 확증하는 표시를 주셨으니, 우리 모두가 이제는 죄인 아닌 제사장이며,[11]계 5:9, 10, 벧전 2:9, 롬 15:16 외인도 손도 아닌 성도며, 사랑하는 아들로서 하나님의 권속 후사가 된 새 신분인 동시에[12]엡 2:19, 마 3:17, 롬 8:17 뼈 중의 뼈 살 중의 살로 그리스도가 형제로 부르시는 영광된 지체가 된 그것이다.[13]창 2:23, 히 2:11, 행 20:28 기독자는 이와 같은 그리스도의 보증품인고로 그의 구원의 온전함이 믿어지게 마련이요,[14]히 7:24, 25 더구나 이 보증이 아브라함 이상의 멜기세덱 계통(제사장이자 왕이며 의의 왕이며 평강의 왕)인 까닭에 그 복수 보증으로 만세 반석 진동치 않는 나라가 된다. 이처럼 진동치 않는 자만이 모든 진동에 견디고 정상에 오른 자인 까닭에 이제는 내려가는 복을 누리는 참 기독자로 되는 것이다.[15]히 12:28, 요 1:51, 행 20:35 보증품은 최고 존귀 존재다.[16]사 49:5 우리가 이 하나님의 보증을 믿지 않음은 그를 마귀로 취급하는 죄 중의 죄임을 아는가 모르는가.[17]요일 5:10, 요 8:24, 8:44

♥ 주의 종을 보증하사 복을 얻게 하시고 교만한 자들이 나를 박해하지 못하게 하소서 (시 119:122)

Ω

그리스도의 면역성

악인은 환난을 당하면 엎드러져도 의인은 죽음에도 소망이 있기 때문에,[1]잠 14:32, 빌 1:21 우리가 환난 날에 낙담하면 이는 힘의 미약함의 표시인즉 믿음은 담대성이 그 생명이 된다.[2]잠 24:10, 히 10:35 저 유명한 천로역정에서도 기독도가 감옥에서 문을 열고 나올 때 그 열쇠는 믿음이었다. 우리들이 보건 위생상 예방주사를 맞는 것은 그 주사약으로 병균에 대한 면역성을 키워서 병균의 활동을 무력하게 하는 데 있다. 인생이란 지상에 사는 한 항상 사탄의 공격 대상이니[3]눅 22:31 베드로도 사탄이 우는 사자처럼 발악한다고 했고,[4]벧전 5:8 바울 역시 우리가 항상 사탄의 의도를 계산하고 사는 것이 신앙생활이라 했다.[5]고후 2:11 또 그는 그의 체험을 통해 우리가 감사할 것은 시험당할 즈음에 피할 길이 있고 감당 못 할 시험은 허락 안 된다고 하면서[6]고전 10:13 우리가 넉넉히 이기는 까닭은 오로지 주님의 덕분뿐임을 강조했는데,[7]롬 8:38 이는 현재 우리를 위해 기도해 주시는 그리스도는[8]롬 8:26 부활 이전의 그리스도가 아니시고 실로 사망을 정복한 부활 권능의 그리스도인고로 그 분은 이미 사탄의 유혹에 대한 면역성이 있기 때문에서라고 그 이유를 들었다. 그와 같이 그 기도의 능력은 어떠한 연약자에게도 체휼하는 효력이 있는 연고로,9)히 2:18, 4:15 그 기도를 믿는 자는 그 면역성의 능력 때문에 담대해져 진동치 않는 나라를 소유하게 되는 것이다.10)히 12:28

　여기 기독자의 승리 원천이 있으니,11)히 7:24, 25 마치 옛날에는 홍역이 무서운 병이었으나 지금은 라이루겐 주사를 미리 맞으면 그 면역성 때문에 별 문제가 안 되듯이 그리스도의 피와 말씀과 그 기도로 된 삼겹줄 은혜를 믿는 자는12)전 4:12, 요일 5:8 그 면역성의 놀라운 능력 때문에 십자가 전진이 가능하게 되는 것이다.13)마 16:24, 히 13:13 이처럼 그리스도의 면역성 능력 아니고서는 세상을 이길 자 없을 뿐 아니라14)요일 5:4 그는 오히려 사탄의 역군으로서 열심은 있으나 하나님의 의를 모르는 땅에 속한 열심이요, 더러운 옷인 까닭에15)롬 10:2, 3, 사 64:6 살인으로의 탈선을 충성으로 알고 과오를 범하게 되니, 이 전과자가 바로 바울이었다.16)행 7:58 그러기에 그는 다른 예수, 다른 영, 다른 복음을 극도로 경계했던 것이다.17)고후 11:4 아 위대한 바울 신앙 복음의 면역성이여.18)롬 1:16, 17, 고전 1:30, 롬 8:35

이와 같이 그리스도도 많은 사람의 죄를 담당하시려고 단번에 드리신 바 되셨고 구원에 이르게 하기 위하여 죄와 상관 없이 자기를 바라는 자들에게 두 번째 나타나시리라 (히 9:28)

Ω

안식의 복

안식이란 지성소에만 있는 복이므로 악인에게는 없기 때문에 사탄은 항상 기독자의 이 복음 생활을 시기해서 그가 누리는 평강을 교란시키도록 꾀한다.[1]사 57:21, 눅 22:31 구약 사기를 보면 이스라엘 백성이 애굽에서는 탈출했으나 그 후의 불순종 때문에 하나님의 진노로 안식을 박탈당한 비극을 볼 수 있으니,[2]고전 10:6, 히 3:18 그러므로 하나님의 백성이라도 안식에 들어간 자와 이에 미치지 못한 자로 구별이 된다. 이가 바로 장성한 자와 어린애의 구분이다.[3]히 4:1, 5:13

　하나님의 안식에 들어간 자의 표시는 오직 하나 자기 일을 쉬는 점이다.[4]히 4:10 실로 그는 하나님 앞에 회개, 항복한 자로 그의 전부를 하나님에게 위임 이양했으니 그는 이제 아무 권리도 의무도 책임도 의욕도 없는 새 인생이기에 그는 생사 간 순종의 자유를 누리는 존재일 뿐이다.[5]고후 3:17, 고전 6:20 이 안식은 사람에게는 없는, 다만 절대자이신 하나님 속에만 있는 성품이기에 예수 그리스도만이 안식일의 주인이 된다. 그래서 하나님은 예루살렘에 계시는 평강의 왕이시며 평강의 하나님인 것이다.[6])시 29:11, 마 12:8, 시 135:21, 히 13:20

평강은 의와 떠날 수 없으니, 의의 공효가 화평이요, 의의 결과가 영원한 평강과 안전이기 때문이다.[7])사 32:17 그래서 부득불 멜기세덱 진리를 통하지 않고는 어느 한 사람도 이 안식의 문제를 풀 수가 없다.[8])히 5:11, 7:1 또 성령 역시 이 평강의 영인고로 이처럼 삼위일체의 평강인 안식은 어떠한 장애물로도 방해 못 하는 절대 축복임을 알 수 있다.[9])요 20:21, 22, 시 119:165 그리스도는 풍랑 속에서도 주무셨으니,[10])막 4:38 이로 보건대 여호와께서 세우시는 집과 그가 지키시는 성이란 바로 이와 같은 안식의 기초 위에 서 있음을 뜻하니[11]) 시 129:1, 2 여호와의 본토에 심겨진 나무는 뽑힘이 없기 때문이다.[12])암 9:15 천국은 안식을 떠나서 있을 수 없으며,[13])롬 14:17 안식이란 바로 승리를 뜻한다.[14])신 12:10, 수 21:44 그러므로 이 안식은 교리 이상의 현실의 축복으로 그리스도 안에서 믿음으로 자아가 죽은 자가 누리는 지성소 안에서만 있는 특별한 복인 것이다.[15])시 95:11 할렐루야.[16]) 시 150:6, 히 10:19, 20

평강의 주께서 친히 때마다 일마다 너희에게 평강을 주시고 주께서 너희 모든 사람과 함께 하시기를 원하노라 (살후 3:16)

Ω

오해야, 네가 뭐냐

나는 때때로 회의에 빠지고 자기 신앙에 실망해서 무기력에 빠질 때가 비일비재하나 그 때마다 위대한 선각자들의 간증을 통해 새 힘을 얻어 다시 일어나는 미약한 자인데, 그 중에서도 우찌무라 선생의 말씀은 항상 무게 있는 힘으로서 내가 도움을 받고 있음이 사실이다. 이번에도 내가 해외여행의 40여 일의 지친 몸이 매우 피곤해서 심신이 답답했는데 이전처럼 내 성경 뒷면에 기록해 둔 그분의 말씀으로 다시 소생했기로 여기에 참고로 소개한다.

오해. 어느 누구가 정말 나를 바로 알고 이해할쏘냐. 내 자신 자기 자신을 이해하기가 심히 어려운데서야. 네 자신을 알라는 것은 고인의 교훈이다. 그렇다. 자기를 아는 것도 어려운 일인데 타인에 있어서는 무슨 말을 더하랴. 그렇다. 그들이 나를 오해하는 것은 당연한 일이다. 내가 만일 그들에게 올바로 이해됐다면 이것은 내가 그들과 동류 됐다는 증거 아니겠는가. 나는 나의 표준이 있다. 나를 바로 이해해

주는 이 한 분 계시니 하나님이시다. 그분의 판결은 결코 틀림이 없다. (1894년 38세 때의 말)

완전한 진리를 전해도 세인의 오해를 피치 못할 것이다. 그렇다면 오해를 두려워 말고 전진해야 한다. 때를 얻든지 못 얻든지 진리로 믿는 바를 담대히 주창하고 나가야 한다. 사회의 오해, 불신자의 오해…. 그것들은 모두가 사람이다. 그런고로 올바르게 사람을 볼 수 없는 것들이다. 실로 세상에 어리석은 자 많다 해도 세인의 오해를 두려워하는 자처럼 어리석음이 없을 것이다. 그런데 이처럼 어리석은 자가 심히 많고 나 자신이 때때로 이러한 어리석음에 빠지니 심히 경계해야 할 일이다. (1920년 60세 때의 말)

나도 생각해 본다. 사람에게 높임을 받는 것은 하나님께는 미움 받는 것으로 진정한 기독자는 의당 그리스도의 능욕을 지고 영문 밖으로 나가게 마련인데[1]눅 16:15, 히 13:13 내 영혼아 너는 어째서 능욕 아닌 영광을 바라는고.[2]요 3:30 아, 무서운 불신이여, 나의 피난처는 주님의 기도로다.[3]롬 8:26, 히 7:24, 25, 13:13, 요 4:14

🪶 이제 내가 사람들에게 좋게 하랴 하나님께 좋게 하랴 사람들에게 기쁨을 구하랴 내가 지금까지 사람들의 기쁨을 구하였다면 그리스도의 종이 아니니라 (갈 1:10)

Ω

못자국 전진

십자가의 도는 글자 그대로 그리스도의 못자국에서 시작되는 진리이다.[1]고전 1:18 이는 그 곳에서만 모든 불안이 해소되기에[2]요 20:9 그 못자국은 만사의 출발점이요 또 근원인 것이다. 즉 거기서는 어떤 흉한 소식도 기쁨의 소식으로 변하며,[3]시 112:7 그 곳에서는 사망의 권세가 무력해져서 사망이 쏘는 모든 가시가 녹아버려서이다. 마치 태양 앞에서의 얼음처럼 또는 불속에서의 짚처럼 말이다.[4]딤후 1:10, 요 5:24

그래서 거기서는 사망아 네가 어디 있느냐 하는 개선 소리가 항상 메아리치고 있으니[5]고전 15:55 그런 까닭에 그 곳은 항상 생수가 터져서 목마름이 없는 곳이다. 이는 이 세상 아닌 먼 곳에서 오는 새 소식이 넘치기 때문으로, 사망의 음침한 골짜기에서도 거기만은 피난처요 발전소가 되게 마련이다.[6]잠 25:25, 시 18:2, 렘 2:13, 요 4:14 그래서 이 못자국에 선 자는 불가능을 모르게 된다.[7]막 9:23 죽더라도 소망이 있으니 무엇이 불가능하랴.[8]잠 14:32 그는 실로 일곱 번 넘어질지라도 다시 일어나며 결코 뒤로 물러갈 줄 모르는 독수리인 것이다. 9)잠 24:16, 히 10:38, 사 40:31

이는 덤으로 사는 새 힘의 소유 때문이요 거기서는 반드시 새 것이 창조된다. 그 이유는 창조의 하나님 형상의 성품으로, 10)창 1:27 못자국 속에는 새로운 창조력이 있어서이다. 11)창 1:1, 고후 5:17 또 창조는 말씀으로 되므로 못자국은 또 말씀의 바람을 일으킨다. 12)요 1:1, 시 107:20 말씀 없이는 못자국이 무력해지기 때문에 말씀은 모든 비진리를 날려 보내는 고로 13)요 1:14, 엡 6:17, 렘 51:20 비진리들은 설 자리가 없고, 영광은 다만 진리의 하나님에게만 돌리게 된다. 14)눅 16:15, 갈 1:10, 렘 23:28, 히 10:1, 마 12:6, 41, 42 그래서 모든 우상은 그 곳에선 쓰러지게 마련인데 만일 이 못자국이 고장(불신)나면 반드시 적그리스도(우상)들이 판을 치게 된다. 15)고후 6:16, 11:2, 3, 마 24:24 그래서 그리스도의 못자국은 지금도 살아 있는 생생한 사실로서 믿는 자에게는 세상 최고의 하나님의 권능으로 나타난다. 16)요 11:25, 행 1:8 구원의 권능, 창조의 권능, 인내의 권능, 용서의 권능 등등의 모든 권능이니 기독자란 죽기 전에 이를 맛보고 감사하면서 17)시 34:8, 벧전 2:3, 히 13:15 전진하는 자다. 18)히 6:4, 5 전진, 또 전진, 못자국 전진을 누가 감히 막으리요. 19)사 14:24, 43:13

🕊 이 말씀을 하시고 손과 옆구리를 보이시니 제자들이 주를 보고 기뻐하더라 (요 20:20)

Ω

백 퍼센트의 진리

진리는 100%를 뜻한다. 있어도 좋고 없어도 좋은 것이 아니다. 꼭 있는 것이며 꼭 해결되는 것인 고로 그 진리를 내 것으로 하려면 나의 100% 즉 생명을 걸어야만 한다.[1]마 16:25 그러므로 진리에는 에누리가 안 통한다. 나는 원래는 기독교 신자가 아니었다. 23세 때 나도 죽는다는 사실에 눈떠서 그 죽음의 해결에 생명을 걸었었다. 그래서 종교의 필요성을 알고, 거기다 생명을 건 것이 유감스럽게도 일본 신도였고 그것이 우상이었음을 안 것이 8·15 해방 덕분이었다.

나는 한때 좌절의 수렁 속에서 절망했었으나 양심의 소리를 누를 수 없어서 다시 구도의 심정으로 교회에 출석, 이번에는 거기다 생명을 걸었다. 그래서 신학까지 했는데 졸업 당시에 나는 교회를 파괴하는 이단이라고 들었던 무교회주의자 우찌무라內村에게 도전했다가 오히려 그를 통해 진짜 복음에 눈뜨게 되어 결국은 오늘의 내가 있게 된 것이다.

예수 그리스도의 구원은 100%의 구원이기에 실로 큰 구원이다.[2] 히 2:3, 눅 2:10, 시 119:165 십자가의 보혈 100% 속에는 단지 죄의 해결뿐만 아니라 만인제사직 진리 때문에 성서가 나의 것으로 되게 마련이다.[3]벧전 2:9, 계 5:10, 엡 6:17 그리고 성서를 통해 내 자신이 100% 죄인임을 알게 되는 동시 믿음(행위 아닌)이 아니고서는 설 수 없다는 은혜를 알게 된다.[4]롬 3:28, 갈 2:16 즉 100% 은혜 아니면 설 수 없는 곳에서부터 100% 은혜에 따르는 넘치는 생수와 더불어 100%의 축복을 알게 되니, 이가 바로 100% 평강이다.[5]시 29:11, 히 4:1, 살후 3:16 이 축복 속에서만 100%의 감사가 터지니,[6]살전 5:18, 시 50:23 나는 이 100% 감사 이상의 은사를 모르겠다.[7]시 23:5, 30:12

이상과 같은 100% 진리는 절대적인 진동치 못 할 나라에 속한 것이므로[8]히 12:28 거기서는 차별을 느낄 수 없으니, 차별이란 상대적인 세계에서 오는 그림자로 영원 세계에는 없는 것이다.[9]히 10:1, 롬 3:22 왜냐하면 그 곳에는 차별의 씨가 되는 비교가 없어서다.[10]슥 14:20, 고전 12:21 야고보 서신이 성서에 있는 큰 비중은 바로 이처럼 진리에는 에누리가 안 통한다는 실로 엄숙한 경종 때문이다.[11]약 2:10, 11 에누리란 경제 질서만 파괴함이 아니라 더욱 신앙세계에는 치명상인 것을, 소돔의 멸망이 가르치는 산 교훈인데도[12]창 19:14 유독 한국 기독교만은 예외될쏘냐. 천만에 천만에다.[13]요 14:6, 계 3:21, 6:8

우리가 그에게서 듣고 너희에게 전하는 소식은 이것이니 곧 하나님은 빛이시라 그에게는 어둠이 조금도 없으시다는 것이니라 (요일 1:5)

Ω

기독자에게는 절망이 없다

기독자는 천국인인즉 그는 세상 사람들보다 천 배 능력의 소유자다.[1]수 23:10, 시 84:10 특히 소망에 있어서 더욱 그러하다. 그 이유는 소망의 하나님이 함께하시기 때문이다. 실로 그는 죽음에도 소망이 있는 존귀한 존재인 것이다.[2]롬 15:13, 잠 14:32, 사 49:5 우리들의 당면한 모든 현실을 볼 때 뜻 있는 자라면 낙관보다는 절망에 가까운 실망을 면치 못 할 것이다. 그러나 기독자는 소금과 빛의 사명자인즉 현실이 이처럼 암담할수록 더욱 칠전팔기의 새 소망으로 어디까지나 적극적이고 건설적인 자세가 요청되는 곳에 그의 존재 이유가 있다.[3]마 5:13, 14, 잠 24:16, 시 118:17 이 점에 대한 나의 소견은 이러하니 가령 무슨 계획한 일이 5년으로 안 됐다면 10년으로 하고 그것 역시 안 된다면 백 년으로 우리의 소망의 초점을 재정립하고 나간다면 그 곳에는 절망이 있을 리 없다고 본다.

이는 우리가 생명력의 신비를 통해 가능한 소망으로서, 일본의 연蓮 박사 오오가大賀 씨가 2천년이 된 연씨를 꽃피게 한 역사적 사실로도 수긍이 가는 진리다. 물리적 생명도 그러할진대 영원한 생명에 어찌 절망이 있으랴. 구하고 찾고 두드리라는 교훈이 바로 절망이 없다는 증거 아니뇨.[4])눅 11:9 엘리야는 바람과 지진과 불의 세력에서는 좌절했으나 최후 말씀에서 일어났고[5])왕상 19:11, 12 에스겔 역시 발목의 실패, 무릎의 실패, 허리의 실패를 겪은 후 생수의 강에 도달했다.[6])겔 47:3~12 아모스의 경우 역시 동일했으니, 벧엘에서도 길갈에서도 브엘세바에서도 안 되고 다만 여호와 자신 속에서만 해결이 나온다고 절규했던 그다.[7])암 5:4, 5

이제는 우리도 신약 복음대학인 히브리서 교훈에 귀담을 때니 아브라함에게 축복을 베푼 새 차원에 서지 않으면 누구도 좌절을 면치 못 할 때인 까닭이다.[8])창 14:18, 19 실로 어린애들은 실망하나 어른은 실망에서도 일어나는 자이다. 이 어린애란 바로 멜기세덱을 모르는 자로서[9])히 5:11~14 멜기세덱이 왕이자 제사장인 것처럼 그에게 속한 자도 이 땅에서 제사장으로 왕 노릇하는 권세 있는 존재니, 어찌 소망의 왕 앞에 절망이 있을쏘냐.[10])계 5:9, 10

그러므로 우리가 낙심하지 아니하노니 우리의 겉사람은 낡아지나 우리의 속사람은 날로 새로워지도다 (고후 4:16)

Ω

자랑 지옥

인간은 누구나 긍지의 힘으로 산다고 해도 과언이 아니다. 자기 가치를 인정받는 자부심은 누구에게나 있다. 그런데 그것이 잘못되면 자만으로 되니, 여기에 인간 비극이 있다. 왜냐하면 헛된 자부심이란 오만불손한 교만인데, 이는 인간끼리의 비교에서 오는 상대적 긍지인 까닭에서다. 이와는 반대로 그리스도께서 주시는 진리의 긍지는 누구와도 비교가 불가능한 절대적인 것이므로 그 긍지의 힘은 변할 수 없어서 항상 평강의 덕을 누리게 되니 이가 바로 안식의 복이다. 1)시 29:11, 히 4:10, 사 57:21

우리는 바리새인과 서기관의 의 이상의 의(긍지, 자랑)가 없으면 결단코 천국에 못 들어가는데, 2)마 5:20, 21) 그들의 의란 율법 전수, 성전 보유, 안식일 성수와 십일조 헌납 등등이었다. 그래서 그들의 자랑은 대단했으며 또 당연한 일이었다. 그런데도 어찌하여 그것으로 천국에 못 가느냐 하면 천국은 100%의 의로서만 통하는 절대의 세계이기 때문이다. 다만 하나님의 의인 그리스도의 의가 아니고는 안 되는 까닭에 천하 인간에 예수 이름 이외에 구원이 없는 공산이 여기 성립되는 것이다. 3)고전 1:30, 롬 1:17, 행 4:12 그래서 그를 믿는 자는 다만 100% 그리스도를 자랑할 뿐이지 그 이외의 자랑이란 일체 허용될 수 없으니, 여기에 대한 상징이 바로 창세기에 나타난 무화과 잎의 치마와 가죽옷의 대비였다. 4)창 3:9~21

　종은 자기 할 일을 다 할 뿐이지 그것을 했다고 자랑할 수 없음은 그 신분 때문이다. 5)눅 17:10 이처럼 안식일, 십일조 또는 직분 등등이 당연을 넘어 자랑거리로 될 때 이는 필연적으로 그리스도의 사랑을 100% 아닌 그 이하로 에누리하는 교만의 독에 병든, 회개해야 할 장본인인데도 오히려 한국 교회는 그 자랑을 더욱 내세우니, 이처럼 자랑이 판치는 교회 현실이 답답함은 당연한 것이다. 6)약 4:9 가령 주부가 밥을 짓는 것이 당연한 것인데도 그것을 자랑거리로 알고 칭찬을 기대한다면 그는 어린애 아니면 정신병자가 아니겠는가. 7)히 5:13, 14 하나님 앞에는 호리라도 부족하면 용납이 안 되는 까닭에 그리스도 대신 다른 자랑을 하는 자는 파멸 이외에 갈 곳이 없다. 8)눅 12:59, 마 7:22, 23 비록 안식일을 지켜도 안식은 모르게 되니 그림자 속에는 생명이 없어서다. 9)히 4:1~9, 10:1 자랑 지옥과 당연 천국. 이 비밀이 크도다. 귀 있는 자 들을진저. 10)약 2:10, 4:16

🪶 이는 아무 육체도 하나님 앞에서 자랑하지 못하게 하려 하심이라 (고전 1:29)

Ω

축복의 비밀

인간은 누구를 막론하고 축복을 원하도록 창조되었다.[1]창 1:28, 9:1 그래서 하나님은 아브라함을 그 이름의 창대,[2]창 12:2 기업의 보전,[3]13:15 자손의 번성[4]15:5을 축복하였고, 이삭과 야곱은 자손들에게 이 축복을 계승시킨다는 믿음으로 살았다.[5]창 27:27, 49:28 이 축복 사상이 발전해서 하나님의 법도를 준행하면 축복이 오고 못 하면 저주가 든다는 것으로 이스라엘 자손에게 전해 왔으니,[6]출 23:25, 26, 신 28:1 이 축복에 대한 인간의 응답이 바로 감사와 찬송이었다.[7]시 103:2, 124:6 그러나 유감스럽게도 인간은 율법을 행할 힘이 없어서 죽음의 저주 아래 신음하고 있었는데, 이 비극에 종지부를 찍기 위해 그리스도가 탄생하셨다.[8]눅 2:10, 11 그래서 그리스도의 진리는 복음이요, 이제까지의 저주 시대(에발산 상징)는 끝나고 축복의 새 시대(그리심산 상징)가 와서 지금을 은혜 시대라 한다.[9]신 27:12, 13, 눅 16:16, 요 1:17

요약하면 그리스도께서는 온 인류에 대한 축복을 자기 몸으로 완성했기에 이제는 누구나 하나님께 대한 찬송이 당연한 까닭에,

그의 출생이 찬송 지파인 유다 지파로 오셨던 것이다.[10]창 29:35, 히 7:14 실로 그는 최고의 진주로서 더 이상의 축복이 필요 없는 축복 자체인고로 항상 넘치는 생수로 나타나 모든 사람을 기쁨과 감사로 살게 하신다.[11]마 13:46, 요 4:14, 살전 5:17 진정 그리스도는 아브라함 이상의 존재자로서 그의 예표가 바로 멜기세덱이다.[12]창 14:18 그는 의의 왕이자 평강의 왕이며, 영원 제사장이시니,[13]히 7:2~17 이를 보아 축복의 절정은 평강의 복으로 나타남을 알게 된다.[14]시 29:11 왜냐하면 악인에게는 이가 없어서이다.[15]사 57:21 그리스도의 평강은[16]골 3:15 평강의 하나님이 함께하는 산 사실로서[17]살전 5:23, 히 13:20 거기서는 어떠한 풍랑도 잔잔하기 마련이니,[18]막 4:39 이처럼 장애물을 삼키는 큰 평강은[19]시 119:165 하나님의 의에만 따르는 하나님의 권능인 까닭에,[20]사 32:17, 롬 14:17 이 축복의 신을 가진 자는 이제 자기 면류관을 보좌에 던지면서 찬송하게 된다.[21]엡 6:15, 계 4:10, 히 13:15 주는 자의 복이란 여기서부터 시작되니,[22]행 20:35 누구든지 현재 넘치지 못 하고 주지 못함은 분명 다른 예수니 십자가의 원수로 알고 회개할진저.[23]빌 3:18, 고후 11:4, 막 1:15

구름과 흑암이 그를 둘렀고 의와 공평이 그의 보좌의 기초로다 (시 97:2)

Ω

오메가 하나님

오메가의 하나님, 나는 당신의 아들로 된 것을 부끄러워 않고 끝까지 믿겠나이다. 끝까지 안식의 자리를 지키고 물러나지 않겠나이다.[1]계 1:8, 21:6, 22:13, 히 10:38 의인은 믿음으로 살고 뒤로 물러가면 당신이 기뻐하지 않으시기 때문입니다. 오메가의 그리스도시여, 나는 당신의 구원을 믿는고로 끝까지 견디겠나이다.[2]마 24:13 우리나라 3·1운동 때의 공약처럼 최후 일인까지 최후 일각까지 말입니다. 오메가의 성령이시여, 당신의 은사 중 최고가 오래 참는 것 즉 인내인고로 성도의 믿음은 인내와 떠날 수 없음을 이제야 알았습니다.[3]갈 5:22, 계 13:10, 14:12 그래서 히브리서에서 말한 신앙 경주가 바로 인내의 경주며[4]히 10:36, 12:1 이는 어린양의 생명책에 녹명된 자 즉 보배를 담은 질그릇의 연단임을 알게 되었습니다.[5]계 13:8, 고후 4:7 오메가가 빠진 사랑은 진짜가 아니니, 악인의 팔은 부러져도 의인은 여호와께서 붙드시기 때문입니다.[6]고전 13:4, 시 37:17 예수 그리스도는 어제도 오늘도 영원토록 동일하심을 믿는 자란 욥처럼 죽음이 와도 믿는 자요,7)욥 13:15 사드락과 메삭과 아벳느고처럼 만약 하나님이 버리실지라도 믿는다는 그 믿음이며8)단 3:16~18 하박국처럼 비록 무화과나무가 무성치 못하며 포도나무에 열매가 없으며 감람나무에 소출이 없으며 밭에 식물이 없으며 우리에 양이 없으며 외양간에 소가 없을지라도 믿는 그 믿음임을 알게 됩니다.9)합 3:17, 18

오메가의 믿음, 즉 끝까지 견디는 믿음은 언제나 하나님의 인도만 따르기 때문에 구름이 안 떠오르면 일 년도 십 년도 기다리는 믿음입니다.10)민 9:22 바람에도 지진에도 불에도 요동하지 않는 믿음이니11)왕상 19:11, 12 벧엘도 길갈도 브엘세바도 상관 없는 순수 신앙이요,12)암 5:4, 5 떡이 없고 기적도 없고 영광 없어도 견디는 믿음입니다.13)마 4:10 모든 사람이 나무로 짚으로 풀로 집을 짓고 자랑하고 떠드는데도 묵묵히 차근차근 타지 않는 보석집을 짓는 자니14)고전 3:12, 13 이는 그가 믿기를 하나님은 그리스도 안에서 다 이루어 주셨고,15)요 19:30 현재 자신과 동행해 주시며,16)마 28:20 또 잠시 잠간 후면 이 땅에 오심을 믿어서니 이처럼 알파의 완성인 오메가를 찬양하나이다.17)히 10:37, 13:15

🕊 호흡이 있는 자마다 여호와를 찬양할지어다 할렐루야 (시 150:6)

III 그리스도 안에 있는 양심

문제는 그들의 양심이 마비되어서이니, 만물보다 거짓되고 심히 부패한 것이 사람의 마음이므로 이를 해결할 힘은 오직 하나님께만 있는 것이다. 그래서 여호와가 우리의 의 되시고 우리의 거룩 되시며 지혜 되시고 구속이 되신 곳에 바로 인류의 광명, 복음이 있건만. 그들은 이 말씀을 버리고 몽사만 자랑하니 실로 겨만 알고 밀은 모르는 자로다. 그 결과 그들은 겨자 씨 천국 아닌 대사만 경영하고 날뛰니 하나님이 그리스도 안에서 허락한 새롭고 산 길인 새 언약을 이처럼 거역하는 그들에게 내 어찌 여호와의 철퇴로써 생수 아닌 웅덩이를 아니 부술 수 있으랴.

Ω

예레미야의 통곡

인생이란 그 체질이 절대적이 못 되어 어느 때나 변하기 쉬운 약점을 지니고 있다.[1]시 103:14 이와 같은 질그릇에 진리 되신 보배 그리스도가 담겨진 것이 바로 새로운 피조물이다.[2]고후 4:7, 5:17 그런고로 바울 사도는 교우들에게 항상 자신의 신앙 상태를 검토하도록 권고했으니 신앙은 언제나 현재의 일이기 때문이다.[3]고후 13:5 나는 한국 교계를 살필 때마다 예레미야의 통곡을 듣는 듯해서 두려움을 금할 길 없으니, 그 소리를 소화하느냐 못 하느냐에 따라서 반석 위에 세운 집과 모래 위에 세운 집으로 분별되는 것으로 볼 수 있기 때문이다.[4]마 7:24

이 땅에 기괴하고 놀라운 일이 있도다. 선지자들은 거짓을 예언하며 제사장들은 자기 권력으로 다스리며 내 백성은 그것을 좋게 여기니 그 결국에는 너희가 어찌 하려느냐.[5]5:30, 31 그들은 여호와의 말씀을 자기에게 욕으로 여기고 이를 즐겨 아니하니, 그러므로 여호와의 분노가 내게 가득하여 참기 어렵도다.[6]6:10 그들은 내 백성을 심상히 고쳐 주며 말하기를 평강하다 평강하다 하나 그들 자신 평강이 없도다.[7]6:14, 8:11, 사 57:21 더욱 그들은 손으로 지은 곳을 가리켜 여호와의 전이라 여호와의 전이라고 거짓말만 하니[8]7:4, 행 7:48 길르앗에는 유향이 있고 그 곳에는 의사가 계시면서도 딸 내 백성이 치료를 받지 못함이 당연하도다.[9]8:22, 9:13, 11:8

문제는 그들의 양심이 마비되어서이니 만물보다 거짓되고 심히 부패한 것이 사람의 마음이므로[10]17:9, 마 15:18 이를 해결할 힘은 오직 하나님께만 있는 것이다. 그래서 여호와가 우리의 의 되시고 우리의 거룩 되시며 지혜 되시고 구속이 되신 곳에 바로 인류의 광명, 복음이 있건만,[11]23:6, 고전 1:30 그들은 이 말씀을 버리고 몽사만 자랑하니 실로 겨만 알고 밀은 모르는 자로다.[12]23:28 그 결과 그들은 겨자씨 천국 아닌 대사大事만 경영하고 날뛰니[13]45:5, 마13:31 하나님이 그리스도 안에서 허락한 새롭고 산 길인 새 언약을 이처럼 거역하는 그들에게[14]31:32, 34, 히 10:19, 20 내 어찌 여호와의 철퇴로써 생수 아닌 웅덩이를 아니 부술 수 있으랴.[15]2:13, 51:20 이제는 회개 아니면 멸망뿐이로다. 아.

🕯️ 하물며 하나님의 아들을 짓밟고 자기를 거룩하게 한 언약의 피를 부정한 것으로 여기고 은혜의 성령을 욕되게 하는 자가 당연히 받을 형벌은 얼마나 더 무겁겠느냐 너희는 생각하라 (히 10:29)

Ω

본부 없는 하나님 만세 또 만세

하나님은 죽은 자의 하나님이 아니요 산 자의 하나님이시다.[1]마 22:32 그러므로 죽은 집에는 안 계시고 산 집에 계시는 것이 진리의 하나님인 것이다. 이 하나님은 반드시 인간의 양심을 통해 역사하심이 정상이며 전지전능하심으로 우리의 머리털까지도 관심하시며 섭리하시니 이 하나님을 아버지처럼 믿고 만사를 맡기고 순종하는 그 안심이 바로 하나님의 평강인 것이다.[2]빌 4:7

이와는 반대로 우상은 죽은 하나님이며 진리가 아닌 고로 그는 인간의 욕심을 더욱 조장시키고 양심을 새로 변화시키지 못할 뿐 아니라 오히려 자기를 진리처럼 위장해서 모든 사람들을 속여 유혹한다.[3]고후 11:4, 요 8:44, 겔 13:19 그러나 그는 손으로 만든 죽은 집이 있어야만 활동하므로, 이 죽은 집을 가리켜서 하나님의 집이요 성전이라고 선전하면서 화려하게 꾸미고 과장해서, 마침내 그 곳을 하나님의 본부처럼 신성시해서 믿도록 만드는 것이다.[4]렘 7:4 거짓 종교는 항상 이처럼 손으로 지은 건물을 가리켜 제단이라고 떠들며, 그 본거지를 더욱 중앙 제단이라고 드높이면서 이와 같은 제단 아닌 다른 곳에서는 예배가 될 수 없게 해서 양심을 마비시킨다. 5)행 7:48, 딤전 1:19

오늘날 한국 교회가 건물 확장 일로로 달리면서 그 위세를 떨쳐 이가 마치 진리의 승리처럼 자부하니, 얼마나 기막힌 비극인고. 진리의 하나님은 본부가 없는 것이 그 본질이다.6)요 4:21 이처럼 하나님의 본부가 건물이 될 수 없다는 이 단순한 사실 하나만 알아도 우리의 답답한 숨통은 소생하게 되는 것이다.7)요 5:25 그리스도께서 십자가에 달리실 때 예루살렘의 성전 휘장이 찢어진 사실은 바로 하나님의 본부가 건물에서 떠나 우리 마음으로의 이동을 상징하는 혁명적 사건이었으니, 이가 바로 은혜의 보좌와 새롭고 산 길의 개통이었다.8)마 17:51, 히 4:16, 10:19, 20, 렘 31:31 이처럼 우리 자신들이 진리의 하나님의 본부가 될 수 있게 됐다는 참으로 기막힌 이 큰 은혜에서만 목마름이 해결되니 본부가 바로 생수가 넘치는 곳이기 때문이다.9)요 4:14

🕊 너희는 너희가 하나님의 성전인 것과 하나님의 성령이 너희 안에 계시는 것을 알지 못하느냐 (고전 3:16)

Ω

중간에 막힌 담

사탄인 악령은 인간과 하나님을 이간시키는 자이며 성령은 이와는 반대로 죄인인 인간을 하나님 앞으로 다시 회복 결합시키는 역할자이다.[1]고후 5:18 그러므로 주의 영이 계신 곳에는 참 자유가 보장되어 있다.[2]고후 3:17, 요 8:36 인류의 첫째 아담은 범죄의 결과로서 에덴낙원에서의 추방이란 분리를 가져왔으나, 둘째 아담인 그리스도는 우리를 낙원으로 복귀시키기 위한 화목 제물로 오셨으니,[3]고전 15:22, 요일 4:10 즉 예수는 우리와 하나님 사이에 막힌 모든 장벽을 제거하러 오심이었다.[4]마 1:21 즉 가장 큰 장벽인 죄와 사망의 벽을 당신의 십자가의 피로써 소멸하셨고,[5]롬 8:2, 히 9:22 율법의 장벽을 부활로써 무너뜨리셨으니[6]롬 4:25 이와 같은 사실은 거룩과 속됨의 장벽의 상징인 예루살렘 성전의 휘장이 찢어졌던 것으로 나타났다.[7]마 27:51 그런고로 이제는 우리와 하나님 사이에는 어떠한 장벽도 있을 수 없는 새롭고 산 길이 열려져서[8]히 10:19, 20 하나님은 우리의 주인 이상의 아버지가 되셨고, 우리도 그의 종 이상의 아들이 되는 부자 상봉의 임마누엘 진리가 실현되어 인간이 권세 있는 자로서의 자기 본 위치를 비로소 찾은 것이었다.9)요 1:12, 마 1:23, 계 21:7

그렇지만 사탄은 이 엄청난 사실을 은폐할 뿐 아니라, 다시 의식과 계급으로 담을 만들고 또 하나님의 말씀을 떠난 기도의 만능을 믿게 해서 복음을 변질시키니 이가 곧 다른 예수, 다른 영이다.10)고후 11:4, 잠 28:9, 렘 6:10 이에 대하여 하나님은 바울을 일으켜 복음의 말씀을 주셔서 신앙을 무장시킬 뿐 아니라11)엡 6:17 성령의 기도만이 영원한 능력임을 온 천하에 천명하신 결과로 사탄의 남은 벽도 무너져 버린 것이다.12)롬 8:26, 히 7:25 이제 기독자는 누구나 임마누엘이니13)고후 5:19, 골 1:19 "누가 우리를 그리스도의 사랑에서 끊으리요"로서 천하무적의 강력자로 된 새로운 피조물이다.14)롬 8:35~39, 고후 10:4, 5:17 이처럼 임마누엘이 아닌 자는 그가 누구든 휘장을 다시 만드는 적 그리스도임을 알진저.15)히 10:29

그는 우리의 화평이신지라 둘로 하나를 만드사 원수 된 것 곧 중간에 막힌 담을 자기 육체로 허시고 (엡 2:14)

Ω

없어진 신성 불가침

이웃 나라 일본의 해방 전과 해방 후를 비교할 때 크게 달라진 것 중 하나가 천황에 대한 국민의 태도 변화다. 이전에는 천황이 절대 권력자로 신성불가침의 존재였으나, 지금은 실력 없는 상징적 존재에 불과하다. 그래서 그전 같으면 천황이란 호칭 하나만 잘못해도 불경죄로 엄벌되었으나 지금은 천황을 마음대로 비판도 하는 별천지가 됐으니, 이는 군국주의 일본이 민주주의 일본으로 변한 까닭이요, 이처럼 국민의 자유가 완전 보장된 것이 오늘날 그들 국력의 큰 기틀이 되었다고 본다. 또 현재 세계에서 가장 힘 있는 국가인 미국도 대통령의 잘잘못을 누구나 비판 탄핵할 수 있는 권리가 법으로 국민에게 보장되었기로 옛날의 왕 같은 신성불가침의 영역은 아무 곳에도 없다.

진리의 그림자인 구약 율법시대에는 성전, 성직, 성일, 성물 등이 신성불가침의 영역으로 엄격히 규정되어 만일 이를 침범하면 왕이라도 저주를 당했으니, 웃시야 왕의 문둥병,[1]대하 26:21 웃사의 죽

110

음,[2]대상 13:10 안식일 현행범 처형,[3]민 15:36 십일조 도적 규제[4]말 3:8뿐 아니라 다윗의 일화는 너무나 유명하다.[5]삼상 24:6, 26:11 그러나 이제는 그리스도가 오셨으니, 지금은 은혜의 시대, 복음의 시대임을 알아야 한다.[6]고후 6:2, 눅 16:16 즉 성전 휘장은 찢어졌고 새롭고 산 길이 신성 자체인 그리스도의 피로 열린 것이다.[7]히 10:19, 20 이제 하나님께서 임재하실 신성한 곳은 오직 한 곳 사람의 마음, 즉 생각하는 인격 속뿐이니 이가 곧 새 언약의 중심으로 복음의 핵심이다. 이는 인생이 하나님의 형상대로 지어졌기 때문이다.[8]마 27:51, 렘 31:33, 히 8:10, 고전 3:16, 창 1:27 이제는 여호와의 제단 앞 주발만이 신성한 것이 아니라 예루살렘의 모든 솥이 모두 같은 성물로 쓰여지는 새 시대인데 어찌 그 곳에 신성을 팔아먹는 장사꾼 가나안인이 존재할쏘냐[9]슥 14:21, 습 1:11 진리의 하나님께서는 아론의 이마나 말방울이나 똑같이 성결로 보시는 이 때이다.[10]슥 14:20, 출 28:38 그런고로 아직도 그리스도 이외에 무슨 신성불가침의 성역이 있다면 이들은 빛을 거슬리는 두더지 족속이다. 그 결말이 어찌될 것인가 불 보듯 환하니 다만 회개뿐이로다.[11]렘 5:31

그러므로 아들이 너희를 자유롭게 하면 너희가 참으로 자유로우리라 (요 8:36)

$$\Omega$$

단독 인내와 단독 전투

○○형제님 인생으로 태어나서 진리를 위해 싸운다는 것은 가장 보람찬 일인 줄 압니다. 당신이 기독교의 새로운 교회운동을 염원해서 교회 간판에 성서라는 두 글자를 내건 것도 하나의 진보로 믿습니다. 그러한 새 출발이기에 허다한 난관이 따르는 것은 당연한 일로서 더욱더 각오하셔야 하며 혹 참고가 될까 해서 전도자의 위치에 대한 나의 생각을 말씀드립니다.

첫째로는 소극적인 면으로 인내입니다. 끝까지 홀로 견디는 겁니다. 그 이유인즉 진리의 증인이란 세상에서는 인기 없는 일이기 때문입니다.[1]마 14:13. 요 17:14 진리는 진실이요 진실이란 유언 같은 성격이기에 말하는 당사자가 살아 있는 동안은 별로 효력이 없고 죽은 후에나 참 효력이 나타나는 법입니다.[2]히 9:16 한 알의 밀이 땅에 떨어져 죽으면 많은 열매를 맺는다 함은 형씨도 잘 아는 사실로 봅니다.[3]요 12:24 이처럼 진리를 유언으로 말하는 자는 단독 인내가 불가피하니 이는 마치 엘리야처럼 불의 세력, 바람의 세력, 지진의 세력을 떠나야만 세미한 음성인 말씀이 주어지기 때문입니다.[4]왕상 19:11~18, 마 4:6 그래서 진리 진리 하면서도 유언 아닌 자들은 단독에 못 견디고, 공동체 조직을 역설하게 마련입니다.

다음은 적극적인 면으로 이 단독 인내자는 또 단독으로서 진리를 증거하며 싸우는 운명자입니다.[5]렘 1:17 그는 자기 위치를 자각하기 때문에 복음을 부끄러워할 수 없게 됩니다.[6]고전 12:21, 롬 1:16 그가 이처럼 싸울 수밖에 없는 이유는 이 싸움이 하나님의 싸움이기 때문이니, 그러므로 그와 하나님과의 접착은 100%여야 하는 것입니다.[7]고후 5:19, 13:5, 갈 2:20 즉 그는 그리스도의 본토인이기 때문이요,[8]암 9:15 그는 길갈이나 벧엘이나 브엘세바까지도 버려야만 여호와의 완전 접착이 되기 때문에 단독 전투를 기피할 수 없으며 그래야만 이사야의 말처럼 접착되는 것입니다.[9]암 5:4, 5, 사 33:20 실로 전도자는 소금처럼 끝까지 인내하는 자요, 또 빛처럼 끝까지 싸우는 자로서 [10]마 5:13, 14 유언자인고로 단독 전투의 십자가를 지게 마련입니다. 이는 비단 전도자에게 국한함이 아니니, 기독자는 모두가 복음 제사장이기 때문입니다.[11]롬 15:16

너희는 예루살렘 거리로 빨리 다니며 그 넓은 거리에서 찾아보고 알라 너희가 만일 정의를 행하며 진리를 구하는 자를 한 사람이라도 찾으면 내가 이 성읍을 용서하리라 (렘 5:1)

Ω
반환점 그리스도

그리스도는 인생의 반환점이 되신다. 맹목적 인생에서 목적이 뚜렷한 인생으로, 저주의 인생이 축복의 인생으로, 원망의 인생에서 감사의 인생으로, 대립의 인생이 조화의 인생으로, 교만한 인생이 겸손한 인생으로 돌아서는 반환점이 그리스도다.[1]딤후 3:1~5 불안에서, 평강으로, 사망에서 영생으로, 지옥에서 천국으로 돌아서게 하시는 분이 그리스도니 이는 하나님께서 그리스도 안에 계셔서 그 자신이 돌아섰기 때문이다.[2]고후 5:19, 호 11:8 즉 용서할 수 없는 죄인을 용서하시려고, 축복할 수 없는 악인을 축복하시려고, 아가페의 사랑으로 나타나신 곳이 바로 그리스도인 까닭에[3]롬 5:8 그리스도는 하나님의 비밀이요 우리에게는 길과 진리와 생명이 되시는 것이다.[4]골 2:2, 요 14:6 그런고로 어떠한 죄인도 그리스도를 접할 때 의인으로 돌아서며, 거름더미가 영광으로 돌아서며, 진토가 존귀로 돌아서게 되는 것이다.[5]삼상 2:8

어째서 이것이 가능한가. 그리스도는 바로 하나님의 능력이요 하나님의 지혜며 하나님의 거룩이며 하나님의 구속이며 하나님의 의인 까닭에[6]고전 1:24~30 공허하고 병들어 굶주린 인생들이 그 곳에서는 모두가 만족하고 넘쳐흐르도록 채워지기 때문에 돌아서게 되는 것이다.[7]요 3:14 이것이 바로 그리스도의 충만이요[8]골 1:19 그리스도의 초대며[9]마 11:28, 요 6:37~56, 12:47 그리스도의 은혜[10]고후 8:9, 요 1:16, 히 4:16인 것이다. 그래서 지금까지 자기 권리만 주장해 온 욕심 인생이 변해서 존재 전부가 하나님의 은혜로 사는 과분한 새 인생으로 그 위치가 바뀌니, 여기서부터 그는 실로 항상 기뻐하고 범사에 감사하는 인생다운 인생 즉 새로운 피조물로 나타나게 되는 것이다.[11]살전 5:16~18, 고후 5:17 그는 영생자로서 더 바랄 것이 없도록 채워졌기로 이제는 덤으로 사는 여생이기에[12]롬 14:7 무슨 일에도 주의 뜻대로 기쁘게 순종하는 독수리로서 걸어가도 피곤치 않고 달음박질하여도 곤비치 않는 새 존재가 된다.[13]사 40:31 이가 기독자요, 그리스도의 후사다.[14]롬 8:17 반환점 없이 달리기만 하는 자는 둘째 사망자니, 아, 한국의 문둥이는 언제나 돌아설 것인고.[15]계 21:8, 왕하 7:3~10, 렘 5:30, 31

🕊 이르시되 때가 찼고 하나님의 나라가 가까이 왔으니 회개하고 복음을 믿으라 하시더라
(막 1:15)

Ω
성령 훼방 죄

○○형님, 우리들이 아직도 이 땅에 살아 있어서 진리의 증언을 할 수 있음을 감사하며 더욱더 같은 전도인의 입장에서 이와 같은 문제를 생각할 수 있는 것을 영광으로 압니다. 왜냐하면 이 문제는 너무나 큰 문제이기 때문에 아무에게나 함부로 말할 수 없는 성질이기도 하나, 또 한편으로는 기독자라면 꼭 알아두어야 할 숙제가 되기 때문입니다. 즉 다른 죄는 다 용서받아도 이 죄는 용서 안 된다고 했으니, 병으로 치면 못 고치는 병인데도[1]마 9:12 모든 사람이 이 병이 무엇인지도 모르면서 자기는 상관없는 것처럼 스스로 방심하고 있으니 얼마나 기막힌 일입니까. 이 죄는 진리를 알면서 짐짓 짓는 죄니,[2]히 10:26 하나님의 아들을 밟고 자기를 거룩하게 한 언약의 피를 부정한 것으로 여기고 은혜의 성령을 욕되게 하는 죄입니다.[3]히 10:29 이는 자기 유익 때문에 하나님의 말씀을 혼잡시켜서[4]고후 4:2 그리스도의 영광의 복음의 광채를 비취지 못하게 하는 죄니[5]4:4 그리스도의 피로서 성서의 휘장 가운데로 열어 놓으신 새롭고

산 길을 고의적으로 막고, 그 휘장이 안 찢어진 것처럼 헌 길로 인도하는 거짓 선지자로,[6]마 27:51, 히 10:19, 20 바울이 말한 대로 전도자는 신부를 신랑에게 중매하는 직책인데도 그 신부를 가로채는 죄를 뜻함으로 압니다.[7]고후 11:4

형님도 잘 아시는 대로 율법과 선지자는 요한의 때까지로 끝났고,[8]눅 16:16 이제는 그리스도의 복음시대로서 모세 율법이 레위 계통의 제사 직분으로 온 것에 반해, 복음 진리는 레위 아닌 유다 지파의 새로운 제사 직분으로 만민에게 개방된 것인데도[9]히 7:12~14 아직도 레위 지파의 대표 제사 제도로 되는 것처럼 거짓 선전하는 죄니, 이는 마치 8·15 해방을 통해 일본 제국이 망했는데도, 아직도 안 망했다고 속이는 자로 이가 바로 포도원을 허는 여우가 아니겠습니까.[10]아 2:15 그러나 놀랍게도 지금도 필리핀 산 속에는 일본이 망한 것도 모르고 숨어서 사는 일본군들이 가끔 나타나니 얼마나 슬픈 일입니까. 레위 지파와 유다 지파의 관계는 곧 아브라함과 멜기세덱과의 관계인데,[11]창 14:18, 히 7장 이것을 혼합시키는 청황색 족속들은 멸망을 자초하는 무리입니다.[12]계 6:8, 스 2:62

그러므로 내가 너희에게 이르노니 사람에 대한 모든 죄와 모독은 사하심을 얻되 성령을 모독하는 것은 사하심을 얻지 못하겠고 (마 12:31)

Ω
유사품 기독교

인류의 최후 문제는 결국 양심문제이다. 이 해결 없이는 아무런 해결이 될 수 없으니 만사의 최후 귀착은 결국 종교 문제 진리 문제요, 이에 대한 해답자가 바로 예수 그리스도요 기독교의 진리이다.[1]요 14:6, 행 4:12 이처럼 기독교가 최후 결정적 진리 중 진리인 까닭에 기독교에는 유사품이 반드시 등장하게 되는데, 이는 마치 유명한 귀중한 물품에 유사품이 쏟아져 나오는 것과 같은 이치이다. 그러니 이제는 기독교의 유사품을 가려내야 할 때다. 즉 복음과 다른 복음이 있다고 바울 사도가 이미 2천 년 전에 갈파했으니 다른 예수요 다른 영들이다.[2]고후 11:4, 갈 1:8

오늘날 한국 기독교(개신교)의 교파가 94파요 장로교만도 52파라 한다. 이처럼 복잡한 교회 문제에 속지 않으려면 기독교의 초점이 무엇이며 복음의 핵심이 무엇인지 분간해야만 한다. 그것은 한 마디로 그리스도 안에 있는 양심 즉 온전한 양심이다.[3]히 7:11 즉 참 진리는 인간 양심을 온전케 하나 비진리는 외모는 화려하게 자랑해도 그 양심을 온전케 못하니 이는 그 진리가 부분적 진리인 연고이다.4)히 9:9 여기에 오늘날 한국 교회가 수술을 받아야 할 이유가 있고 회개해야 할 숙제가 있는 것이다.5)렘 5:30, 31

　　○○교회, ○○○교회라고 판을 치고 떠들지만 그리스도의 복음에 복종치 않는 까닭에 양심을 믿지 못할 교회로 되었으니,6)딤전 1:19 후세의 역사 심판을 어찌 피할 수 있겠는가.7)살후 1:8, 벧전 4:17 그렇다면 온전한 양심이란 어떤 것인가. 어떻게 나타나느냐 말이다. 한 마디로 버릴 것이 없는 모든 것이 진선미로 감사로 소화되고, 만사가 거룩으로 만족해서 양심에 갈등이 없는 자로 되며, 죽음도 환난도 곤고도 실패도 그를 방해할 수 없는 까닭에 항상 빛나는 하나님의 등불로서 존재하는 산 제물로 살게 된다.8)살전 5:18, 잠 20:27, 롬 8:35, 12:1 참 생명이란 시간과 공간의 제한을 안 받는 그리스도의 영의 생명인고로 그 곳에는 참 자유가 있으나9)고후 3:17, 요 8:36 이에 반하여 거짓 자유자 악인의 등불은 꺼져서 평강이 없는 것이다.10)잠 24:20, 사 57:21 이와 같이 그리스도의 복음의 핵심은 교회가 아니고 양심인데,11)히 9:13, 14 교회는 생겨도 양심이 안 생긴다면 이는 분명 인류를 망치는 적그리스도 아니냐.12)마 24:24 심사숙고할진저.13)삼상 15:22

　　✒ 너희는 예루살렘 거리로 빨리 다니며 그 넓은 거리에서 찾아보고 알라 너희가 만일 정의를 행하며 진리를 구하는 자를 한 사람이라도 찾으면 내가 이 성읍을 용서하리라 (렘 5:1)

Ω
먼저 된 자로서 나중 되고

언젠가 텔레비전에서 여성 직업 훈련원을 소개하면서 1년 간 훈련을 받고 기능사 자격증을 획득하고 나가면 직장에서는 훈련원을 안 거치고 처음부터 공원으로 들어간 사람보다는 출발은 늦었지만 결국은 그 기초훈련 때문에 대우나 승진이 앞선다는 이야기를 하는 것을 보았다. 또 우리나라 고속도로는 그 수리 보수비가 엄청나서 처음 건설비의 두 배가 들었으니 결국은 비싸게 먹힌 것과 같다는 신문 보도를 보고 세계에서 제일로 빠르고 싸게 되었다는 준공 당시의 요란했던 그 자랑이 지금 와서는 도리어 부끄러움마저 느끼게 한다. 세상은 이처럼 먼저 된 자가 나중 되는 일이 너무나 허다한 사실을 볼 때 혹시 이것이 우리 신앙생활에는 어떨까 하는 두려움을 금할 수가 없다. 즉 가인보다는 아벨을, 에서보다는 야곱을, 이스마엘보다는 이삭을 택하시는 우리 하나님이시니 말이다. [1]롬 9:13

　서울의 어느 거리를 버스로 지나가려면 교회라는 간판이 세 집,

네 집씩 연속적으로 눈에 띄는 곳을 지날 때마다 나는 웬일인지 얼굴이 화끈해지는 기분이 드는데, 참으로 빠른 속도로 세워지는 듯하다. 다방보다 많다는 서울의 교회들은 순진한 어린애들마저 동원해서 어린이 선교원이라고 떠드니 무엇인가 그 곳에서 위험 신호를 느끼는 것은 나의 정신착란이란 말인가. 성서를 보면 포도원에서 일한 일꾼 중 먼저 와서 일했다고 다른 사람보다 삯을 약속 이상 더 받을 줄 기대했다가 나중에 주인한테 실족당해 버림받은 자가 많다고 했는데,[2]마 19:30 오늘날의 한국의 전도인이나 신도들은 자기가 상급을 제일 많이 받는다는 그 재미와 의욕 때문에 일하는 것이 사실일진대 이는 하나님의 의를 모르고 자기 의를 내세우는 바리새주의로서 이미 2천 년 전에 바울을 통해 증명된 오류인데도[3]롬 10:3 이 백성은 창세기도 모르고 날뛰니[4]창 3:7~21 하나님은 언제까지 한국 기독교의 비늘을 그냥 두시는 것일까.[5]행 9:18 안타깝기만 하도다. 의의 말씀을 경험하지 못한 신앙은 결코 장성할 수 없는데도 한국 교회는 말씀이 없는 교회로 줄달음치며[6]히 5:13 옛적에 광야에서 멸망 받은 신앙적 거울도 안 보고 달리기만 하니,[7]고전 10:6 이제는 예레미야의 통곡도 말랐도다.[8]렘 5:31

이와 같이 나중 된 자로서 먼저 되고 먼저 된 자로서 나중 되리라 (마 20:16)

Ω

철면피 교회

기독교가 종교 이상의 진리가 되는 이유는 오직 거기서부터 새로운 인생인 양심이 창조되기 때문이다.[1]고후 5:17, 히 9:13, 14 그런 까닭에 기독교 복음은 다른 종교와 화합이나 동화될 수 없는 오직 한 길 뿐이니 여기에 복음의 지엄성이 있고 그 위치가 명명백백한 것도 오직 하나 양심 문제 때문인 것이다.[2]눅 16:16, 요 14:6 그래서 기독자의 양심은 표면적인 것 이상의 이면적인 것이다. 즉 미움이 곧 살인이요, 음탕이 곧 간음이며, 탐심이 우상임을 알고 떠는 자이다.[3]마 5:22~28, 골 3:5 내가 다른 종교와 동조 못 하는 이유가 다만 이것 때문인즉 만일에라도 기독교 진리 이상의 더한 양심이 있다면 나는 서슴없이 개종할 것이다. 이처럼 인류 최고의 양심이 기독교이기에 사탄은 이 양심을 마비시키기 위해 거짓 기독교를 만드니, 허다한 무리가 여기에 빠진다고 바울 사도가 이미 지적한 대로다.[4]고후 11:4

언제나 제일 좋은 것은 유사품이 따르게 마련인데, 어찌 기독교가 예외가 될까. 그런고로 성령은 항상 귀 있는 자 들으라고 경고하신다.5)계 2:7, 11, 17, 29, 3:6, 13, 22 충남 ○○○에 장로교회가 있다. 똑같은 장로교회나 파가 달라서 한 예배당을 상하로 나누고 따로 예배 드려온 지 10년이 넘는데 최초는 목사의 행실이 부덕해서 권고 사직 시켰더니 잠시 여유를 구하면서 그 목사는 교인들을 충동해서 다른 파를 만들고 아래층으로 내려갔다는 것이다. 그 후 10년 이상 두 파가 같은 시간에 상하에서 예배를 드린다니 이것이 현실의 한국 교회다. 그들은 실로 예수는 버려도 예배당은 못 버리며, 진리는 떠나도 교회는 못 떠나며, 성서는 버려도 목사는 못 버리는 무리니 이가 바로 무서운 교회주의요, 사업주의요, 인본주의다. 이같은 철면피 교회가 다른 곳에 또 생기지 않는다는 보장이 없으니 얼마나 심각한가. 한 사람의 양심(진실)보다 교인 숫자를 크게 보는 그것이 병균임을 알고 회개할 자는 바로 나로다.6)대상 21:1, 시 49:20

믿음과 착한 양심을 가지라 어떤 이들은 이 양심을 버렸고 그 믿음에 관하여는 파선하였느니라 (딤전 1:19)

Ω
인생 오산

인생은 누구를 막론하고 잘 살고 성공하기를 원하면서도 결과적으로는 그 반대로 실패의 쓴 잔을 마시게 되는 것은 한 가지 오산 때문이니, 그 오산이란 바로 죽는 것을 생각지 않고 날뛰는 점이다. 사실상 인생이면 누구나 한 번은 죽는 것이 만고불변의 정해진 법인즉, 천하에 누구 한 사람 피하지 못 할 이 엄연한 큰 사실 앞에 눈을 딱 감고 덤비는 곳에 모든 망조가 기다리고 있는 것이다. 요사이 우리나라를 내외적으로 떠들썩하게 만든 정치인 정모씨 사건과 종교인 박모씨 사건이 바로 이 사실을 증명하고 있음이 아닌가. 그러나 비단 그들뿐 아니라 우리들 주위의 모든 혼돈과 비극을 따져보면 결국 인간 자신들이 저지르는 것이요 그 당사자들은 자기는 죽지 않고 한없이 살 것이란 그 착각에서 빚어진 결과니, 모두가 하나님의 법을 무시한 인간 교만의 오산 때문에 상식으로도 알 만한 뻔한 실수를 수없이 저지르게 되는 것이다.

인간이 자기 하는 일에 죽음을 가산할 때 이를 최선이란 이름으로 부르게 된다. 왜냐하면 인간으로서는 그 이상 더 할 방도가 없는 최고의 길이기 때문이다. 그런데 이처럼 죽음 죽음 하면 누구나 기분이 좋을 것 없지만, 그러나 그리스도의 복음 신앙으로 사는 자는 이처럼 기분 나쁜 이 죽음의 세력과 정면으로 대결 도전하는 적극성이 부여된 새 생명으로서, 이가 바로 영생의 실력자인 것이다.[1]요 5:24, 6:47 그러므로 누구를 막론하고 죽음이 무서운 그 상태가 바로 마귀에게 예속된 증거니 거기서부터 완전 자유의 해방을 시켜 주시는 이가 예수 그리스도시다.[2]히 2:14, 15, 요 8:36 그런고로 복음이니 교회니 천국이니 진리니 떠들어도 그가 현재 죽을 수 없는 자라면 그 신앙은 매우 의심스러운 것으로서 회개해야 할 장본인인 것이다.

한 번 생각해 보자. 숨은 다른 사람이 대신 쉬어 줄 수 없는 것인데, 어떻게 내 영혼 신앙 생명을 다른 누구(성직자)가 책임질쏘냐. 이제는 모두가 허수아비 신앙에서 떠나 자기 신앙으로 돌아가야만 산다. 귀 있는 자 들을진저.[3]약 4:13, 14, 고후 6:2

❦ 사데 교회의 사자에게 편지하라 하나님의 일곱 영과 일곱 별을 가지신 이가 이르시되 내가 네 행위를 아노니 네가 살았다 하는 이름은 가졌으나 죽은 자로다 (계 3:1)

Ω

제일 무서운 병

병을 좋아할 사람은 한 사람도 없다. 인간의 이 약점 때문에 사탄은 우리에게 육신의 병 고침이 진리의 전부인 양 속여서 건강을 신앙 이상으로 크게 보게 해서 결국 그 생명을 정신적으로 질식시킨다. 이러므로 병 중의 병은 마음의 병이니, 그렇기에 사탄은 사람을 육신의 병에만 관심시켜서 마음의 병을 점점 무겁게 만든다. 흔히 병이라면 암을 제일 무섭게 보나 그러나 사실은 암 이상 더 무서운 것이 바로 인격의 병인 양심 마비이다.[1]딤전 1:19 왜냐하면 육신의 병은 본인 한 사람의 고통으로 끝나지만 양심의 병은 본인뿐 아니라 그 사회 그 민족 나아가서는 온 인류에까지 그 해독이 미치는 전염병일 뿐더러, 그 본인 자신은 전혀 그 병에 대한 감각이 없고 반대로 그 자신은 자기가 가장 양심적임을 자부하고 있기 때문이다. 그 결과로 타인 보기에는 상식 이하의 일을 저지르고도 장본인은 전연 그 일을 모르고 기고만장하게 되는데, 이 병은 가장 양심적이어야 할 지식적 계층 즉 남을 가르치는 종교인이나 교육자가 걸리기 쉬운 병임을 우리는 현실 속에서 얼마든지 목격하게 되니 참으로 기가 찬 병인 것이다.

예를 든다면 공적 재산을 관리하면서도 사회의 공적인 심사를 거부하는 일, 또는 책임적 입장에 이름을 가진 자가 그 책임을 타인에게 미루고 회피하며 자기 소신과 반대되는 행동을 자신이 하면서도 그 소신을 선전하는 것, 사회에 이성 문제로 크게 물의를 일으킨 인물의 사진을 방에 그냥 걸어둔 채 공적 예배를 드리는 일, 설교자가 자기 마음에 안 든다고 성경 대신 다른 책을 보면서 예배 시간을 보내는 일, 심지어는 교역자가 예배 시간 때 교인의 헌금을 축복하는 기도를 할 때 그 명단을 호명하기 위해 갑자기 눈을 뜨고 기도하는 수작 등등은 모두가 그리스도의 피가 모자라는 양심이 마비된 발작들인 것이다.2)히 5:13, 고전 13:11 하나님 앞에서는 호리도 우주와 같고 하루도 천 년과 같다.3)마 5:26, 벧후 3:8, 삼상 16:7 실로 작은 불의가 곧 큰 불의니,4)눅 16:10 이삭을 바쳐야만 그 마비가 풀리고 참새가 독수리로 변한다.5)창 22:2, 사 40:31 왈 임마누엘.6)마 1:23

🕊 너희는 가서 내가 긍휼을 원하고 제사를 원하지 아니하노라 하신 뜻이 무엇인지 배우라 나는 의인을 부르러 온 것이 아니요 죄인을 부르러 왔노라 하시니라 (마 9:13)

Ω

큰 구원을 버린 복음

그리스도의 구원은 보통 이상의 큰 구원이다. 하나님의 아들인 성자의 희생을 통한 당신 자신의 몸을 드려 이를 선포하신 바요, 하나님은 성부로서 이를 표적과 기사의 크신 능력을 통해 증거 보증하셨으며, 하나님의 신인 성령께서는 우리 맘속에 실제로 임재 하셔서 이 사실을 구체적인 현실로 나타나게 하시니 이처럼 진리의 삼위일체가 합동 성취시키는 완전 진리의 절대 구원이기에 큰 구원이 되는 것이다.[1)시 60:12, 히 2:3, 4, 마 1:21] 이와 같은 지엄하고도 지존한 인류 완성의 구원 대업을 인간(사탄)의 교만한 꾀로써 제멋대로 적당히 할인 변질시킬 때 거기서 빚어지는 엄청난 손상과 비참함은 아무것으로도 회복할 수 없는 결정적 타격이 되어, 죽음 이외에 딴 길이 없음은 지극히 당연한 귀결인 것이다. 가령 작은 힘에 대항해서 실패할 때의 손실과 그보다 더 큰 힘에 반항해서 실패했을 때의 경우가 어찌 같을 것인가. 우리에게 율법 불이행에 대한 심판이 외상없이 시행됐다면, 하물며 복음 불복종에 대한 심판이

어찌 작을 것인가.2)히 2:2, 살후 1:8

우리가 성자의 피의 대가를 에누리할 때 어느 누구 한 사람도 죄의 세력에서 피할 수 없고,3)히 9:22 하나님의 말씀을 무시할 때는 암만 기도하고 떠들어도 악령을 무찌를 천국 무기는 아무 곳에도 안 나오며,4)막 13:31, 엡 6:17 성령의 임재 동거를 거역할 때 이 세상에서의 생활 전선의 냉혹한 현실을 어느 누가 감당할쏘냐. 어림도 없는 소리다.5)마 5:13 양심의 성전인 인격들이 자기 양심의 영광을 다 버리고 손으로 지은, 보이는 집을 감히 성전이라고 속이는 그 인간들의 종이 되어서 열심히 바벨탑만 쌓아 올리니,6)창 11:9 시작부터 거짓인즉 마지막도 거짓이 분명한 것이다.7)렘 7:4, 히 9:24, 요 8:44 이처럼 기독교라고 하면서 실지는 하나님 아들을 밟고 자기를 거룩하게 한 언약의 피를 부정한 것으로 여기고 은혜의 성령을 욕되게 하는 그 소득이 과연 무엇일까.8)히 10:29, 30 구원이란 철학적 용어나 신학적 교리 이상의 산 사실이니 실지로 주는 자가 되고 용서와 손해와 죽음을 능히 담당함은 이 구원이 넘쳐 있는 연고인 것이다.9)
시 23:5, 롬 8:37, 요 7:38, 행 20:35

🕊 이스라엘이여 너는 행복한 사람이로다 여호와의 구원을 너 같이 얻은 백성이 누구냐 그는 너를 돕는 방패시요 네 영광의 칼이시로다 네 대적이 네게 복종하리니 네가 그들의 높은 곳을 밟으리로다 (신 33:29)

Ω
신앙 번지수

장로님. 좋은 책을 빌려 주신 그 사랑에 감사해서 그 책 때문에 저지른 내 실수를 하나 소개합니다. 지난 번 영종도에서 나와 수원 성균관대에 들러 집으로 올 때에 특급을 탔는데, 제 좌석에는 이미 다른 분이 계셔서 이중으로 된 착오로 알고 다른 빈 좌석에서 열심히 그 책을 읽고 있는데, 얼마 후 차장이 검표로 왔기에 엄중 항의를 했지요. 그런데 차장이 한참 조사하더니 나더러 기차를 잘 못 탔다면서 이 차는 부산행 열차인즉 빨리 천안에서 갈아타라는 것이 아닙니까. 저는 이 실수를 통해 배운 진리가 바로 나의 신앙 번지수 문제입니다. 율법의 열차는 지옥행이요 복음의 열차는 천국행인데,[1]눅 16:16 사탄은 항시 우리를 유혹해서 적당주의로 애매하게 하는 것이 사망의 유도 전술입니다.[2]계 6:8 그는 우리로 두 주인을 섬기도록 또는 정절 없는 음녀로 타락시키려고 미혹하는 자인데,[3]마 6:24, 계 14:4 그러나 진리는 빛의 자녀로 만드는 것이 그 특색이 아닙니까.[4]요 3:21, 엡 5:8, 요일 1:5

그래서 기독자라면 내가 서 있는 자리가 시내산인지 시온산인지 분간해야 하며,[5]히 12:22 목마른 터진 웅덩이를 파고 있는지 솟아나는 생수를 마시고 있는지 물의 맛을 알아야 하며,[6]요 4:13, 14, 렘 2:13 불안에 떠는 광야생활인지 또는 하나님의 안식처인 본토생활인지,[7]히 4:10, 암 9:15 짐승의 피의 효과와 어린양의 피의 효과가 얼마나 다른가를 명백하게 인식해야 할 것으로 압니다.[8]히 9:12 만일 하나님의 약속만 알 뿐 그 이상의 맹세의 보증을 모른다면, 그 신앙은 요동 안 할 도리가 없으니 그 이유는 보증만이 최후의 확정이기 때문입니다.[9]히 6:17 여기 맹세로 된 제사장과 맹세 없이 된 제사장의 능력의 차가 뚜렷하며,[10]히 7:22 종과 주인의 위치 차이를 알 때 모세 율법과 그리스도 복음을 혼동 안하고[11]히 3:5, 6 땅의 예루살렘과 하늘의 예루살렘의 차이, 즉 두려워하는 종의 자녀와 아바 아버지로 부르는 자유의 자녀를 분별하게 되는데[12]갈 4:25, 26, 롬 8:15 이를 못하는 그 어두움이 우리나라 교회의 문제 발생 근원이 아니겠습니까. 그 결과가 사람이 만든 생명 없는 죽은 성전과 그리스도의 피로 된 산 성전조차 구분 못 하고 하늘을 찌를 듯이 서로 건물만 높이는 그 교만이 바벨탑이 아닌지요. 아아, 유구무언.[13]창 11:9, 히 12:29

너희는 믿음 안에 있는가 너희 자신을 시험하고 너희 자신을 확증하라 예수 그리스도께서 너희 안에 계신 줄을 너희가 스스로 알지 못하느냐 그렇지 않으면 너희는 버림 받은 자니라 (고후 13:5)

Ω

땅 끝까지 이르러 증인이 되리

나는 일본 시대에 만주에 있었기 때문에, 그 때 일본인들과 생사를 같이한 관계로 지금도 그 친구들과 우의가 계속되고 있으나 신앙문제에 있어서는 신도神道와 기독교로 갈라져 나는 그들에 대한 복음 전달의 마음의 빚을 그들이 세상을 뜨기 전에 또 내가 죽기전에 갚아야 한다는 과제를 항상 가지고 있었으나 막상 실제 문제로 그 일을 실행한다는 것은 결코 쉬운 일이 아니었다. 8년 전 일본 방문 때는 물론이요, 지난 번 때도 그들의 극진한 초대를 받았지만 신앙문제를 말할 시간도 또 용기도 못 되어 유감스럽게도 그냥 돌아왔다. 나는 생각다 못해 그 해결책의 하나로 내가 동경집회에서 전도한 강연 내용을 어느 일본 형제의 수고로 문서로 기록해서 그들에게 보내었는데 거기에 대한 반응이 뜻밖에도 다른 곳에서 왔기로 여기 독자 여러분에게 소개하는 바다.

　선생님의 「양심의 싸움」의 옥고를 친구분이 보내 주셔서 지금 읽었습니다. 선생님의 능숙한 일본말 뒤에 그와 같은 기독교 이전의 역사가 있었다는 것을 처음 알았습니다. 이와 같은 고백은 예수님의 십자가로 인하여 자아가 부서지지 않고는 절대로 될 수 없습니다. 선생님의 이러한 자신을 쪼개는 듯한 쓰라린 체험을 통한 사실의 증언은 다른 분들의 깊은 학식으로 된 성서 강해 이상으로 구도자를 구원으로 이끈다고 확신되므로 저는 제가 복사해서 16부를 작성 오늘 저희 집회에 나오는 분들에게 배부했습니다. 이쪽 집회는 고학력의 분들이 아니고 이처럼 신도와의 비교를 통한 증언이 꼭 알맞습니다. 내일 다른 집회에 가서 또 배부할 것입니다. (스기야마 나오)

외람된 말 같으나 나는 우리가 진정 일본인을 이기는 길은 다만 우리의 복음적 점령뿐임을 확신하며, 또 이는 세계 인류 문제 해결을 위한 유일한 믿음의 선한 싸움임을 믿어 오직 주님의 도우심을 간구하노라.[1]딤전 6:12

🕊 오직 성령이 너희에게 임하시면 너희가 권능을 받고 예루살렘과 온 유대와 사마리아와 땅 끝까지 이르러 내 증인이 되리라 하시니라 (행 1:8)

Ⅲ 그리스도 안에 있는 양심   133

Ω
신학교의 죄

중세기 암흑시대에 카톨릭 교회의 부패상에 눈뜬 마틴 루터는 교회의 내부 개혁을 꿈꾸고 성심을 다하는 순진한 양심으로 95개조의 토론 제목을 내걸었다. 그것이 도화선이 되어 결국은 교회를 그냥 두고는 진리가 질식당한다는 그의 체험적 사실 때문에 부득불 새 교회 창설이란 양상으로 발전했으니, 이처럼 교회보다 진리를 높여야 한다는 그의 양심의 발로가 바로 개신교를 탄생시켰던 것이다. 그런데 오늘날 이 개신교가 갈대로 간 질식 상태라면 이제 또 다시 새로운 해산의 수고를 누군가 해야 할 때가 왔다고 보는 것이 정상이 아니겠는가. 이 한국 교회의 현상을 뜻 있는 눈으로 볼 때 이제는 무엇인가 달라져야 할 절박감을 느낄 것이다. 즉 이대로는 안 되고 더 강력한 진리가 나와야 할 것인즉 이에 대한 해결자가 신학교에서 나와야 하니 이는 신학교가 바로 기독교 지도자의 양성소이기 때문이다. 만일에라도 신학교가 이러한 급박한 현실을 외면 무시하고 구태의연한 물량주의적 전도자만 배출

한다면 그는 죄에 죄를 더하는 격으로 부패에 더욱 부채질하는 역효과가 될 것이 분명하니, 그 이유는 교회 부패병은 전부에게 해당되는 심각한 문제이기 때문이다.

그러므로 이제는 아브라함의 318명이 나올 때며,[1]창 14:14 기드온의 부라가 등장할 때며,[2]삿 7:10 여호수아의 천 명 부대가 필요할 때며,[3]수 23:10 바울이 말한 강력 부대가 나올 때인 것이다.[4]고후 10:4 브리스길라나 아굴라와 같은 증인이 필요할 때며,[5]행 18:28 자기 면류관을 던지면서 경배하는 24장로가 나올 때이니,[6]계 4:10 진리 선봉 부대는 다만 유다 지파뿐임을 알고,[7]민 10:14 이제는 별다른 제사장을 내세워야 할 때이다.[8]히 7:15 만일에 신학교에서 이를 못 한다면 도대체 어느 곳에서 이 문제를 담당할 것인가. 신학교가 아직도 문제의 심각성에 눈뜨지 못했다면 그는 분명 세상에 취한 하나님의 원수로 적그리스도의 오명을 면치 못 할 것인즉[9]약 4:4 차라리 신학교라는 간판을 내림이 양심적이 아닌가. 내게는 후세의 역사가의 지탄 소리가 들린다. 아.[10]계 3:22, 렘 5:31

이 때에 네가 만일 잠잠하여 말이 없으면 유다인은 다른 데로 말미암아 놓임과 구원을 얻으려니와 너와 네 아버지 집은 멸망하리라 네가 왕후의 자리를 얻은 것이 이 때를 위함이 아닌지 누가 알겠느냐 하니 (에 4:14)

복음의 실력

기독교 진리는 실력의 진리다.[1]요 16:33 즉 세상을 이기는 것이 우리의 믿음인즉[2]요일 5:4 이는 바로 창조 실력, 저항 실력, 존재 실력, 계승 실력을 뜻한다. 이와 같은 힘은 부활한 그리스도로부터 오는 무궁한 생명의 능력으로서 이러한 실력이 없는 기독교는 분명 다른 것임을 알고 경계해야 한다.[3]고후 11:4 그래서 바울은 이 복음의 순수성 때문에 생명을 걸고 싸웠던 것이다.[4]갈 1:8, 롬 1:16, 행 20:24 나는 성서 중에서도 특히 히브리서에 나타난 신앙의 경고는 기독자라면 반드시 통과해야 할 생명의 관문으로 절감하니, 만일 우리가 이 경고를 거부한다면 기독교 망국이라는 역사의 심판을 면치 못 할 것을 확신하기 때문이다.

그 경고의 요지는 이같이 큰 구원을 등한히 할 때 하나님의 진노를 피치 못 한다는 것,[5]2:3 그 이유는 바로 삼위일체 진리에 대한 근본적인 도전이기 때문이다. 여기에서 오는 설명적 경고로서 하나님의 안식 미달이라는 비극을 경고하니,[6]4:1 안식이란 창조의 원동력으로 하나님이 그 자녀에게 부여하는 최고 축복인데도 이를 거부한 결과로 창조력이 상실된 것이다.[7]시 29:11, 시 95:11, 사 57:21 다음의 경고는 신앙의 도중하차로 은혜를 맛본 후에 전진 못 하고 타락하는 자들로,[8]6:4~6 저항력의 상실, 생명력의 저하를 뜻하니 잉태한 생명이 해산을 못 하고 유산하는 비극이다. 그 다음 경고는 짐짓 지는 죄로[9]10:26 그리스도께서 몸으로 열어 놓으신 피의 새 길을 무시하는 것이다.[10]10:19, 20 그는 자기 존재력을 상실하게 되니, 천국인이면 누구나 새롭고 산 길을 통해 이 땅에 내려온 지성소의 존재로서 빛과 소금의 절대적인 역할자가 되기 때문이다.[11]시 84:5, 119:17, 계 21:2 마지막 경고는 상속에서의 탈락으로 에서처럼 장자권을 포기한 망령된 무리니[12]12:15, 16 이는 물욕 때문에 계승력을 상실한 것이었다.[13]신 21:17, 창 25:34, 롬 8:17 이와 같은 성령의 경고에 순종해서 껍데기 영생에 갈증을 느끼는 자를 위해 생수가 예비 되었으니,[14]요 7:37 그 생수 앞에서는 단 한 사람도 목마르다는 탄식이 안 통한다. 이 같은 양심적 실력 없는 기독교는 저주를 받을진저.[15]요 4:13, 14

Ω
히브리서 진리의 절대성

내가 25년 전에 감리교에서 목회할 때 소위 무교회주의자라는 낙인을 받아 이단으로 몰려 감독자인 감리사가 진상 조사차 교회로 출장 온 일이 있었다. 내게는 모든 발언이 중지된 채 직원들에게 내게 대한 조사와 질문을 했었는데, 그 때만 해도 감리교 실정으로는 감리사가 절대적인 존재라 교인들은 마치 고양이 앞의 쥐처럼 그저 무조건 순복하는 것이 좋은 믿음으로 여기던 때였다. 나는 억울한 마음으로 할 말은 태산 같으나 이를 못 하는 진리의 고독을 뼈아프게 탄식하고 있는데, 그 때 직원 한 분이 나서며 당돌히 말하기를 "우리 전도사님은 우리에게 예배당 예배 아닌 생활로 예배하라고 가르쳤는데, 그것이 잘못입니까" 하니 감리사는 깜짝 놀라면서 "그래요. 그것은 이단이 아니지요" 하면서 무사히 돌아간 일이 있었다. 그 후 3년 나는 결국 감리교를 떠났고 그분도 나와 같이 독립, 우리는 가정집회로 수년을 지내다가 그분은 위암으로 승천하셨는데, 그 때 고등학생이었던 그분의 아들이 이제는 작은 기업체 사장이 되고 신앙생활도 교회 집사로서 부인은 신학출신이요, 동서는 목사라고 들었다.

나는 작고한 그 아버지를 생각해서 지금까지 전도엽서를 보냈었는데, 그 회사 직원의 할머니 되시는 분이 내게 전하는 소식에 왈 "전도사님, 사장은 엽서를 이단이라고 보지도 않으니 보내지 마세요. 그리고 한 번은 손자가 보니까 사장 이력서에 모 대학 졸이라고 써 있더래요, 고졸인데도. 그래서 손자가 무심코 묻기를 '사장님 나는 예수는 잘 모르지만 이렇게 해도 되는 겁니까' 했더니 사장은 얼굴이 새빨개지면서 화를 버럭 내고는 문을 박차고 밖으로 나갔다가 얼마 후에 돌아와서는 손자의 어깨를 두드리며 '네 말이 맞다' 하더랍니다".

나는 이 말을 듣고 즉시 엽서를 중단했지만, 어쩌면 아버지 되신 분은 나를 위한 심판자로서 감리사와 대결했는데, 그 아들은 반대로 나를 이단으로 멸시하다가 불신자에게 심판을 당하다니 이 얼마나 두려운 현실인가. 내가 이단이라는 누명을 쓰는 이유는 다만 히브리서 진리를 고집하기 때문이요, 내가 그토록 히브리서를 놓지 않는 이유가 바로 히브리서의 복음 진리가 아니면 양심상 온전함을 이루지 못해서이다.[1] 히 9:9 이 한 가지 사건 자체가 히브리서의 절대성을 여실히 증명하니 새롭고 산 길 만세.[2] 히 10:19, 20, 요 14:6

하물며 영원하신 성령으로 말미암아 흠 없는 자기를 하나님께 드린 그리스도의 피가 어찌 너희 양심을 죽은 행실에서 깨끗하게 하고 살아 계신 하나님을 섬기게 하지 못하겠느냐 (히 9:14)

Ω
해창교회

신년 초에 속리산 집회에서 돌아오니 그 동안 평택 해창교회 목사님이 오셔서 특별집회를 요청하셨음을 알게 되었다. 그래서 그 다음 주에 서로 만난 자리에서 나는 솔직히 교회에서의 집회는 본의 아닌 부작용이 생기니 차라리 뜻이 있으면 몇 분끼리 가정집회를 하는 편이 어떠냐 했는데도 그만한 각오는 되어 있으니 아무 염려 말고 자유롭게 복음을 전하라는 부탁이었다. 그 결과 나는 1월 21일 밤부터 25일 정오까지 연속으로 12회 그것도 매회 1시간 반에서 2시간 이상의 집회를 마칠 수 있었고, 밤에는 집회 후에도 실내 토론 격으로 오전 1시 심지어는 2시까지도 시간 가는 줄 모르고 정말 은혜 속에서 꿈 같이 지냈다. 나는 지금 생각해도 이것이 한국 교회에서 될 수 있었다는 사실이 믿어지지 않을 정도로 꿈같기만 하다. 집회가 무사히 끝났을 뿐만 아니라, 헌금도 한 번도 광고나 또는 내신 분 이름도 안 냈는데도, 은혜 속에서 내게는 생전 처음 받은 큰 금액으로 이를 복음 수출 즉 나의 일본행 비행기 표 값으로 진정 고맙게 받아서 즉시 일본으로 보낸 것도 유쾌한 일이었다.

나는 나의 사명인 히브리서를 13장까지 전부를 통강할 수 있었으며, 내가 그 집회용으로 만든 찬송을 글자 그대로 한 마음 한 뜻으로 우리의 찬송으로 마음껏 부를 수 있었다. 나는 곰곰이 이 집회의 배경을 생각해 봤다. 내가 히브리서에 생명을 건 지 20년이 넘었고, 그간 여러 가지로 그 복음적 권위에 내 자신이 압도당해 왔지만, 특히 최근의 우리 교회 현실의 문제들이 이미 히브리서에 예언된 병통임을 알 때, 히브리서야말로 모든 문제 해결의 열쇠임을 더욱 확신하게 되었다. 그래서 재작년 초에 순창집회에서 한번 시도해 봤으며, 그 후 군산 계신 이희준 장로님이 소개해 주신 귀한 책『지성소』에서 새 힘을 얻었기로 작년 11월에 수원 성균관대에서 직원 중심의 소집회를 열어 네 번에 걸쳐 특강한 일도 이번 집회에 큰 참고가 되었다. 한국 교회 지도자가 이 히브리서 진리에 눈을 떠서 자신의 인간 영광만 바친다면 당장에 한국 교회 실력이 천 배로 강해질 것이라는 것이 내 소신이었는데,[1]수 23:10, 계 4:10 이번 뜻밖에도 해창교회가 이를 실증하는 역사적 증인이 됐으니, 이를 허락하신 주님 은혜 내게는 백골난망의 감사뿐이다. 할렐루야. 해창교회 만세.

🕊️ 나 예수는 교회들을 위하여 내 사자를 보내어 이것들을 너희에게 증언하게 하였노라 나는 다윗의 뿌리요 자손이니 곧 광명한 새벽 별이라 하시더라 (계 22:16)

Ω
주여 나를 실패케 하옵소서

주여 나는 실패해야 되겠나이다. 나는 실패해야만 믿음을 지킬 수 있음을 이제야 알았습니다. 금년 들어 두 곳에서 특별집회를 한 결과 주님의 은혜로써 매우 재미있는 결과를 가져올 수 있었고, 또 이제는 각처에 계신 지우 분들의 눈물겨운 사랑도 받았습니다. 뿐만 아니라, 멀리 일본에서는 두 차례에 걸쳐 제가 써 보낸 전도 편지가 뜻하지 않게 반응을 일으켜 어떤 분은 하도 좋아서 그것을 친지들에게 배부할 목적으로 일부러 타이프 기계를 새로 구입하여 손수 인쇄 발송했다는 소식마저 들려왔습니다. 그러니 나는 금년은 뭔가 "나의 해"가 된 것처럼 들뜨기 시작하여, 이제 이만하면 나도 세상을 떠날 수 있는 것처럼 은근히 업적을 자랑하는 자만한 생각으로 자신도 모르게 심히 오만한 자리에 앉아 있었음을 요새야 알게 되었습니다.[1]시 1:1

그러나 만일 제가 과연 온 천하를 다 얻었다 해도 주님을 잃으면 무엇이 유익하겠으며,[2]마 16:26 실로 내가 주님을 떠나서 될 것이 무엇이겠습니까.[3)요 15:5] 다른 사람은 몰라도 제게 만일 점수(제로 아닌)가 생겨 있다면 그것은 벌써 주님과 멀어진 증거이니 어찌 호리의 차가 바로 천지의 차 아니고 무엇이겠습니까.[4)약 2:10, 눅 16:10, 엡 4:27]

그래서 저는 이제 새로운 마음으로 성서를 읽게 되었으니, 즉 가난한 자가 복이 있다는 말씀의 참뜻이 실감이 난 것입니다.[5)마 5:3] 인간이란 어려울 때는 하나님을 찾고 죄를 안 짓지만 도리어 살 만하게 될 때가 가장 위험하다는 엄숙한 사실 앞에 회개하는 심정으로 성서를 다시 대하게 됐습니다. 즉 다윗 왕의 사실만 보아도 그가 골리앗과 싸울 때 또는 사울 왕에게 미움을 받아 유랑할 때는 참으로 용맹하고 청순했지만,[6)삼상 17:45, 24:6, 7] 그가 왕이 된 후 밧세바와의 범죄와 인구 조사의 큰 죄를 저지른 사실,[7)삼하 1:2, 24:1] 또 기드온 역시 그의 말년의 기록이 비극이었음을 알고 제 자신 떨었습니다.[8)삿 9:2] 사탄이 역사하는 절호의 기회가 실패 아닌 성공의 때임을 확신하면서[9)마 7:22, 눅 10:20] 당신께서는 사랑하는 자일수록 성공 대신 십자가를 주시는 그 큰 사랑 앞에 삼가 경배 찬송을 올립니다.[10)신 8:13] 십자가의 도 만만세.[11)고전 1:18]

그러나 더욱 큰 은혜를 주시나니 그러므로 일렀으되 하나님이 교만한 자를 물리치시고 겸손한 자에게 은혜를 주신다 하였느니라 (약 4:6)

Ω
아는 예수와 믿는 예수

예수를 아는 것과 믿는 것은 다르다. 분명히 다르다. 보고 믿는 것은 아는 것이요, 보지 못하고 믿는 것이 참 믿음이다.[1]요 20:29 이는 마치 의원을 아는 것과 믿는 것의 차이이기도 하다. 내가 어떤 의원을 안다고 할 때는 그분의 인격이나 기술이나 또는 가정 사정에 대한 인식을 말하는 것이지만, 내 자신이 중병에 걸려서 그분에게 나의 생사 운명의 전부를 맡겼을 경우에는 그분을 믿어서인 것이다. 그런고로 믿는다는 것은 바로 내 생명을 맡긴다는 표현이니 이는 병자에게만 해당되는 표현인 동시에[2]마 9:12, 13 그분의 치료 덕분에 병이 완치되고 건강이 회복됐다면, 그 때야말로 그분을 진정 잘 안다고 장담할 수 있는 것이다. 예수가 세상에 계실 때 그를 따른 자들은 그분을 세례 요한 또는 엘리야 또는 예레미야나 선지자로만 보았다. 그러나 유독 베드로는 그분을 인간 이상 하나님의 아들 그리스도로서 인류 구원의 의원으로 고백하였으니 이는 사람의 지혜 이상의 하나님의 계시인 동시에 또한 베드로가 자기 자신이 죄인이라는 인식에서 나온 믿음의 고백이었던 것이다.[3) 마 16:13~16, 눅 5:8] 그래서 주님은 특별히 베드로를 복 있다고 하시고 교회와 천국 열쇠로 축복하신 것이니,[4)마 16:17] 아는 것과 믿는 것과는 이처럼 구별되어야 하는 동시에 그 귀결로서 예수를 아는 정도라면 그 사람은 항상 목마르려니와 진정 그를 믿는 자는 생수를 마시고 사는 만족이 따를 것이다.[5)요 4:13, 14]

그것은 또 경배와 예배로 갈라져서 예배는 하나님을 항상 모시고 사는 생활 자체인데 반해 하나님과의 일체 아닌 곳에서는 참배나 경배로 되니,[6)요 4:20~23, 롬 12:1] 이래서 성전 문제가 치열한 싸움의 대상으로 사활의 문제가 되기에 스데반의 순교가 있었고, 또 바울의 과도한 성전 고집의 증언이 불가피했던 것이다.[7)고전 3:16, 고후 6:16, 13:5] 이는 성전 문제가 바로 양심을 좌우하는 분기점인 까닭에서였다.[8)딤전 1:19, 4:2, 히 9:9] 이와 같이 예수를 아는데 그치는 자들은 의인이요 신사들이나 죄인인 전과자들은 예수를 꼭 믿어야만 산다. 만일 자기 죄도 모르면서 믿는다 함은 거짓말이니 회개하고 진정 믿을진저.[9)요 8:44] 내가 너희에게 이르노니 인자가 올 때에 세상에서 믿음을 보겠느냐.[10)눅 18:8]

그 때에 내가 그들에게 밝히 말하되 내가 너희를 도무지 알지 못하니 불법을 행하는 자들아 내게서 떠나가라 하리라 (마 7:23)

Ω
어느 쪽의 기독교가 진짜인가

○○선생 나는 나의 일방적인 생각인지 몰라도 일본에 와서 내게 대한 내 나름대로의 감명을 금할 수가 없습니다. 즉 9년 전 일본 방문 시 김포 공항에서, 내 생각을 버리고 빈손으로 비행기에 오른 그 작은 결단이 결국 독립학원 학생(1년생 다기다 군)의 마음을 두드리게 되었습니다. 그가 감격해서 적어둔 한 장의 일기가 그로부터 5년 후 그의 죽음을 통해 세상에 나타나 책으로 출판된 덕분에 나와 일본과 새로운 관련이 생겨 제2차 방일로 발전(84년 4월) 되었습니다. 그 때 동경에서 발표한 내 강연이 다시 문서화된 것을 계기로 나와 일본과의 편지 교환이 4번 이루어졌는데, 그와 같은 나의 작은 고백문을 일본 형제 한 분이 자기 스타일로 정성껏 프린트하여 돌린 것이 일본 전국에 퍼지게 되었습니다. 독자 중 한 분은 또 그것을 친구들에게 돌릴 목적으로 컴퓨터까지 사서 자진 수고를 하셨고, 이번 일본 온 기회에 그 댁을 방문 내가 직접 그 기계를 대해 보니 참으로 감개무량했습니다. 더욱 그 기

계 값이 자그마치 일화로 20만 엔 우리 한화로 430만 원이 되니 그렇다면 그분은 나의 고백문 한 페이지에 약 10만 원을 투자한 격으로(46페이지인고로) 그처럼 값비싼 희생을 치르고서라도 친지들에게 돌릴 마음을 감동시킨 성령님의 산 역사에 나는 참으로 놀라지 않을 수 없었습니다.

그런데 슬프게도 우리 한국 교회는 모두가 오직 예배당 건축에만 치중해서 거기에만 돈이 몰리고 그 외에는 모든 것이 황무지이니, 어째서 일본인들은 예배당은 안 짓고 이처럼 무게 있는 전도에 꽃을 피우는지 정말 이것은 기막힌 대조가 아닐 수 없습니다. 어느 쪽 기독교가 진짜인지 먼저 된 자가 나중 되고 나중 된 자가 먼저 되리라는 말씀을 기억할 때 비통해질 뿐입니다. 일본에는 흰개미 박멸이 큰 문제로 되어 있는데, 이 벌레는 나무 속에 숨어서 속을 갉아 먹는 개미로 그것도 습기가 있는 기초 부분에 잠식하고 있다고 합니다. 나는 우리 교회들이 바로 흰개미 마귀에 걸려 있는 듯 착각이 사라지지 않습니다. 밖은 멀쩡하나 속은 죽은 뼈가 가득할까봐서지요.[1]마 23:27, 28 건투와 기도를 빕니다.

🕊 우리가 주목하는 것은 보이는 것이 아니요 보이지 않는 것이니 보이는 것은 잠깐이요 보이지 않는 것은 영원함이라 (고후 4:18)

Ω

나의 갈 길 다가도록

찬송가 중에서 이 찬송처럼 모두에게 애창되는 것도 드물지만 반대로 이 찬송처럼 참 뜻도 모르고 건성으로 넘어가는 것도 또한 드물 것이다. 왜냐하면 이것이 진정 자기 찬송으로 불러지려면 필연적으로 눈물이 따르기 때문이다. 즉 나의 갈 길이란 다른 사람은 어떤 길을 가든지 진정 나만이 갈 길일진대 거기에서는 타인과의 충돌과 결별의 싸움이 부득하니,[1]마 7:13, 14 이처럼 타인의 협력과 동조도 없는 내 길을 나 홀로 가는 이유는 비록 천 명이 가는 길, 만 명이 쏠리는 길일지라도 자기 양심상에는 수긍이 안 가는 멸망의 길임을 아는 데서 오는 생명적 선택이기 때문이다.[2]시 91:7, 73:25 그런고로 이처럼 내 길을 가기 위해서는 이 일에 그만한 성서적 근거가 있어서의 결단이므로 거기에서는 성서를 내 것으로 해석하는 자유를 보유하는 성서 싸움이 뒤따르게 마련이다. 즉 비록 상대가 교회 전통이나 신학을 내세워도 내 양심과 바꿀 수 없는 절대적 요청 앞에는 성서 외에는 무기가 없어서이다.[3]시 111:2, 107:20

이것은 성서문자, 즉 의문儀文의 종이 되는 것이 아니라 성령의 감동에서 오는 생명력 감득感得의 싸움이다.[4]고후 3:6, 딤전 6:12, 요 20:31 그렇기에 신앙의 독립인 자신의 길을 가는 자는 성서를 떠날 수 없는 동시에, 이제는 거기서부터 자기 복음이 싹터서 비로소 복음의 증인으로 서게 되는 것이다.[5]행 1:8 복음이란 글자 그대로 행복한 소식인즉 나는 비록 나 홀로 이 길을 가면서도 그러나 내게는 하나님의 모든 은혜가 넘친다는 고백이니, 그것은 장래의 소망에 그침이 아니라 그 이상 구체적으로 증명되는 현재의 사실인 점에 권위가 있다. 그런고로 나의 갈 길 속에는 내 믿음, 내 성서, 내 기쁨, 내 평강, 내 감사가 내포된 내 복음의 길인 까닭에 티끌만큼도 사업 자랑, 선행 자랑, 율법 자랑 등에 낄 수 없을 뿐 아니라 도리어 자기의 무력과 무능 속에서도 그리스도의 은혜가 생수처럼 넘쳐 나오는 신비가 증거 되게 마련이다.[6]요 4:14 그것은 그리스도가 그의 전부로서 자기 일은 끝난 자인고로[7]히 4:10, 갈 2:20 그는 이제 항상 찬미의 제사가 터지는 성령의 새 노래의 주인공으로 세상의 빛과 소금이 된 자니 이가 곧 기독자로다.[8]히 13:15, 계 5:9, 10, 마 5:13, 14

🔥 이 백성은 내가 나를 위하여 지었나니 나를 찬송하게 하려 함이니라 (사 43:21)

Ω

기독교 현장 책임자

주 안에서의 ○○형제가 어느 전도자를 도와 준 일이 오히려 배신의 쓴 잔을 마셨다 하니, 이는 말하는 이상의 생활(사업)전도를 하라는 하나님의 부르심으로 받으라는 계시 아닌가 합니다. 왜냐하면 한국 교회 전체가 신앙과 생활(사업) 분리병에 걸렸기 때문에 그와 같은 문제가 발생하는 것인즉, 보십시오, 한결같이 눈부시게 예배당 건물은 발전하나 반면 교인들의 양심 면은 어떠냐 말입니다. 그래서 그 일은 한국 기독교 현장, 즉 일선지대가 전멸 상태라는 무서운 현실에 형제로 하여금 눈뜨게 하는 산 교훈입니다. 이 문제에 형제를 부르신 것은 형제가 적수공권으로 자수성가한 독립 정신을 가지고 있으며, 아울러 예리한 양심으로 십자가 진리의 은총과 더불어 자신이 복음 제사장임을 아는 분이기 때문일 것입니다.[1]롬 15:16 신자는 누구나 천하를 정복하고 승리할 숙명자인즉 이 점에 있어서 형제라고 주저할 하등의 이유가 없습니다.[2]

창 1:28, 요일 5:4, 계 5:9, 10, 마 5:13, 14

신앙인의 사업은 먼저 그 사업이 어느 면으로든지 직접, 간접적으로 진리에 공헌해야 하며 그래야 하나님의 관심 대상으로 기도가 될 것임은 물론, 만일의 경우 실패했다 해도 진리를 위한 순교로 떳떳할 것입니다. 둘째는 불신자에게는 없는 자본이 따라야 하니 바로 안식 축복입니다.3)시 29:11, 사 57:21, 히 4:9 다음의 사업 소득은 감사인데, 이는 감사가 하나님의 구하시는 제사요, 인생의 본분이기 때문입니다.4)시 50:23, 히 13:15, 사 43:21 끝으로 사업의 기술은 작은 일에 전력투구 충성이니 급진 아닌 점진으로 여기서도 조금, 저기서도 조금씩 빈틈없는 겨자씨처럼 미미한 데서 시작해 인내로써만 결실되는 방법입니다.5)계 2:10, 사 28:10, 막 4:31 거기서는 마른 뼈들이 반드시 소생할 것을 확신하며,6)겔 37:4 이는 다만 유다 지파에 속한 베냐민당7)민 10:14, 창 45:22만이 가능하기에 이제 형제가 진리를 위해 일어날 때입니다.8)사 6:8, 마 16:24 그래서 한국에도 사람이 있고 복음이 있음을 후세를 위해 보여 주도록 진심 기원하나이다.

너희는 예루살렘 거리로 빨리 다니며 그 넓은 거리에서 찾아보고 알라 너희가 만일 정의를 행하며 진리를 구하는 자를 한 사람이라도 찾으면 내가 이 성읍을 용서하리라 (렘 5:1)

Ω

밑거름

언제인가 서울에서 와우아파트 붕괴 사건이 있었다. 그 때문에 불도저라고 이름났던 당시 시장이 그 자리를 떠났지만, 기초가 미약하면 비단 아파트뿐만 아니라 만사가 모두 실패하기 마련이니, 성서에 모래 위에 지은 집이란 바로 이런 것을 가르친 것이 아니겠는가.[1]마 7:26, 27 기초가 약한데 어떻게 자신이 있겠는가. 다만 그는 요행을 바라며 적당주의로 핵심을 떠나되, 외곽에서 세월만 허송하는 허공 치는 껍데기 인생살이뿐이니, 농사의 경우도 마찬가지일 것이다. 즉 밑거름인 퇴비를 안 쓰고 화학 비료만 쓸 때 좋은 작물이 어찌 될쏘냐. 오직 착취의 수탈 농업은 반드시 파탄과 공해 문제를 초래할 것은 당연지사요, 낚시로 고기를 잡을 때도 떡밥을 뿌려야 고기가 모이는 것이다.

나는 이번 여름에 일본서 온 독립학원 학생들과 잠시 함께 지내면서 그들이 풍기는 교육 향기와 우리의 것을 비교해 보면서 한 가지 통감된 것이 바로 밑거름 문제였다. 즉 그 학교가 일본교육의 대표적 수준임은 자타가 공인하는 일인데, 그만한 성과를 이룩하는 이면에는 남모르는 밑거름이 있었다는 엄숙한 사실이다. 즉 독립학원을 개교(1934년)하기 전에 벌써 독립교육가 이구찌井口 씨가 34년 동안 단독 교육으로 8백 명 가까운 인재를 배출했던 것이니, 그분이 바로 우찌무라의 감화를 받은 인물로서 우찌무라가 세 차례나 방문 격려할 정도의 신앙 동지였었다. 실로 그는 무교회적 기독교 신앙에 입각한 인격 교육을 목적으로 중학과정의 숙塾 교육에 일생을 바치고 쓰러졌지만, 그로부터 2년 뒤 그가 뿌린 정신적 밑거름 위에 다른 곳에서 독립학원이 시작된 것이다.

이를 보아도 우리나라의 모든 분야, 더욱 교육계에 있어서 필요한 인재는 진정 밑거름의 인물이요, 이에 대한 해답자가 바로 기독자이다. 왜냐하면 한 알의 밀이 죽지 않으면 그대로 있고 죽으면 많은 열매를 맺기 때문이다.[2]요 12:24 복음 진리는 이를 가능하게 하는 실력의 종교로서[3]롬 1:16, 요일 5:4 성령은 이처럼 밑거름 인생을 만드나, 악령은 반대로 열매만 노리게 한다.[4]고후 4:18 가짜 기독자가 누구냐. 십자가를 말하면서 자기 십자가는 팽개치고 죽기 무서워서 밑거름되기를 거역하는 자니,[5]히 2:15 그는 주는 복도 버리고 권능도 모르는 자인 것이다.[6]행 20:35, 요 10:17 누구든지 유다 지파 아니고서는 선두(밑거름) 될 수 없다.[7]민 10:14 그래서 십자가의 도는 또한 승리의 찬송의 도임을 알진저.[8]히 13:15

> 🕊 인자가 온 것은 섬김을 받으려 함이 아니라 도리어 섬기려 하고 자기 목숨을 많은 사람의 대속물로 주려 함이니라 (마 20:28)

Ⅳ 진동치 아니할 나라

종교 병자는 공리주의로서 거기에는 타인보다 다소의 평안과 만족이 있어서 그 정도로 주저앉아 그 이상의 발전 향상을 생각하지 않는, 안이하고 천박한 맛없는 소금처럼 된 것이니 이것이 세속 종교이다. 참 종교는 이와는 달라서 세상 악을 이기고 세상을 다스리는 양심 자체이니 종교 병자들이 이것을 기피하는 이유는 거기에는 반드시 자아 부정의 희생이 따르기 때문이다.

Ω
고래냐 송사리냐

물이 인간 생활의 절대 요소인 것처럼 진리가 물로 표현되는 수가
있다.[1]사 55:1, 요일 5:8 그러나 똑같은 물이라 해도 먹는 물과 먹지 못하
는 물로 구분되듯, 진리 역시 절대적인 것과 상대적인 것으로 갈
라지기 마련이다. 기독교가 진리나 그 내용에 있어서는 복음주의
와 교회주의로, 신앙과 사업으로, 성서와 의식의 두 길로 갈리게
되어 똑같은 성서를 설명하고 똑같이 교회를 말해도 그 본질상에
는 엄연한 차이가 있으니, 하나는 그리스도의 영에서 오는 절대
생명인데 반해 또 하나는 이 자유가 제약당한 부분적 생명인 점이
다.[2]렘 2:13, 요 3:13, 14, 고후 3:17, 11:4 이는 오리 알과 닭의 알이 비슷하나 다
르고, 양과 염소 역시 비슷하나 같을 수 없는 것처럼 말이다. 그
러므로 신앙 진리에 있어서 이와 같은 구분은 어디까지나 교리 문
제 이상의 그 당사자의 양심 문제로서, 그의 자각 정도에 따라 믿
어지는 까닭에, 때로는 옳은 진리가 이단 취급을 받고 이단 진리
가 옳은 진리의 대접을 받는 이 큰 모순을 각오함 없이는 이 땅에

서 옳은 진리를 증거할 수 없으니, 여기 전도자의 비애가 있다.[3)]

겔 13:19, 전 11:1, 요 12:24

선지자 에스겔은 물에 대해 네 가지로 구분하여 소개하고 있다.[4)]47:3~5 발목에 닿는 물, 무릎에 닿는 물, 허리에 닿는 물 그리고 사람이 건너지 못할 강물 등인데, 이 강물이 이르는 곳에 나무가 무성하며 모든 생물이 살고 바닷물이 소생하며 큰 바다의 고기가 산다고 했다.[5)]6~10 문제는 어느 물에 사느냐. 송사리 떼는 발목의 물에도 만족하겠으나 고래는 거기서는 죽으니 바다로 나와야만 산다.[6)]요 8:32~36 그리스도로 인하여 인류에게 주어진 생수란 바로 그의 피를 뜻할진대, 피로 산 교회라면 영적 고래(왕자)들의 모임이 아니겠는가.[7)]행 20:28 실로 하나님의 권세 있는 자녀로 우주와도 바꿀 수 없는 대 생명으로 하나님의 형상대로 지어진 자가 어찌 대양을 누비는 고래만도 못할쏘냐.[8)]요 1:12, 마 16:26, 창 1:27, 수 23:10, 계 5:10 생명의 피는 넉넉히 흘려 있건만 고래가 춤추지 못함은 어찜인고.[9)] 시 65:10, 삼하 6:14 고래가 자기 위치로 돌아감이 회개요 충성이니[10)]막 1:15, 계 2:10 이가 하나님의 소원을 이루는 믿음의 싸움이요 생명력의 발동이로다.[11)]빌 2:13, 딤전 6:12, 갈 2:4, 4:9, 히 4:16

🕊 땅을 파서 돌을 제하고 극상품 포도나무를 심었도다 그 중에 망대를 세웠고 또 그 안에 술틀을 팠도다 좋은 포도 맺기를 바랐더니 들포도를 맺었도다 (사 5:2)

Ω
영생 훈련생

○○형님 그 동안 주 안에서 평안하시리라 믿습니다. 사망의 음침한 골짜기인 이 땅에서 아직도 이렇게 문안드릴 수 있음을 큰 은혜로 믿습니다.[1]약 4:14 그뿐 아니라 인생 최대 진리인 영생에 대해 생각할 수 있게 됨을 과분한 축복으로 압니다. 우리의 기독교는 분명 외톨이 기독교인데[2]롬 11:4, 12:2 저는 그 점을 히브리서 기자가 말한 징계, 즉 훈련으로 생각하고 많은 위로를 받고 있습니다.[3]히 12:6 즉 운동선수로 대성하려면 다른 선수보다 몇 배의 훈련이 필요함은 천하가 주지하는 사실인데, 유독 한국 기독교는 이를 무시하고 있는 것이 아닌가 합니다.[4]히 4:14, 마 24:13 복음은 그리스도를 통한 하나님의 은혜로 믿음 만으로 받는 일방적인 진리이지만 그것을 진실로 내 것으로 믿고 소화하여 소유하려면 이를 간직하는 싸움을 각오해야 하니, 이는 마치 세계 바둑 왕자가 된 조치훈 명인이 그 왕위를 지키기 위해서는 도전자 이상의 연구와 노력이 필요한 것처럼 말입니다.[5]계 3:11, 딤전 6:12 저는 그런 뜻에서 영생의 신앙인의 여

생이란 바로 그가 믿음으로 얻은 영생 진리의 훈련을 위한 여생이라고 확신합니다.

그 첫째가 방향의 훈련으로서 우리가 보통 기독교인의 가는 길과 정반대의 방향으로 가는 이유가 여기 있습지요. [6]마 7:13, 14 마치 등산하는 데 있어서 산에 오르는 자와 내리는 자가 같은 방향이 될 수 없고, 마라톤에 있어서 반환점을 돈 자와 아직 돌지 못한 자의 뛰는 방향이 다른 것처럼 말입니다. 이처럼 방향 문제가 해결됐으면 다음은 훈련 내용입니다. 물론 영생인데 이 영생이란 바로 사망의 정복인 까닭에, [7]요 5:24 영생자는 그의 매일 매시가 모두 임종의 훈련임을 알아야 합니다. 즉 "너는 과연 이대로 죽더라도 만족하냐. 지금 이하의 더 험악한 처지를 당해도 족하단 말인가"에 대한 해답을 과연 그 자신의 태도로 분명히 하는 훈련으로서[8]고후 13:5 훈련에 자신 있는 자는 시합을 기피하지 않고 학수고대하는 격으로 일본의 기독자는 죽음을 영전이라고까지 했으니, 형님의 참고가 되었으면 해서 상서합니다. [9]히 2:14, 15

무릇 징계가 당시에는 즐거워 보이지 않고 슬퍼 보이나 후에 그로 말미암아 연단 받은 자들은 의와 평강의 열매를 맺느니라 (히 12:11)

Ω

의인은 믿음으로 말미암아 살리라

의인은 믿음으로 사는 자다. 하나님이 계신 것과 그가 자기를 찾는 자에게 상 주시는 이임을 믿는 자다.[1]히 11:6 상이란 최고의 만족을 뜻함이니 하박국의 경우 그 믿음은 무화과의 믿음이었다. 즉 그는 자신이 하나님 나라에서 무화과로서 심겨진 영원 존재임을 인식하고 믿었던 까닭에 끝까지 뽑히지 않고 견디는 승리자로 된 것이었다. 즉 그에게는 무화과 이외에 다른 아무것도 없었지만, 그 모든 좌절과 곤고에도 다만 자기 위치가 다른 무엇으로도 대치할 수 없는 절대적 존재임을 자각했기에 그와 같이 창조하신 하나님 자신을 찬양하고 그 구원을 기뻐 자랑했던 것이었다.[2]합 3:17~19 하나님의 말씀은 살았기에 반드시 그 말씀은 결실하고 만다.[3]히 4:12, 사 55:11 그 능력은 모든 나무(인생)를 능히 소생시키는 절대 능력이기에 감람나무는 감람나무대로, 포도나무는 포도나무대로, 무화과나무는 무화과나무로서 살게 됨으로서 산들이 노래를 발하고 모든 나무들이 손바닥을 치면서 기뻐하게 되는 것이다.[4]사 55:12 이처럼 진리의 생수가 흐르는 강가에는 나무들이 무성하며 그 잎사귀가 시들지 않고 좋은 실과를 맺는 법이다. 5)시 1:3, 겔 47:7~12

　우리들 주위에서 흔히 열매 없는 신앙을 말하나 열매가 없는 것은 그 사람이 자기 본 위치를 찾지 못하고 방황하기 때문이니, 코가 코대로 발이 발대로 손이 손대로 눈이 눈대로의 자기 위치에 바로 설 때, 각자의 그 절대적 존재 가치와 능력을 누가 감히 부인할쏘냐. 6)고전 12:21 실로 하나님의 보좌는 무지개 보좌요 새롭고 산 길은 만인제사직으로서 복음의 광채가 찬란하게 빛나는 곳이다. 7)계 4:3, 고후 4:4, 히 10:20 천국 시민은 누구나 자기 영광을 가지고 있는 존귀자인 까닭에 서로서로 자기 나무 아래로 초대하게 마련이니 8)시 57:7, 계 21:26, 사 49:5, 슥 3:10 만일 초대 아닌 압박하는 자 있다면 그는 가시나무인 것이다. 9)삿 9:15, 렘 5:30, 31 천국 본토에 심겨진 나무는 뽑히지 않으니, 10)암 9:15, 렘 32:41 썩지 않는 주의 피와 말씀으로 된 진동치 않는 나라에 11)벧전 1:18~23, 히 12:28 가시나무가 어찌 있을쏜가. 12)마 7:19, 고후 5:17, 사 45:18

🕊 나의 의인은 믿음으로 말미암아 살리라 또한 뒤로 물러가면 내 마음이 그를 기뻐하지 아니하리라 하셨느니라 (히 10:38)

Ω

복음대학

기독교 복음에는 대학과정이 있다. 신약성서 히브리서다. 신앙 초
보에서 성장하는 길은 오직 거기에만 있다. 즉 부분적인 데서 전체
적으로,[1)1:2] 옛 길에서 새롭고 산 길로,[2)10:20] 그림자에서 본체로,[3)9:24]
불안에서 안식으로,[4)4:9] 진동에서 진동치 않는 나라로,[5)12:28] 속박에
서 해방으로,[6)2:15] 작은 구원에서 큰 구원으로,[7)2:3] 비양심에서 양
심으로,[8)9:14] 사생자에서 참 아들로,[9)12:8] 영문 안에서 영문 밖으로
[10)13:13] 그 신앙이 높아지는 진리가 히브리서이다.[11)6:13] 그곳에 재림
예수가 계시고,[12)9:28] 어째서 예수 그리스도만이 길이며, 진리며, 생
명인가를 분명하게 하기 위하여 먼저 선지자들과 대비하고,[13)1:1] 다
시 또 모세와[14)3:3] 여호수아와[15)4:8] 아론과 대비 설명하므로,[16)5:4] 율
법과 복음의 차이점을 명명백백히 드러내고 있다.[17)눅 16:16] 특히 천
사와 그리스도를 비교 설명해서 여호와의 증인 같은 이단 사설을
분쇄하고[18)1:14] 레위 지파와 유다 지파를 대비하므로 소위 직업 종
교가들의 술책과 허위성을 여지없이 폭로하고 있기도 하다.[19)7:11~14]

사실 초보 신앙이란 그리스도에 대하여 일면밖에 모르는 신앙이니, [20]호 7:8 그것 하나로는 아무도 세상을 이길 수 없고, [21]전 4:12 두 가지 변치 못 할 사실을 믿을 때, [22]6:18 베드로처럼 [23]벧전 1:18~23 바울처럼 [24]롬 4:25 비로소 믿음이 확정된다고 단정한다. [25]6:16, 시 57:7 결국 아브라함이 멜기세덱까지 올라가야만 근본적으로 해결된다고 결론 짓는다. [26]7장 이 멜기세덱은 아브라함으로부터 십일조를 받은 높은 분으로 [27]창 14:20 그는 제사장이면서 왕이시며, 그것도 의의 왕이자 평강의 왕이니, 이가 바로 메시아 즉 그리스도의 예표로 그가 아브라함에게 떡과 포도주를 주고 축복한 분이었다. 바로 이 멜기세덱 진리인 의의 말씀을 모르는 까닭에 신앙이 자라지 못한다고 히브리서는 기독교의 고장 원인을 명쾌하게 지적하고 있다. [28]5:11~13 그러므로 이곳을 통과한 신앙만이 어른으로 항상 찬미의 제사가 실현되며, [29]13:15 이가 바로 의와 평강과 희락인 천국 생활로서 하나님의 뜻을 이루는 길이라고 말한 바울 신앙과도 일치한다. [30]롬 14:17, 살전 5:18 이 복음대학이 신학교에 있지 않고 히브리서에 있음은 과연 하나님의 오묘한 비밀이로다. [31]고전 4:1, 2

또 나를 위하여 구할 것은 내게 말씀을 주사 나로 입을 열어 복음의 비밀을 담대히 알리게 하옵소서 할 것이니 (엡 6:19)

Ω
정신적 예배와 영적 예배

신약성서에서 가리키는 하나님의 집은 사람의 몸이다.[1]고전 3:16, 히 3:6 교회 건물을 성전이라는 말은 망발이니, 이 지상에서 하나님의 거하실 건물은 어느 곳에도 없기 때문이다.[2]히 9:24, 행 7:48 정신적 종교는 심미적이기 때문에 음악이나 건축이나 장식 행사에 관심을 가진다. 그러나 하나님의 기뻐하시는 예배는 건물, 악기, 예복, 성가대, 촛불 등등을 통한 것이 아니라, 다만 인간 내부에 있는 인간의 내적 성전인 영적 세계에서 발생되는 참 예배인 것이다.[3]요 4:23 이 영적 세계로 들어가는 길은 오직 하나 예수 그리스도의 피뿐이다.[4]히 10:19, 20 여기 예수의 피라는 말씀의 뜻은 그리스도와 함께 내 자신에게 언도된 죽음의 선고를 믿음으로 받아들이며, 내 스스로가 하나님을 위해 무엇을 할 수 있다고 한 자기 능력에 죽음을 선고하는 상징을 뜻한다. 즉 하나님과 대면해서 즐거움을 나누는 영적 세계가 열리는 길은 내 자신 속에는 하나님께 드릴 수 있는 것이 아무것도 없고, 더욱 하나님을 기쁘시게 해 드릴 것이라고는 전혀 없다는 서글픈 사실을 내가 받아들일 때 비로소 그리스도의 피의 가치에 참예하게 되는 것이다.

그런데 만일 우리가 이 사실을 부인한다면 우리는 결코 영적 세계에는 들어갈 수 없으니 그러므로 이 진리를 부인하는 자의 드리는 예배는 정신적 예배에 불과하며 하나님께는 가납될 수 없는 거짓 예배인 것이 분명하다.[5]사 1:11 성서에서 말하는 성막은 이와 같은 영의 세계의 상징적 모형이다. 즉 성막 뜰과 성소와 지성소는 우리의 육체와 정신과 영을 뜻한다.[6]히 9:1 지성소의 출입이 금지된 것은 그리스도의 피 아니고서는 영적 세계가 열릴 수 없음을 뜻함이었다. 그러므로 이 새롭고 산 길인 그리스도의 피가 들어가게 되면서부터 영의 기능이 발동하게 되니, 곧 생명과 평안과 자유이다.[7]롬 8:6, 고후 3:17 이처럼 영의 상징인 지성소 안에 언약궤인 하나님의 말씀이 있었다.[8]히 9:4 그래서 그리스도의 피와 그의 말씀은 절대적인 연관이 있고 이가 바로 복음의 핵심인 것이다.[9]요 6:56, 벧전 1:18~23 정신적 예배는 영적 예배를 준비하는 과정인데도 이를 진짜 예배라고 떠드니, 이는 최고의 거짓이로다.[10]요 8:44

❦ 그러므로 형제들아 내가 하나님의 모든 자비하심으로 너희를 권하노니 너희 몸을 하나님이 기뻐하시는 거룩한 산 제물로 드리라 이는 너희가 드릴 영적 예배니라 (롬 12:1)

Ω

다른 사람 어찌하든지

집사님이 보내 주신 "그리고 제가 개인적으로 가끔 만날 수 있기를 바랍니다. ○○씨 댁과는 상관없이 서울, 성남에 오실 때 저에게도 들러 주셔서 신앙적인 배움을 얻고자 합니다. 다른 사람들은 고사하고 저는 항상 그랬듯이 독특한 신앙의 길을 걷고 있는 듯합니다만 만날 기회를 주시기 바라며…"의 이 편지는 저에게는 심히 답답한 이 땅에 소망을 보여 주는 오아시스처럼 느껴졌으니, 이는 복음 진리가 가진 생명성 때문입니다. 사람의 생각과 하나님의 생각이 다른 것은 참으로 놀라운 신비이며 그런 모순 때문에 우리에게 소망이 있다고 봅니다.[1] 사 55:8

특히 그러한 모순은 진리의 증인을 쓰시는 경우 심각하게 나타나니, 구약의 경우만 보아도 하나님은 당신의 비밀을 제사장 아마샤에게는 감추시고 뽕나무 배양자인 아모스에게 허락하셨으니[2] 암 3:7, 10~15 그런 까닭에 아모스는 모든 문제의 핵심을 파악한 산 선지자로서 일한 반면 아마샤는 외형적 영광은 누렸을지라도 그 시대

에 무익한 거짓 선지자로 됐으니 말입니다.3)렘 23:21

즉 아마샤가 선전하고 자랑한 벧엘에는 여호와가 안 계셨으며 4)5:4 또 말씀의 기갈이 멸망의 근본임을 파악한 자는 오직 아모스 뿐이었으니까요.5)8:11 신약에 와서 노동자 아굴라 부부는 바울에게 있어서 하나님의 비밀을 맡은 동역자였기에6)행 18:23, 고전 4:1, 2 그들도 복음 진리의 소화에 있어서는 성경학자인 아볼로의 선생이었습니다.7)행 18:25, 26 하나님의 나라는 말에 있지 않고 능력에 있으며 십자가 없이는 새로운 살 길은 안 열리는 법.8)고전 4:20, 마 27:46, 히 10:19, 20 이가 바로 아벨이 지금 말해 주는 산 진리니9)히 11:4 집사 두 분께 특별한 시대적 사명이 있음을 명심하셔야 합니다.10)롬 15:16 무지개가 보좌의 특색인 이상11)계 4:3 복음의 증인은 결코 신학교에서 산출되는 것이 아니라 살아 있는 성전을 통해서 나타납니다.12)고전 3:16, 고후 6:16 무너지는 집과 안 무너지는 집, 불타 버리는 것과 안 타는 것이 있음을 두 분에게 알게 하신 뜻은13)고전 3:13, 히 12:28, 29 매우 심각하고 엄숙합니다. 여기 기독교의 사활 문제가 있기 때문입니다.14)마 11:27, 슥 14:21, 계 6:8

🕊 내가 주는 물을 마시는 자는 영원히 목마르지 아니하리니 내가 주는 물은 그 속에서 영생하도록 솟아나는 샘물이 되리라 (요 4:14)

Ω
천국 통신

하늘에 계신 구로사와黑澤 선생님. 나는 선생의 무덤 앞에 섰습니다. 당신과는 일면식도 없는 외국인인 내가 무엇 때문에 당신의 무덤에 오게 됐는가 하면 그것은 이전에 당신이 발표하셨던 짤막한 수기 때문입니다. 당신께서 일생을 기독자로서 신앙으로 일관하셨을 뿐 아니라 매우 무거운 십자가를 지셨던 그 고난의 신앙이 나로 하여금 당신의 무덤에까지 오게 했으니, 즉 당신의 가장 가까운 부인이 당신의 성서를 빼앗아 강 속에 던지고 기도도 못하게 할 뿐 아니라, 당신이 수십 년간 생명처럼 아꼈던 신앙 서적을 모두 고물상에 팔아버렸는데도 당신은 그 부인을 하늘이 보낸 천사로 알고 끝내 인종忍從 할 뿐 아니라 천국에서 만날 것을 고대한다는 그 신앙고백은 진실로 나 같은 외국인에게까지 큰 감동을 주었던 것입니다. 나는 이번에 당신께서 생전에 가장 사랑하셨던 오까야마岡山 집회 분들의 큰 사랑으로 하룻밤을 푹 쉬고 지금까지의 피로를 완전 회복, 새로운 기분으로 다시 여행하게 됐습니다.

그것은 마치 선생의 따뜻한 품속에서 쉼을 맛본 듯 참으로 유쾌한 즐거움이었습니다.

당신은 생전에 당신의 사후 외국인이 당신의 무덤에 와 주리라고는 상상 못 했을 것입니다. 그것은 마치 예언자 엘리사가 그가 죽은 후 타인의 시체가 자기 무덤 속에서 소생하리라고는 상상 못 했던 것과도 흡사한 일입니다.[1]왕하 13:20, 21 그 점에서 당신은 일본의 엘리사라고도 말할 수 있습니다. 나는 천국에서 당신과 대면할 것을 생각하면 매우 즐겁습니다. 아무쪼록 나를 위한 선생의 기도를 부탁합니다. 그래서 나도 선생을 닮아 한국의 엘리사로서 내가 죽은 후 외국인까지 내 무덤에 와 주었으면 합니다. 우리에게 이와 같이 육으로는 전혀 모르면서도 영으로 제일 가까운 놀라운 교제를 허락하신 진리의 하나님께 감사하며 이 놀라운 은혜를 베푸시는 우리 주 예수 그리스도의 이름을 진심으로 찬송하나이다.[2]히 13:15 일본에서.

내가 진실로 진실로 너희에게 이르노니 한 알의 밀이 땅에 떨어져 죽지 아니하면 한 알 그대로 있고 죽으면 많은 열매를 맺느니라 (요 12:24)

Ω
한 알의 밀

나는 약 40일 간의 일본 여행을 무사히 마치고 5월 12일에 돌아왔다. 이는 오로지 하늘 아버지의 극진하신 사랑과 국내외 여러분의 기도 덕분으로 알고 깊이 감사한다. 여행 목적이었던 기념강연회는 물론이거니와 그 외에도 대학에서 2회, 고등학교에서 4회, 주일집회에서 5회, 가정집회에서 4회, 병문안 5회, 친지 방문 9회 등등 매우 분주했던 일정을 치른 일은 지금 생각해도 정신이 아찔할 정도다. 나는 일본서 떠나는 날에 내가 신세를 진 친구 되는 80명에게 떠나는 인사장을 발송할 수 있었는데, 나는 이번 여행 덕분에 참으로 뜻밖에도 이처럼 많은 정신적 동지를 얻게 되었으니, 내게는 과분한 은혜로서 이 일을 허락하신 하나님의 영광을 찬양할 뿐이다.

사실 여행 도중에는 여권 분실과 치아가 떨어진 일도 있었으나, 그 때마다 '여호와 이레' 즉 이 불초한 것을 참으로 눈동자처럼 돌보시는 크신 손길을 실감 또 실감했으니, 내 잔은 넘칠 뿐이었었다.[1]창 22:14, 슥 2:8, 시 17:8, 시 23:1 나의 이번 여행은 21세의 일본 소년의 죽음 때문에 실현된 기적 같은 일이었지만, 그 한 알의 밀알 때문에 이처럼 80명의 친구를 얻게 됐으니, 이는 내게 대한 새로운 사명 즉 장차 일본 전도를 위한 준비인 듯해서 그 점 두렵고 떨리면서도 감격을 금할 수 없다. 왜냐하면 적어도 이 분들은 민족적 감정을 초월한 기독자로 믿어지기 때문이다. 내가 일본에서 돌아오니 집에는 벌써 일본에서 온 편지가 기다리고 있었다. "…선생님은 다망하신 중에도 일본인의 죄를 용서하시고 재차 방문해 주신 것을 충심으로 감사합니다. 장차 또 오실 때는 꼭 제 집을 여관으로 써 주시도록 부탁 올립니다." 이처럼 그리스도 안에서는 일본도 한국도 없고 다만 천국과 사랑과 진리가 있을 뿐이다. 누가 뭐라 해도 우리는 영원한 형제로서 오직 비진리와 싸우는 전우로서 천국이 실재함을 몸소 보여 주는 사명자임을 재확인하면서 귀국 인사로 대신합니다.[2]요 14:9

내가 진실로 진실로 너희에게 이르노니 한 알의 밀이 땅에 떨어져 죽지 아니하면 한 알 그대로 있고 죽으면 많은 열매를 맺느니라 (요 12:24)

Ω

태양을 버리는 무리

군인이 무기가 없다면 전투가 불가능하니 그는 쓸모없는 군인 즉 낙오병이요, 패잔병으로서 맛을 잃은 소금과 무엇이 다르랴.[1]엡 6:17, 마 5:13 기독교 신앙은 세상을 이긴다 했는데[2]요일 5:4 오늘날 기독자의 무력한 이유가 바로 성서 무관심이라고 나는 본다.[3]호 4:6, 8:12, 막 13:31 이 점에 대하여 루터는 충고하기를 "만일 누구든지 성서는 어렵기 때문에 우리들은 교부들의 해석이 필요하다고 말한다면 당신은 이렇게 대답해야 한다. 그것은 틀린 말이다. 세상에는 성경 이상으로 명확한 책은 없다. 다른 책과 비교한다면 성서는 마치 다른 여러 가지 빛과 비교할 때의 태양 같은 것이다. 사람들은 우리들을 성서에서 멀게 해서 그들 자신을 우리들의 선생으로 삼게 하여 우리들이 그들의 엉터리 주장을 믿게 하기 위해 그런 말을 하는 것이다. 성서는 분명치 않아서 누구나 이해하거나 믿음을 배우거나 또는 자기 믿음을 나타낼 수 없다고 말함은 전체 기독자에 대한 모욕이요 성서에 대한 모독이다. 당신은 성서에 대해 확신을 가져야 하며 의심할 필요는 조금도 없다. 태양보다 더 빛을 내는 것이 없는 것처럼 성서도 같은 것이니, 때때로 구름이 태양 앞을 지나간다 해도 태양 자신은 여전히 빛나고 있는 것이다. 만일 성서 중 분명치 못한 곳이 있더라도 당신들은 다른 곳에서 같은 진리가 뚜렷하게 나타남을 알 수 있게 될 것이니 분명하게 이해되는 곳에 머물러 계십시오"라고 했다(이상은 1521년 발트불그에서 보낸 편지). 그가 지적한 엉터리 주장이란 바로 면죄부 판매의 배경을 뜻하니 그 내용은 이러했다.

교회는 벌써 그리스도와 성인들로 이루어진 선행의 보고를 갖고 있다. 성인들은 자기의 의를 위해 필요한 이상의 것을 성취했으므로 이 저장 중에서 범죄자들은 거기에 해당한 헌금과 교환해서 그들의 회개의 의무를 채울 만한 것을 얻을 수 있다 운운. (『눈으로 본 루터의 생애』, 성문사)

우리는 바야흐로 성서 신앙이 아닌 것은 면죄부 신앙임을 깨닫고 겸허히 근본부터 회개하는 자만이 살 것을 알자. 태양을 버리면 죽기 때문이다.

🕊 만일 누가 가서 우리가 전파하지 아니한 다른 예수를 전파하거나 혹은 너희가 받지 아니한 다른 영을 받게 하거나 혹은 너희가 받지 아니한 다른 복음을 받게 할 때에는 너희가 잘 용납하는구나 (고후 11:4)

Ω
대진주

○○선생 나는 이상한 진주를 요새야 발견했습니다. 사실은 그전부터 가졌던 것인데 그 실력을 이제야 바로 알게 되었다고 해야 옳을 것입니다. 그 진주는 불에도 타지 않습니다.[1]출 3:3 썩지도 않습니다.[2]벧전 1:23 변치 않고 뽑히지 않고[3]벧전 1:18, 암 9:15 끊기지 않고 옮겨지지 않고[4]사 33:20 무너지지도 않는 참으로 이상한 진주입니다.[5]마 7:25, 벧전 2:7 죽어도 죽지 않고 상해도 상치 않고 영원히 진동치 않는 능력의 이 진주를 아직도 모르십니까.[6]요 11:25, 히 12:28, 13:8 걸어가도 피곤치 않고 달음박질하여도 곤비치 않는 살아 있는 진주,[7]사 40:31 잘리지 않고[8]민 11:23 끊기지 않고,[9]롬 8:35 마시고 또 마셔도 언제나 그대로 있는 정말 요술쟁이 진주입니다.[10]요 4:14, 왕상 17:16 고장 없고 중단 없고 좌절 없고 변질 없고 소실 없고 매진 없이 언제나 손상 없고 감소 없고 침몰 없이 죽음도 없는 이 진주,[11]딤후 1:10, 요 5:24, 고전 15:55 그래서 이 진주를 길이요 진리요 생명이라고 하는 것 아닙니까.[12]요 14:6, 20:31 그래서 이 진주를 만물의 후사요, 하나님의 영광의 광채요, 그 본

체의 형상이라고도 하며,[13]히 1:2, 3 이 진주 하나로 만사가 다 해결되기에 이 진주를 소유한 자는 세상을 이기게 되기 때문에,[14]요일 5:4 진주를 발견한 자는 서슴없이 그것을 사기 위하여 누구나 자기 소유를 다 팔게 되는 것입니다.[15]마 19:21

이처럼 만병통치(승리), 만사형통(감사), 만사승리(찬송), 만사인내(능력), 만사진실(광명), 만사전진(소망), 만사희생(사랑), 만사명철(지혜)의 이 진주도 거짓 앞에서는 그 힘을 감추게 됩니다. 참 믿음(온전한 양심), 즉 자기 소유 전부를 팔지 않고는 살 수 없는 이 절대 진주를, 감히 두렵게도 아간이나 아나니야처럼 사지도 않고 자기 것처럼 착각하는 무리 때문에 오늘의 한국 교계는 진리도 교회도 변질된 것입니다.[16]고후 11:4, 마 16:18, 갈 5:24, 수 7:24, 행 5:3 진리의 진주는 살아 있기 때문에 그를 소유한 자는 반드시 세계를 정복하고 말 것인즉[17]행 1:8 문제는 누가 "나를 보내소서" 하는 소명자냐 하는 그 점입니다. 아아.[18]사 6:8

극히 값진 진주 하나를 발견하매 가서 자기의 소유를 다 팔아 그 진주를 사느니라
(마 13:46)

Ω

어느 신학도와의 문답

경기도에 계시는 독자(신학도이며 목회자)로부터 매우 진지한 서신을 받았는데, 이 문제가 바로 우리들의 공통된 점이 아닌가 해서 그 내용과 회답을 공개합니다.

문 : 전도사님의 선교 말씀을 읽느라면 뒤통수에 철퇴를 맞는 것 같기도 하고 또 예리한 칼날로 뇌리를 휘젓는 듯한 묘한 감정에 사로잡힐 때가 한두 번이 아니랍니다. 전광석화처럼 "옳치, 이것이 진리이다" 하고 깨닫노라면 학교에서 가르치는 교리이며 교회에서 목회자님들의 가르치는 말씀에 억눌려 버린답니다. ① 분명히 이 세대 기독교계의 진리가 혼돈하는 것만은 사실인데 거기서 헤어나올 수 있는 선명하고도 정확한 줄이 없습니다. 아직도 부족하고도 미흡한 탓으로 그 줄을 발견치 못하는 것 같습니다. ② 빛 되신 분도 하나요, 길 되시고 진리 되시고 생명 되시는 분도 하나인데 왜 이다지도 복잡한지요. 건방진 부탁이지만 전도사님의 각별한 지도를 부탁드리고 싶습니다.

③ 진리의 편에서 살아야 할 터인데 심히 두렵고 떨린답니다. 전도사님과 친근해지고 싶습니다…. 운운.

답 : ① 선명하고도 정확한 줄은 분명히 있습니다. 그러나 이것은 욕심 없는 자에게만 보이는 빛이기에 교직자 신학자에게는 감추어지게 마련입니다.[1]마 11:27, 계 2:17 당신은 그 빛을 받으려면 목회 성공 전도 성공 등의 야심을 포기해야만 합니다. 그러니까 소위 유능한 교역자에게 문제가 심각함을 아십시오. 헌 생명을 안 버리고는 새 생명은 안 옵니다. ② 기독교 진리가 최고의 진리이기 때문입니다. 그것은 마치 고급 시계에 가짜가 나오는 것과 같습니다. 싸구려 시계는 가짜가 안 나옵니다. 문제는 진짜를 모르고 가짜를 샀기 때문에 실패요 손해를 당하는 것입니다.[2]고후 11:4 ③ 나와 친해지면 인간적으로 손해요 괴로움만 더할 것입니다. 그러니 나와는 멀어지시고 다만 주님 하고만 친해 주십시오. 거기에만 완전 해결이 있고 권능이 있습니다.[3]시 62:11

오직 부르심을 받은 자들에게는 유대인이나 헬라인이나 그리스도는 하나님의 능력이요 하나님의 지혜니라 (고전 1:24)

Ω
삼위일체 성전 출동

우리는 살아계신 하나님의 성전이요 하나님의 집이다. 그런고로 이 성전을 우상으로 더럽히면 어찌 화를 피할쏘냐. 너희는 너희 스스로가 그리스도가 계시는 성전임을 확증할 수 없다면 사실은 너희가 버리운 자니라. 이는 바울 사도의 증언인 동시 나의 증언도 된다.1)고후 6:16, 히 3:6, 고전 3:16, 고후 13:5 바울은 왜 이다지도 지나치게 성전 문제에 집착했을까. 그 점을 좀 생각해 보자. 바울에게 있어서 그의 일생 중 가장 뼈아픈 실수가 바로 스데반을 죽인 일로서 그것이 다름 아닌 성전 문제였었다.2)행 7:48 즉 스데반이 너무나 당돌하게도 유대인들의 최고 자랑인 예루살렘 성전을 가리키면서 그 곳에는 하나님이 안 계시다고 한 그 말이 율법주의자(성전주의자)였던 그로서는 도저히 참지 못 할 모욕이었기에 그 격한 공분이 살인으로까지 갔던 것이다.3)행 7:58, 59

그런데 그 후 자신이 그리스도에게 붙잡혀 새 사람으로 거듭난 후 이제는 반대로 그리스도의 증인으로 복음을 전하게 됐으니 그는 양심상 이 성전 문제를 강조 안 할 수 없는 처지였다. 진정 하나님의 성전은 하나뿐이며 더욱 이가 신약의 진리인 삼위일체 교리의 핵심이 되기 때문에서다.4)고후 13:13 그래서 존 칼빈도 이 삼위일체를 부인하는 셀베스터를 처형해야 했었고, 그 유명한 니케야 회의가 바로 이 삼위일체 교리를 공인 확정한 역사적 회의였던 것이다. 성부 성자 성신의 삼위일체 진리 앞에서는 반드시 고정 성전이 이동 성전으로, 손으로 만든 건물에서 피로 지은 마음집으로, 이처럼 하나님의 집(성전)이 밝혀지기 마련이다.5)고후 3:16, 히 9:24, 10:19

이 성전에서 비로소 기독자의 권위가 확립되며 여기서부터 그는 소금과 빛의 승리의 체험자가 되는 것이다.6)벧전 2:9, 계 5:10, 요일 5:4, 마 5:13, 14 그래서 사탄은 될 수 있는 대로 이 문제를 애매하게 억지로 꾸미게 된다.7)계 6:8, 마 23:24 그 점을 신약적 선구자 예레미야가 이미 이천 년 이전에 경고했건만8)렘 5:31, 7:4, 31:33 엘리야처럼 바른말 하는 주의 사자는 한 사람도 없단 말인가.9)왕상 18:21 아아.

여호와께서 그에게 이르시되 네 기도와 네가 내 앞에서 간구한 바를 내가 들었은즉 나는 네가 건축한 이 성전을 거룩하게 구별하여 내 이름을 영원히 그 곳에 두며 내 눈길과 내 마음이 항상 거기에 있으리니 (왕상 9:3)

Ω
메워진 골짜기

○○형에게. 들은 바에 따르면 집안 어른이 문중 사람의 보증을 선 관계로 결국 농토가 경매 처분되어 실질적으로 형씨가 큰 손해를 보게 됐다면서요. 그 전에는 적수공권으로 노력해서 검정시험 합격으로 얻은 교사 자격증이 이름이 잘못되어 그것이 지금까지도 애를 먹는 씨가 된 일, 또는 통신대학을 한 것이 모두 무효가된 일 등, 참으로 억울한 일들이 계속된 것을 아는 나로서는 무어라 위로의 말이 없습니다마는, 다행히도 신앙을 가지고 계시므로 저로서는 오히려 감사하고 싶은 심정입니다.[1]시 119:71 왜냐하면 고난을 통하지 않고는 아무도 순종을 배울 수 없고[2]히 5:8 인간인 이상에는 아무리 잘난 체 해도 반드시 두 골짜기에 빠지기 마련인즉 사망의 골짜기에서 슬픔을, 환난의 골짜기에서 탄식을, 이것이 인간 정석이기 때문입니다.[3]시 23:5, 호 2:15 그래서 천 명이 넘어지고 만 명이 자빠지는 험난한 이 세상에서는 다만 하나님을 목자로 모신 자만이 이 골짜기가 메워져서 실로 독수리처럼 새 힘의 주인공으로 항

상 승리할 수 있습니다.[4]시 91:7, 사 40:31, 히 13:15

이가 곧 예수께서 자기 몸을 드려서 열어 놓으신 새롭고 산 길이니,[5]히 10:20 이는 마치 도시의 큰 길들이 옛날의 개천을 복개해서 된 길처럼 우리 인간들의 비탄의 골짜기를 십자가의 피로 메우시고[6]히 9:22, 요 1:29 부활의 능력으로 덮으신 것입니다.[7]히 13:20 이로써 우리 마음속에 시온의 대로가 생겼으니 이가 바로 기독자로서 구속의 은총 속에 사는 새 인생 즉 하나님의 성전인 것입니다.[8]시 84:5, 사 35:10, 고후 6:16

구원이란 바로 두 골짜기가 메워진 것을 뜻함이니,[9]눅 3:5 동양의 선각자 우찌무라는 말하기를 "사업의 실패나 죽음을 가지고는 하나님의 사랑을 의심할 수 없다" 했으며 또 "원하는 것이 안 되는 것은 되는 것 이상의 은혜니 깨어져서 알게 됨이 십자가의 도니라"고 했습니다. 이제 우리는 믿음 이상의 행복이 없음을 자각하고 기적을 구하는 유대인 이상, 지혜를 찾는 헬라인 이상, 십자가의 도 속에 숨겨져 있는 자기 영광에 깨야 합니다.[10]고전 1:24, 시 57:7~8 성도의 죽는 것을 여호와는 귀중히 보시며, 하나님은 사랑하는 아들마다 채찍질하시고,[11]시 116:15, 히 12:6 진정 하나님의 집이란 끝까지 견디는 것이 그 특성이기 때문입니다.[12]히 3:6~14, 6:11, 마 24:13 안녕.

🕊 풀은 마르고 꽃은 시드나 우리 하나님의 말씀은 영원히 서리라 하라 (사 40:8)

Ω

최선

최선이란 최고로 좋은 것이기에 이 말은 함부로 쓸 것이 못된다. 이 세상에서 최고로 좋은 것은 다만 그리스도의 사랑뿐인 까닭에, 그 외의 것은 아무리 좋아도 차선이다. 그리스도가 최선이라 함은 하나의 이론 또는 지나간 역사에 그치는 것이 아니라 뚜렷한 현실로 생활 자체에 실제로 구현되는 점에 그 진리성이 있다.[1] 마 5:13, 14 그런고로 그리스도를 하나님의 아들로 믿는 자가 아니고서는 세상을 이길 자가 없다는 말씀에 수긍이 가니,[2]요일 5:4, 요 16:33 여기에 대한 나의 해명은 이러하다. 즉 범죄로 인하여 하나님과 단절된 인생이란 비참함을 넘어 하나님과 원수 되었던 존재인데, 그리스도의 피로 용서될 뿐 아니라, 그의 부활과 승천으로 인생의 새롭고 산 길이 열렸으니[3]히 10:20 이제 하나님의 자녀로서 하나님을 자기 맘속에 모시는 지성소가 된 것이다. 그런즉 기독자의 생활이란 바로 지성소 생활을 뜻하게 되는 것이다.[4]고전 2:16, 고후 13:5

하나님의 뜻이란 언제나 지성소를 통해 나타나시매[5]왕상 9:3, 빌 2:13

기독자의 생활이란 바로 이 하나님의 뜻을 이루기 위해 있고, 하나님의 뜻의 실현은 지상 최고의 아름다움이며 선인고로 기독자의 일거수일투족은 모두가 최선으로, 죽음도 최선, 환란도 최선이다. 이것이 바울의 신앙이요,[6)롬 8:35] 그리스도의 비밀에서 체험된 놀라운 그의 복음이었던 것이다.[7)골 2:2, 고전 1:30] 그래서 그는 항상 희열과 감사를 강조했으니,[8)빌 4:4, 살전 5:16] 왜냐하면 천국은 말에 있지 않고 능력에 있어서였다.[9)고전 4:20] 물론 말씀의 존엄함은 두말 할 여지가 없지만[10)막 13:31] 그러나 영생 자체는 아닌 것이다.[11)요 5:39, 20:31] 그리스도가 베들레헴에서 탄생한다고 말한 자는 서기관들이지만 실제로 그리스도를 경배한 자는 동방박사들이니 그들만이 황금 이상의 존귀, 몰약 이상의 치유, 유향 이상의 제사를 영적으로 체험한 상징으로 그것들을 드린 것이었다.[12) 2:4~11] 이처럼 최선 속에 사는 그 기쁨 때문에 온 천하를 다 버릴 수 있는 자가 기독자인즉, 만일 우리가 최선으로 못 산다면 이는 불신 아니면 우상 신앙이니, 생활을 떠난 신이 바로 우상이기 때문이다.[13)히 4:12, 눅 14:3, 요일 5:21] 참으로 문제의 최선이로다.[14)계 3:22]

🕊 주의 궁정에서의 한 날이 다른 곳에서의 천 날보다 나은즉 악인의 장막에 사는 것보다 내 하나님의 성전 문지기로 있는 것이 좋사오니 (시 84:10)

Ω
기독교 병원

우리나라 기독교 신자가 신구교 합해 일천만이라 하니, 국민 사분의 일이 신자인 꼴이다. 선교 200년에 이처럼 눈부신 발전을 하였다고 자랑을 하지만, 그와 비례해서 우리의 치부 역시 세계 제일 아닌가. 다른 것은 고사하고 금년 들어만 해도 저 유명한 박 모 사건 이외에 지금도 계속 예배당 싸움이 십 년 이상 된 교회가 있고, 최근 보령군 내에서는 이성 문제로 수백만 원 보상금을 낸 목사가 여전히 계속 활동 중이며, 또 다른 목사는 그런 사건으로 자살을 하여 떠들썩했다. 한국 교회가 이 꼴인데도 아직도 그 병통의 원인조차 모르고 여전히 다른 사람들을 향해 전도요 회개라고 떠드니, 이제는 한국 기독교가 입원할 때가 왔다. 병원으로 말이다.

그 병원이란 다름 아닌 신약성서 히브리서니, 그 이유인즉 히브리서는 과거에 유대교인이었던 자가 기독교로 개종했으나 그리스도 복음의 특이성을 몰라서 다시 유대교로 후퇴, 침체, 배교의 위기에 빠졌을 때 복음 신앙의 장성을 위해서 기독교와 유대교를 서로 대비하면서 그 탁월한 진리를 철저히 해명한 기독교 복음의 대학 과정이기 때문이다. 즉 히브리서의 복음은 진동치 않는 나라[1]12:28가 주제인즉 예수의 구원이 얼마나 큰 구원이며, 영원한 구원인 것을[2]2:3, 59 여러모로 권위 있게 소개하고 있다. 그리스도의 피로 이룩된 새롭고 산 길에 참여한 자는[3]10:19, 20 누구나 영문 밖으로 나갈 수 있는 실력자인 고로[4]13:13 항상 승리의 찬미의 제사를 드리는 생활 신앙자, 이가 바로 태초에 하나님의 형상으로 창조된 천국인이다.[5]13:15, 사 43:21 이와 같은 멜기세덱 진리 복음 대학에서만 기독자의 정상 위치인 안식과 평강이 보장되는 고로[6]4:9, 5:11, 13:20 결과적으로 이 진리를 발견한 자는 그 큰 기쁨 때문에 자기 소유 전부를 바쳐 그 진주를 사고 마는 것이 이 복음의 정석이기도 하다.[7] 마 13:46 실로 이 히브리서 없이는 어느 누구도 초보신앙에서 벗어날 길이 없으니[8]5:12, 6:1, 2 의의 말씀을 경험 못 한 어린아이가 어찌 감히 진리의 전도자가 될쏘냐[9]5:13, 마 5:20, 6:33 이 히브리서 이외에 기독교의 해결책이 있거든 누구든 말하라. 없거든 빨리 입원해서 생명을 건질진저. 아아.[10]마 23:13

내 백성이 두 가지 악을 행하였나니 곧 그들이 생수의 근원되는 나를 버린 것과 스스로 웅덩이를 판 것인데 그것은 그 물을 가두지 못할 터진 웅덩이들이니라 (렘 2:13)

Ω

흉년에서 풍년으로

추수의 가을철에 누구나 풍년을 원하지 누가 흉년을 바라리오.
그러나 풍년으로 알았다가 사실인즉 흉년인 경우가 허다하니 특
히 신앙세계가 그렇다.[1]계 3:17, 눅 12:20, 마 23:15 한국 교회는 보통 목사가
있고 십일조 교인만 되면 그것으로 신앙 풍년으로 아는데 이것이
교회 비극의 원인이다. 바울의 신앙 풍년은 "이 모든 일에 우리를
사랑하시는 이로 말미암아 우리가 이기고도 남음이 있다"는 것이
다.[2]롬 8:38 그것은 또 히브리서의 "항상 찬미의 제사를 드리자"는 것
과 같으니,[3]히 13:15 이를 보아도 우리는 이제 땅만 버렸던 흉년에서
벗어나 풍년으로 전진할 때가 왔다.[4]눅 13:7 왜냐하면 목사와 십일조
가 초보 진리인데도[5]히 6:2, 마 23:23 이를 완전한 것으로 착각한 곳에
서 교회 부패가 시작되고, 그 결과로 영계는 인간 독재와 말씀 기
근으로 큰 흉년임을 누구도 부인 못 할 것이다. 그러므로 이제는
복음 대학을 알아야 하니 즉 히브리서다.

　작은 구원에서 큰 구원으로,[6]2:3 종에서 아들로,[7]3:5. 6 인간 안

식에서 하나님의 안식으로,[8]4:9 어린아이에서 장성한 자로,[9]5:13, 14 초보 신앙에서 완전 신앙으로,[10]6:1, 2 약속 신앙에서 맹세 신앙으로,[11]6:17 인간 제사장에서 영원 제사장으로,[12]7:28 첫 언약에서 둘째로,[13]8:7 염소의 피에서 어린양의 피로,[14]9:12 그림자에서 본체로,[15]10:1 휘장 밖에서 휘장 안으로,[16]10:19, 20 허공을 치는 믿음에서 우리가 아니면 안 되는 믿음으로,[17]11:40 진동한 것에서 진동치 않는 나라로,[18]12:28 사망의 골짜기인 영문 안에서 영생의 영문 밖으로 나가야 하니,[19]13:13 거기서 비로소 우리는 호흡이 있는 자마다 여호와를 찬송하는 축복자로 또 말씀이 주야로 묵상되는 복인이 되는 것이다.[20]시 150:6, 1:1 이가 바로 진리의 풍년 아닌가.

이것이 의인의 믿음인즉[21]롬 1:17, 갈 3:11, 히 10:38 악인은 이와는 반대로 바람에 나는 겨처럼 숫자는 많으나 평강은 없으며 말씀도 없어서,[22]사 57:21, 렘 23:28 그 이름은 썩고[23]잠 10:7 팔은 부러지며[24]시 37:17 그 불은 꺼질 운명자인데,[25]잠 24:20 우리는 도대체 무엇 때문에 깊은 데로 안 가고 탄식만 할쏘냐.[26]눅 5:4, 사 35:10 문제는 이제 누구에게 순종하는가이다.[27]행 5:29, 갈 1:10, 마 16:26

🕊 명절 끝날 곧 큰 날에 예수께서 서서 외쳐 이르시되 누구든지 목마르거든 내게로 와서 마시라 (요 7:37)

Ω
단단한 식물 멜기세덱

종교병이 있다. 종교를 세상 사는 하나의 방편으로 이용하는 병이다. 종교 병자는 공리주의로서 거기에는 타인보다 다소의 평안과 만족이 있어서 그 정도로 주저앉아 그 이상의 발전 향상을 생각하지 않는, 안이하고 천박한 맛없는 소금처럼 된 것이니 이것이 세속 종교이다. 참 종교는 이와는 달라서 세상 악을 이기고 세상을 다스리는 양심 자체이니 종교 병자들이 이것을 기피하는 이유는 거기에는 반드시 자아 부정의 희생이 따르기 때문이다.[1]요 12:24

즉 그 길은 자발적인 헌신의 일사각오 없이는 한 발자국도 못 가는 생명의 좁은 길이다. [2]마 7:14, 18:8 우리 국민은 자고로 인삼 녹용은 말할 것 없이 뱀, 개, 개구리까지 보약만 된다면 양잿물도 사양치 않는 풍토인데, 신앙 면에 있어서는 이와는 반대로 젖 이상의 양식은 안 찾으니[3]히 5:12 이와 같은 영육간의 후진성을 누가 부인할쏘냐. 한국 교회의 병통은 영양실조로 그 해결책은 오직 단단한 식물의 섭취뿐인데 여기에 대한 처방이 바로 신약성서 히브리서이다.

우리는 보통 영양실조를 말씀의 기근으로 알고,[4]암 8:11 이 단단한 식물을 말씀으로 보기 쉬우나 어떤 교회 치고 말씀 없는 교회가 어디 있겠는가. 그런고로 젖 이상의 식물은 말씀 중 말씀인 복음 진리의 비밀이니,[5]엡 6:19, 갈 1:8 이가 바로 히브리서가 지적하는 멜기세덱 진리다.[6]히 5:11 이 멜기세덱은 믿음의 조상되는 아브라함을 축복해 준 제사장인 살렘왕인데,[7]창 14:18 그를 메시아의 상징으로 발견한 자가 시편 기자로 이는 아브라함 이후 천 년의 일이요,[8]시 110:4 그 후 다시 천 년 후에 이 진리를 재발견한 자가 히브리서 기자이다. 그래서 멜기세덱 진리는 이 두 곳 이외에는 아무 곳에도 언급이 없다. 이처럼 이 진리는 감춰진 최고 진주인 까닭에,[9]마 13:46 이 만나를 맛본 자는 외양간에서 나온 송아지처럼 뛰며,[10]말 4:2 자기 면류관을 바치면서 즐거운 헌신을 하게 되니[11]계 4:10 이가 바로 어린아이 아닌 장성자로 그 예배가 영적 예배인 것이다.[12]롬 12:1, 요 4:23

🪶 단단한 음식은 장성한 자의 것이니 그들은 지각을 사용함으로 연단을 받아 선악을 분별하는 자들이니라 (히 5:14)

Ω

동서남북

기독자는 천국 시민권자로서[1]빌 3:20 이를 크게 말하면 천국 대표자 즉 천국 대사인 것이다.[2]고후 5:20, 요 14:9 그는 실로 천국의 모든 보화를 가진 자이니[3]고후 4:7, 마 13:46 그런 까닭에 그가 누리는 안식 평강이란 완전한 승리, 즉 사망의 정복을 뜻함인 것이다.[4]막 4:38, 빌 4:7, 살후 3:16, 수 21:44 완전 승리란 적에게 침입할 틈을 안 준다는 뜻이다.[5]엡 4:27 그래서 구약시대 이스라엘의 진군하는 진용이 동서남북으로 배치하고 또 전후 행동 질서가 완벽히 짜여 있음을 알게 된다.[6]민 2:3, 10:14 이와 같은 상징으로서 우리의 진리의 수용 태세도 네 가지로 되는 경우 비로소 사탄의 침투가 불가능함을 알게 되니, 이가 곧 영적 동서남북이다.

모세의 경전은 엄밀한 뜻에서 4경이니, 신명기는 재확인의 두 번째 기록인 까닭에서다. 이스라엘의 특별 제단 역시 넷이니, 즉 여호와 이레[7]창 22:14 여호와 닛시[8]출 17:15 여호와 샬롬[9]삿 6:24 여호와 삼마[10]겔 48:35다. 그리스도로부터 우리에게 미치는 신앙적 유산 역시 넷이니 즉 그는 우리에게 지혜와 의로움과 거룩함과 구속함이 되시는 것이다.[11]고전 1:30 보혈의 상징인 성전에서 나오는 물 역시 네 가지로서 발목의 물, 무릎의 물, 허리의 물, 강의 물로 되어 있다.[12]겔 47:3 베드로 역시 기독자를 네 가지 면으로 소개하고 있으니, 즉 택하신 족속, 왕 같은 제사장, 거룩한 나라, 그의 소유된 백성인 것이다.[13]벧전 2:9 복음서가 네 가지로 즉 마태복음과 마가복음과 누가복음과 요한복음인 것도 의미 있는 일이요, 또 바울이 말하기를 너희는 그리스도의 사랑의 넓이와 길이와 높이와 깊이를 알라고 했으니,[14]엡 3:19 이는 이와 같은 사랑 안에서만 만능이었음을 체험한 간증이었던 것이었다.[15]롬 8:37 이와 같이 동서남북으로 빈틈없는 곳에 비로소 하늘의 예루살렘이 내려오니,[16]계 21:2 이가 바로 땅을 정복하는 진리다.[17]창 1:28, 요일 5:4 히브리서 기자가 기독교 타락 함정으로 안식,[18]4:1 완전,[19]6:2 성소,[20]10:19 장자권[21]12:16의 네 가지 문제를 지적 경고했음에도 이를 전적으로 무시한 결과가 오늘날의 교회 현실임을 알고 회개하는 곳에만 소망이 있도다.[22]계 3:20

🪶 주를 경외하는 자에게 깃발을 주시고 진리를 위하여 달게 하셨나이다 셀라 (시 60:4)

Ω

한국에는 삭개오도 없단 말인가

성한 사람은 성한 대로 갈 길이 있고 신체 장애자의 갈 길은 따로 있으니 전자의 길은 약육강식의 생존경쟁의 길이요, 후자의 길은 진리로 사는 믿음의 길이다. 그런고로 사람의 외모를 안 보시고 중심을 보시는 하나님 앞에서는 먼저 된 자가 나중 되고 나중된 자가 먼저 될 수도 있어서 실로 인생은 공평하다고 할 수 있다.[1]마 20:16 예수께서는 병든 사람에게만 의원이 필요하듯이 의인을 부르러 온 것이 아니라 죄인을 살리러 오셨다 하셨으니,[2]마 9:12 키가 작은 삭개오는 보통 사람이 생각 못 하는 방법으로 예수를 영접해서 그 덕분에 맛본 그 큰 사랑에 감격한 나머지 이번에는 타인이 흉내 못 낼 큰 자비를 동족에게 베풀었으니, 이것이 바로 복음의 결실이다.[3]눅 19:1~10 일본의 맹인 아끼모도 씨는 점자 신구약 성서를 출판했고 빛의 집이란 복지시설을 만든 분인데, 그의 말년(71세)의 고백으로 성서[4]행 3:6를 소개하면서 "만일 그 때 베드로와 요한이 약간의 돈만 주었더라면 그것으로 그는 가서 써 버리고 먹어치웠겠지요. 그러나 나사렛 예수 이름으로 걸으라고 일으켜 준 덕분에 그는 새로 살게 됐습니다. 장애자의 문제도 모두 그런 게 아닐까요. 정신을 어떻게 하느냐 그것이지요. 맹인이면 자기만이 할 수 있는 일을 왜 안 하느냐 이것입니다. 이것이 중대합니다."고 했다고 한다.

오늘날의 기독교는 빈틈없는 조직과 방법으로 번창해 가는데 그것은 어디까지나 성한 사람들을 기준으로 된 것이기에 삭개오가 낄 수 없고 소외당함은 당연사인데도 아직도 그 속에다 미련을 두고 기대한다는 것은 언어도단의 착각이 아닌가. 이제라도 삭개오는 생수의 근원 되시는 하나님과 직결되는 새롭고 산 길을[5] 렘 2:13, 히 10:19, 20 그리스도의 뼈 중의 뼈, 살 중의 살로 정절을 지키는 독립의 길을,[6]창 2:23, 계 14:4 성령님의 내주하시는 산 집으로서 생명이 약동하는 지성소 되는 길을 찾는 것만이 그의 진정 살 길이다.[7] 고후 6:16 그 결과로 그에게서 나오는 감사의 찬송은 실로 타인의 천배에 해당하는, 우주를 진동시키는 하나님의 권능인 까닭에 이로써 모든 고난과 역경을 뚫고 나갈 수 있는 것이다.[8]시 84:10, 수 23:10, 삼상 2:8 이와 같은 산 찬송과 산 감사를 목격할 때 기성 교회들도 회개하게 되니, 이것이 기독교의 정석이요 십자가의 복음 전도다.[9]고전 1:18~31 문제는 복음이로다.

🌿 대저 여호와께서 이같이 말씀하시되 하늘을 창조하신 이 그는 하나님이시니 그가 땅을 지으시고 그것을 만드셨으며 그것을 견고하게 하시되 혼돈하게 창조하지 아니하시고 사람이 거주하게 그것을 지으셨으니 나는 여호와라 나 외에 다른 이가 없느니라 (사 45:18)

Ω

놀라운 학교와 서글픈 학교

남녀공학의 고등학교로 학급 수는 3학급 학생 수는 75명이다. 교사진은 93세를 필두로 교장 내외도 80세 이상인데도 매일 수업을 가르치고 있다. 교원은 23명 중 부부 교사가 14명이며 전교생이 기숙사 생활이다. 놀라운 사실은 2대 학생이니 즉 졸업한 학생들이 자기 자녀를 대를 이어 이 학교에 입학시킨 학생이 현재 8명 있다. 그뿐인가 학교 이름 자체가 "기독교 독립학원 고등학교"로 당당히 기독교를 정면에 내세운 신앙의 교육으로 인재를 양성하는 사립학교로 일본에서는 유명해진 특수학교인데, 지원율이 5대 1이다. 나는 이번에 세 번째로 이 학교를 방문했는데, 예배 시간에는 때때로 영어 찬송가를 사용할 정도로 수준이 높았다. 학교 위치가 일본 북쪽 산 속에 자리잡은 시골학교지만 텔레비전으로도 여러 번 소개되어 유명해져서 지원자가 급증해도 학생 수를 절대로 증원하지 않으니, 이는 소수 교육이 절대적인 건학 방침이기 때문이다.

그런데 작년에 서울 어느 남자고등학교에서 단체로 이 학교를 친선 방문했는데 담배를 피우고, 또 여학생에게 이상할 정도로 관심을 가져 인상이 매우 나빴다는 이야기다. 그 학교 역시 기독교로 목사가 인솔했다는데 이와 같은 차이가 산 교육과 죽은 교육의 차일까, 또는 교회와 무교회의 차인지 혹은 다수 교육(1,000)과 소수 교육(75)의 차인지, 하여간 서글픈 사실임은 분명하다. 이번에 내가 방문한 반응을 적어 보낸 일부 학생 중에는 ① 선생님 이야기를 듣고 나서 지금껏 이유 없이 마음속에 가졌던 '한국 사람이 싫다'는 생각이 조금씩 풀려지는 것을 느낍니다. 정말 필요하고 유익한 말씀에 감사했습니다. ② 작년에 한국 학생들이 왔을 때는 그 태도 때문에 좀 실망했는데, 선생님을 1년 만에 또 뵙게 되니 매우 기쁩니다. 다음에 또 와 주실 것을 믿으며 그 때까지 좀 더 성서공부를 하겠습니다고 하는 것으로 보아 친선 방문이 도리어 손상 방문이 되는 엄숙한 교훈 속에서 믿음으로 안 하면 죄뿐임을 새삼 느껴 떨 뿐이다. 아, 믿음.[1]롬 14:23

너희는 이 세대를 본받지 말고 오직 마음을 새롭게 함으로 변화를 받아 하나님의 선하시고 기뻐하시고 온전하신 뜻이 무엇인지 분별하도록 하라 (롬 12:2)

【부록】

성경각주

I. 감사로 제사를 드리는 자

절대적 진리

1 **히 13:8** 예수 그리스도는 어제나 오늘이나 영원토록 동일하시니라

요 14:6 예수께서 이르시되 내가 곧 길이요 진리요 생명이니 나로 말미암지 않고는 아버지께로 올 자가 없느니라

행 4:12 다른 이로써는 구원을 받을 수 없나니 천하 사람 중에 구원을 받을 만한 다른 이름을 우리에게 주신 일이 없음이라 하였더라

마 11:27 내 아버지께서 모든 것을 내게 주셨으니 아버지 외에는 아들을 아는 자가 없고 아들과 또 아들의 소원대로 계시를 받는 자 외에는 아버지를 아는 자가 없느니라

2 **요 1:1** 태초에 말씀이 계시니라 이 말씀이 하나님과 함께 계셨으니 이 말씀은 곧 하나님이시니라

요일 5:20 또 아는 것은 하나님의 아들이 이르러 우리에게 지각을 주사 우리로 참된 자를 알게 하신 것과 또한 우리가 참된 자 곧 그의 아들 예수 그리스도 안에 있는 것이니 그는 참 하나님이시요 영생이시라

골 1:19 아버지께서는 모든 충만으로 예수 안에 거하게 하시고

3 **요 5:24** 내가 진실로 진실로 너희에게 이르노니 내 말을 듣고 또 나 보내신 이를 믿는 자는 영생을 얻었고 심판에 이르지 아니하나니 사망에서 생명으로 옮겼느니라

골 1:13 그가 우리를 흑암의 권세에서 건져내사 그의 사랑의 아들의 나라로 옮기셨으니

4 **창 1:27** 하나님이 자기 형상 곧 하나님의 형상대로 사람을 창조하시되 남자와 여자를 창조하시고

5 **히 11:6** 믿음이 없이는 하나님을 기쁘시게 하지 못하나니 하나님께 나아가는 자는 반드시 그가 계신 것과 또한 그가 자기를 찾는 자들에게 상 주시는 이심을 믿어야 할지니라

고전 1:18 십자가의 도가 멸망하는 자들에게는 미련한 것이요 구원을 받는 우리에게는 하나님의 능력이라

6 **요 21:22** 예수께서 이르시되 내가 올 때까지 그를 머물게 하고자 할지라도 네게 무슨 상관이냐 너는 나를 따르라 하시더라

7 **요 3:10** 예수께서 그에게 대답하여 이르시되 너는 이스라엘의 선생으로서 이러한 것들을 알지 못하느냐

8 **눅 12:32** 적은 무리여 무서워 말라 너희 아버지께서 그 나라를 너희에게 주시기를 기뻐하시느니라

9 **시 116:16** 여호와여 나는 진실로 주의 종이요 주의 여종의 아들 곧 주의 종이라 주께서 나의 결박을 푸셨나이다

10 **빌 3:20** 그러나 우리의 시민권은 하늘에 있는지라 거기로부터 구원하는 자 곧 주 예수 그리스도를 기다리노니

오염된 감사

1 **시 49:20** 존귀하나 깨닫지 못하는 사람은 멸망하는 짐승 같도다

2 **눅 18:11** 바리새인은 서서 따로 기도하여 이르되 하나님이여 나는 다른 사람들 곧 토색, 불의, 간음을 하는 자들과 같지 아니하고 이 세리와도 같지 아니함을 감사하나

고후 4:18 우리가 주목하는 것은 보이는 것이 아니요 보이지 않는 것이니 보이는 것은 잠깐이요 보이지 않는 것은 영원함이라

3 **히 13:15** 그러므로 우리는 예수로 말미암아 항상 찬송의 제사를 하나님께 드리자 이는 그 이름을 증언하는 입술의 열매니라

시 150:6 호흡이 있는 자마다 여호와를 찬양할지어다 할렐루야

4 **욥 1:21** 이르되 내가 모태에서 알몸으로 나왔사온즉 또한 알몸이 그리로 돌아가올지라 주신 이도 여호와시요 거두신 이도 여호와시오니 여호와의 이름이 찬송을 받으실지니이다 하고

5 **고후 4:15** 이는 모든 것이 너희를 위함이니 많은 사람의 감사로 말미암아 은혜가 더하여 넘쳐서 하나님께 영광을 돌리게 하려 함이라

6 **눅 16:16** 율법과 선지자는 요한의 때까지요 그 후부터는 하나님 나라의 복음이 전파되어 사람마다 그리로 침입하느니라

요 1:17 율법은 모세로 말미암아 주어진 것이요 은혜와 진리는 예수 그리스도로 말미암아 온 것이라

7 **히 11:19** 그가 하나님이 능히 이삭을 죽은 자 가운데서 다시 살리실 줄로 생각한지라 비유컨대 그를 죽은 자 가운데서 도로 받은 것이니라

8 **왕상 17:13** 엘리야가 그에게 이르되 두려워하지 말고 가서 네 말대로 하려니와 먼저 그것으로 나를 위하여 작은 떡 한 개를 만들어 내게로 가져오고 그 후에 너와 네 아들을 위하여 만들라

9 **대하 20:22** 그 노래와 찬송이 시작될 때에 여호와께서 복병을 두어 유다를 치러 온 암몬 자손과 모압과 세일 산 주민들을 치게 하시므로 그들이 패하였으니

10 **시 50:23** 감사로 제사를 드리는 자가 나를 영화롭게 하나니 그의 행위를 옳게 하는 자에게 내가 하나님의 구원을 보이리라

히 10:35 그러므로 너희 담대함을 버리지 말라 이것이 큰 상을 얻게 하느니라

11 **사 1:11** 여호와께서 말씀하시되 너희의 무수한 제물이 내게 무엇이 유익하뇨 나는 숫양의 번제와 살진 짐승의 기름에 배불렀고 나는 수송아지나 어린 양이나 숫염소의 피를 기뻐하지 아니하노라

무슨 독을 마실지라도

1 **요일 5:4** 무릇 하나님께로부터 난 자마다 세상을 이기느니라 세상을 이기는 승

리는 이것이니 우리의 믿음이니라

창 1:28 하나님이 그들에게 복을 주시며 하나님이 그들에게 이르시되 생육하고 번성하여 땅에 충만하라, 땅을 정복하라, 바다의 물고기와 하늘의 새와 땅에 움직이는 모든 생물을 다스리라 하시니라

2 **롬 8:35** 누가 우리를 그리스도의 사랑에서 끊으리요 환난이나 곤고나 박해나 기근이나 적신이나 위험이나 칼이랴

3 **요 16:33** 이것을 너희에게 이르는 것은 너희로 내 안에서 평안을 누리게 하려 함이라 세상에서는 너희가 환난을 당하나 담대하라 내가 세상을 이기었노라

4 **마 4:3** 시험하는 자가 예수께 나아와서 이르되 네가 만일 하나님의 아들이어든 명하여 이 돌들로 떡덩이가 되게 하라

5 **눅 22:31** 시몬아, 시몬아, 보라 사탄이 너희를 밀 까부르듯 하려고 요구하였으나

6 **막 9:23** 예수께서 이르시되 할 수 있거든이 무슨 말이냐 믿는 자에게는 능히 하지 못할 일이 없느니라 하시니

히 11:6 믿음이 없이는 하나님을 기쁘시게 하지 못하나니 하나님께 나아가는 자는 반드시 그가 계신 것과 또한 그가 자기를 찾는 자들에게 상 주시는 이심을 믿어야 할지니라

7 **살전 5:18** 범사에 감사하라 이것이 그리스도 예수 안에서 너희를 향하신 하나님의 뜻이니라

8 **시 50:23** 감사로 제사를 드리는 자가 나를 영화롭게 하나니 그의 행위를 옳게

하는 자에게 내가 하나님의 구원을 보이리라

히 13:15 그러므로 우리는 예수로 말미암아 항상 찬송의 제사를 하나님께 드리자 이는 그 이름을 증언하는 입술의 열매니라

9 **고전 3:16** 너희는 너희가 하나님의 성전인 것과 하나님의 성령이 너희 안에 계시는 것을 알지 못하느냐

고전 6:19~20 너희 몸은 너희가 하나님께로부터 받은 바 너희 가운데 계신 성령의 전인 줄을 알지 못하느냐 너희는 너희 자신의 것이 아니라

값으로 산 것이 되었으니 그런즉 너희 몸으로 하나님께 영광을 돌리라

10 **고전 1:30** 너희는 하나님으로부터 나서 그리스도 예수 안에 있고 예수는 하나님으로부터 나와서 우리에게 지혜와 의로움과 거룩함과 구원함이 되셨으니

골 1:19 아버지께서는 모든 충만으로 예수 안에 거하게 하시고

고후 5:19 곧 하나님께서 그리스도 안에 계시사 세상을 자기와 화목하게 하시며 그들의 죄를 그들에게 돌리지 아니하시고 화목하게 하는 말씀을 우리에게 부탁하셨느니라

11 **롬 5:9** 그러면 이제 우리가 그의 피로 말미암아 의롭다 하심을 받았으니 더욱 그로 말미암아 진노하심에서 구원을 받을 것이니

히 10:29 하물며 하나님의 아들을 짓밟고 자기를 거룩하게 한 언약의 피를 부정한 것으로 여기고 은혜의 성령을 욕되게

하는 자가 당연히 받을 형벌은 얼마나 더 무겁겠느냐 너희는 생각하라

히 9:22 율법을 따라 거의 모든 물건이 피로써 정결하게 되나니 피흘림이 없은즉 사함이 없느니라

고전 11:25 식후에 또한 그와 같이 잔을 가지시고 이르시되 이 잔은 내 피로 세운 새 언약이니 이것을 행하여 마실 때마다 나를 기념하라 하셨으니

히 9:16 유언은 유언한 자가 죽어야 되나니

12 **고전 15:55** 사망아 너의 승리가 어디 있느냐 사망아 네가 쏘는 것이 어디 있느냐

요 5:24 내가 진실로 진실로 너희에게 이르노니 내 말을 듣고 또 나 보내신 이를 믿는 자는 영생을 얻었고 심판에 이르지 아니하나니 사망에서 생명으로 옮겼느니라

요일 5:18 하나님께로부터 난 자는 다 범죄하지 아니하는 줄을 우리가 아노라 하나님께로부터 나신 자가 그를 지키시매 악한 자가 그를 만지지도 못하느니라

롬 8:38~39 내가 확신하노니 사망이나 생명이나 천사들이나 권세자들이나 현재 일이나 장래 일이나 능력이나 높음이나 깊음이나 다른 어떤 피조물이라도 우리를 우리 주 그리스도 예수 안에 있는 하나님의 사랑에서 끊을 수 없으리라

13 **행 20:35** 범사에 여러분에게 모본을 보여준 바와 같이 수고하여 약한 사람들을 돕고 또 주 예수께서 친히 말씀하신

바 주는 것이 받는 것보다 복이 있다 하심을 기억하여야 할지니라

감사의 잔

1 **행 9:18** 즉시 사울의 눈에서 비늘 같은 것이 벗어져 다시 보게 된지라 일어나 세례를 받고

2 **요일 5:18** 하나님께로부터 난 자는 다 범죄하지 아니하는 줄을 우리가 아노라 하나님께로부터 나신 자가 그를 지키시매 악한 자가 그를 만지지도 못하느니라

3 **시 50:23** 감사로 제사를 드리는 자가 나를 영화롭게 하나니 그의 행위를 옳게 하는 자에게 내가 하나님의 구원을 보이리라

히 13:15 그러므로 우리는 예수로 말미암아 항상 찬송의 제사를 하나님께 드리자 이는 그 이름을 증언하는 입술의 열매니라

왜 고난이 필요한가

1 **히 12:6** 주께서 그 사랑하시는 자를 징계하시고 그가 받아들이시는 아들마다 채찍질하심이라 하였으니

2 **렘 1:11** 여호와의 말씀이 또 내게 임하니라 이르시되 예레미야야 네가 무엇을 보느냐 하시매 내가 대답하되 내가 살구나무 가지를 보나이다

3 **마 13:9** 귀 있는 자는 들으라 하시니라

4 **히 12:8** 징계는 다 받는 것이거늘 너희에게 없으면 사생자요 친아들이 아니니라

진리의 공동생산

1 **요 15:5** 나는 포도나무요 너희는 가지라 그가 내 안에, 내가 그 안에 거하면 사람이 열매를 많이 맺나니 나를 떠나서는 너희가 아무 것도 할 수 없음이라

2 **시 50:23** 감사로 제사를 드리는 자가 나를 영화롭게 하나니 그의 행위를 옳게 하는 자에게 내가 하나님의 구원을 보이리라

히 13:15 그러므로 우리는 예수로 말미암아 항상 찬송의 제사를 하나님께 드리자 이는 그 이름을 증언하는 입술의 열매니라

3 **롬 14:8** 우리가 살아도 주를 위하여 살고 죽어도 주를 위하여 죽나니 그러므로 사나 죽으나 우리가 주의 것이로다

갈 2:20 내가 그리스도와 함께 십자가에 못 박혔나니 그런즉 이제는 내가 사는 것이 아니요 오직 내 안에 그리스도께서 사시는 것이라 이제 내가 육체 가운데 사는 것은 나를 사랑하사 나를 위하여 자기 자신을 버리신 하나님의 아들을 믿는 믿음 안에서 사는 것이라

4 **요 6:11** 예수께서 떡을 가져 축사하신 후에 앉아 있는 자들에게 나눠 주시고 물고기도 그렇게 그들의 원대로 주시니라

고후 4:15 이는 모든 것이 너희를 위함이니 많은 사람의 감사로 말미암아 은혜가 더하여 넘쳐서 하나님께 영광을 돌리게 하려 함이라

5 **삼상 2:8** 가난한 자를 진토에서 일으키시며 빈궁한 자를 거름더미에서 올리사 귀족들과 함께 앉게 하시며 영광의 자리를 차지하게 하시는도다 땅의 기둥들은 여호와의 것이라 여호와께서 세계를 그것들 위에 세우셨도다

고후 5:17 그런즉 누구든지 그리스도 안에 있으면 새로운 피조물이라 이전 것은 지나갔으니 보라 새 것이 되었도다

6 **갈 5:15** 만일 서로 물고 먹으면 피차 멸망할까 조심하라

7 **살전 5:18** 범사에 감사하라 이것이 그리스도 예수 안에서 너희를 향하신 하나님의 뜻이니라

행 20:35 범사에 여러분에게 모본을 보여준 바와 같이 수고하여 약한 사람들을 돕고 또 주 예수께서 친히 말씀하신 바 주는 것이 받는 것보다 복이 있다 하심을 기억하여야 할지니라

8 **행 7:60** 무릎을 꿇고 크게 불러 이르되 주여 이 죄를 그들에게 돌리지 마옵소서 이 말을 하고 자니라

오직 하나로 족하도다

1 **시 50:23** 감사로 제사를 드리는 자가 나를 영화롭게 하나니 그의 행위를 옳게 하는 자에게 내가 하나님의 구원을 보이리라

2 **마 13:31** 또 비유를 들어 이르시되 천국은 마치 사람이 자기 밭에 갖다 심은 겨자씨 한 알 같으니

3 **전 4:6** 두 손에 가득하고 수고하며 바람을 잡는 것보다 한 손에만 가득하고 평온함이 더 나으니라

4 **눅 22:32** 그러나 내가 너를 위하여 네

믿음이 떨어지지 않기를 기도하였노니 너는 돌이킨 후에 네 형제를 굳게 하라

히 7:24~25 예수는 영원히 계시므로 그 제사장 직분도 갈리지 아니하느니라 그러므로 자기를 힘입어 하나님께 나아가는 자들을 온전히 구원하실 수 있으니 이는 그가 항상 살아 계셔서 그들을 위하여 간구하심이라

천 명이 넘어지고 만 명이 엎어져도

1 **히 13:15** 그러므로 우리는 예수로 말미암아 항상 찬송의 제사를 하나님께 드리자 이는 그 이름을 증언하는 입술의 열매니라

2 **시 50:23** 감사로 제사를 드리는 자가 나를 영화롭게 하나니 그의 행위를 옳게 하는 자에게 내가 하나님의 구원을 보이리라

3 **창 4:5** 가인과 그의 제물은 받지 아니하신지라 가인이 몹시 분하여 안색이 변하니

삼상 15:22 사무엘이 이르되 여호와께서 번제와 다른 제사를 그의 목소리를 청종하는 것을 좋아하심 같이 좋아하시겠나이까 순종이 제사보다 낫고 듣는 것이 숫양의 기름보다 나으니

4 **히 6:18~19** 이는 하나님이 거짓말을 하실 수 없는 이 두 가지 변하지 못할 사실로 말미암아 앞에 있는 소망을 얻으려고 피난처를 찾은 우리에게 큰 안위를 받게 하려 하심이라

요일 5:4 무릇 하나님께로부터 난 자마다 세상을 이기느니라 세상을 이기는 승리는 이것이니 우리의 믿음이니라

5 **마 6:33** 그런즉 너희는 먼저 그의 나라와 그의 의를 구하라 그리하면 이 모든 것을 너희에게 더하시리라

6 **히 12:28** 그러므로 우리가 흔들리지 않는 나라를 받았은즉 은혜를 받자 이로 말미암아 경건함과 두려움으로 하나님을 기쁘시게 섬길지니

7 **사 59:17** 공의를 갑옷으로 삼으시며 구원을 자기의 머리에 써서 투구로 삼으시며 보복을 속옷으로 삼으시며 열심을 입어 겉옷으로 삼으시고

고후 5:21 하나님이 죄를 알지도 못하신 이를 우리를 대신하여 죄로 삼으신 것은 우리로 하여금 그 안에서 하나님의 의가 되게 하려 하심이라

8 **고후 4:18** 우리가 주목하는 것은 보이는 것이 아니요 보이지 않는 것이니 보이는 것은 잠깐이요 보이지 않는 것은 영원함이라

9 **롬 10:3** 하나님의 의를 모르고 자기 의를 세우려고 힘써 하나님의 의에 복종하지 아니하였느니라

10 **시 119:142** 주의 의는 영원한 의요 주의 율법은 진리로소이다

롬 3:22 곧 예수 그리스도를 믿음으로 말미암아 모든 믿는 자에게 미치는 하나님의 의니 차별이 없느니라

시 71:15 내가 측량할 수 없는 주의 공의와 구원을 내 입으로 종일 전하리이다

11 **사 64:6** 무릇 우리는 다 부정한 자 같아서 우리의 의는 다 더러운 옷 같으며 우리는 다 잎사귀 같이 시들므로 우리의

죄악이 바람 같이 우리를 몰아가나이다

12 **창 3:7~21** 이에 그들의 눈이 밝아져 자기들이 벗은 줄을 알고 무화과나무 잎을 엮어 치마로 삼았더라 그들이 그 날 바람이 불 때 동산에 거니시는 여호와 하나님의 소리를 듣고 아담과 그의 아내가 여호와 하나님의 낯을 피하여 동산 나무 사이에 숨은지라 여호와 하나님이 아담을 부르시며 그에게 이르시되 네가 어디 있느냐 이르되 내가 동산에서 하나님의 소리를 듣고 내가 벗었으므로 두려워하여 숨었나이다 이르시되 누가 너의 벗었음을 네게 알렸느냐 내가 네게 먹지 말라 명한 그 나무 열매를 네가 먹었느냐 아담이 이르되 하나님이 주셔서 나와 함께 있게 하신 여자 그가 그 나무 열매를 내게 주므로 내가 먹었나이다 여호와 하나님이 여자에게 이르시되 네가 어찌하여 이렇게 하였느냐 여자가 이르되 뱀이 나를 꾀므로 내가 먹었나이다 여호와 하나님이 뱀에게 이르시되 네가 이렇게 하였으니 네가 모든 가축과 들의 모든 짐승보다 더욱 저주를 받아 배로 다니고 살아 있는 동안 흙을 먹을지니라 내가 너로 여자와 원수가 되게 하고 네 후손도 여자의 후손과 원수가 되게 하리니 여자의 후손은 네 머리를 상하게 할 것이요 너는 그의 발꿈치를 상하게 할 것이니라 하시고 또 여자에게 이르시되 내가 네게 임신하는 고통을 크게 더하리니 네가 수고하고 자식을 낳을 것이며 너는 남편을 원하고 남편은 너를 다스릴 것이니라 하시고 아담에게 이르시되 네가 네 아내의 말을 듣고 내가 네게 먹지 말라 한 나무의 열매를 먹었은즉 땅은 너로 말미암아 저주를 받고 너는 네 평생에 수고하여야 그 소산을 먹으리라 땅이 네게 가시덤불과 엉겅퀴를 낼 것이라 네가 먹을 것은 밭의 채소인즉 네가 흙으로 돌아갈 때까지 얼굴에 땀을 흘려야 먹을 것을 먹으리니 네가 그것에서 취함을 입었음이라 너는 흙이니 흙으로 돌아갈 것이니라 하시니라 아담이 그의 아내의 이름을 하와라 불렀으니 그는 모든 산 자의 어머니가 됨이더라 여호와 하나님이 아담과 그의 아내를 위하여 가죽옷을 지어 입히시니라

13 **사 6:13** 그 중에 십분의 일이 아직 남아 있을지라도 이것도 황폐하게 될 것이나 밤나무와 상수리나무가 베임을 당하여도 그 그루터기는 남아 있는 것 같이 거룩한 씨가 이 땅의 그루터기니라 하시더라

14 **마 15:14** 그냥 두라 그들은 맹인이 되어 맹인을 인도하는 자로다 만일 맹인이 맹인을 인도하면 둘이 다 구덩이에 빠지리라 하시니

히 5:13 이는 젖을 먹는 자마다 어린 아이니 의의 말씀을 경험하지 못한 자요

시 49:20 존귀하나 깨닫지 못하는 사람은 멸망하는 짐승 같도다

내게 능력을 주시는 자 안에서

1 **고후 12:10** 그러므로 내가 그리스도를 위하여 약한 것들과 능욕과 궁핍과 박해와 곤고를 기뻐하노니 이는 내가 약한

그 때에 강함이라

2 **히 13:15** 그러므로 우리는 예수로 말미암아 항상 찬송의 제사를 하나님께 드리자 이는 그 이름을 증언하는 입술의 열매니라

불평할 이유 없도다

1 **사 45:7** 나는 빛도 짓고 어둠도 창조하며 나는 평안도 짓고 환난도 창조하나니 나는 여호와라 이 모든 일들을 행하는 자니라 하였노라

2 **히 12:8** 징계는 다 받는 것이거늘 너희에게 없으면 사생자요 친아들이 아니니라

3 **사 45:9** 질그릇 조각 중 한 조각 같은 자가 자기를 지으신 이와 더불어 다툴진대 화 있을진저 진흙이 토기장이에게 너는 무엇을 만드느냐 또는 네가 만든 것이 그는 손이 없다 말할 수 있겠느냐

4 **고후 4:7** 우리가 이 보배를 질그릇에 가졌으니 이는 심히 큰 능력은 하나님께 있고 우리에게 있지 아니함을 알게 하려 함이라

5 **빌 2:13** 너희 안에서 행하시는 이는 하나님이시니 자기의 기쁘신 뜻을 위하여 너희에게 소원을 두고 행하게 하시나니

6 **욥 34:14** 그가 만일 뜻을 정하시고 그의 영과 목숨을 거두실진대

7 **빌 1:6** 너희 안에서 착한 일을 시작하신 이가 그리스도 예수의 날까지 이루실 줄을 우리는 확신하노라

8 **요 19:30** 예수께서 신 포도주를 받으신 후에 이르시되 다 이루었다 하시고 머리를 숙이니 영혼이 떠나가시니라

9 **롬 14:8** 우리가 살아도 주를 위하여 살고 죽어도 주를 위하여 죽나니 그러므로 사나 죽으나 우리가 주의 것이로다

10 **살전 5:16~17** 항상 기뻐하라 쉬지 말고 기도하라

11 **시 150:6** 호흡이 있는 자마다 여호와를 찬양할지어다 할렐루야

12 **마 1:21** 아들을 낳으리니 이름을 예수라 하라 이는 그가 자기 백성을 그들의 죄에서 구원할 자이심이라 하니라

히 2:3 우리가 이같이 큰 구원을 등한히 여기면 어찌 그 보응을 피하리요 이 구원은 처음에 주로 말씀하신 바요 들은 자들이 우리에게 확증한 바니

히 13:15 그러므로 우리는 예수로 말미암아 항상 찬송의 제사를 하나님께 드리자 이는 그 이름을 증언하는 입술의 열매니라

13 **마 18:8~9** 만일 네 손이나 네 발이 너를 범죄하게 하거든 찍어 내버리라 장애인이나 다리 저는 자로 영생에 들어가는 것이 두 손과 두 발을 가지고 영원한 불에 던져지는 것보다 나으니라 만일 네 눈이 너를 범죄하게 하거든 빼어 내버리라 한 눈으로 영생에 들어가는 것이 두 눈을 가지고 지옥 불에 던져지는 것보다 나으니라

14 **눅 9:24** 누구든지 제 목숨을 구원하고자 하면 잃을 것이요 누구든지 나를 위하여 제 목숨을 잃으면 구원하리라

15 **딤전 4:4** 하나님께서 지으신 모든 것이 선하매 감사함으로 받으면 버릴 것

이 없나니

요 3:3 예수께서 대답하여 이르시되 진실로 진실로 네게 이르노니 사람이 거듭나지 아니하면 하나님의 나라를 볼 수 없느니라

발로 세계를 움직이는 사람

1 **고전 1:18** 십자가의 도가 멸망하는 자들에게는 미련한 것이요 구원을 받는 우리에게는 하나님의 능력이라

고전 1:26~31 형제들아 너희를 부르심을 보라 육체를 따라 지혜로운 자가 많지 아니하며 능한 자가 많지 아니하며 문벌 좋은 자가 많지 아니하도다 그러나 하나님께서 세상의 미련한 것들을 택하사 지혜 있는 자들을 부끄럽게 하려 하시고 세상의 약한 것들을 택하사 강한 것들을 부끄럽게 하려 하시며 하나님께서 세상의 천한 것들과 멸시 받는 것들과 없는 것들을 택하사 있는 것들을 폐하려 하시나니 이는 아무 육체도 하나님 앞에서 자랑하지 못하게 하려 하심이라 너희는 하나님으로부터 나서 그리스도 예수 안에 있고 예수는 하나님으로부터 나와서 우리에게 지혜와 의로움과 거룩함과 구원함이 되셨으니 기록된 바 자랑하는 자는 주 안에서 자랑하라 함과 같게 하려 함이라

2 **히13:15** 그러므로 우리는 예수로 말미암아 항상 찬송의 제사를 하나님께 드리자 이는 그 이름을 증언하는 입술의 열매니라

대하 20:22 그 노래와 찬송이 시작될 때에 여호와께서 복병을 두어 유다를 치러 온 암몬 자손과 모압과 세일 산 주민들을 치게 하시므로 그들이 패하였으니

3 **히 13:13** 그런즉 우리도 그의 치욕을 짊어지고 영문 밖으로 그에게 나아가자

빌 3:20 그러나 우리의 시민권은 하늘에 있는지라 거기로부터 구원하는 자 곧 주 예수 그리스도를 기다리노니

시 150:6 호흡이 있는 자마다 여호와를 찬양할지어다 할렐루야

4 **사 43:21** 이 백성은 내가 나를 위하여 지었나니 나를 찬송하게 하려 함이니라

5 **합 3:3** 하나님이 데만에서부터 오시며 거룩한 자가 바란 산에서부터 오시는도다 (셀라) 그의 영광이 하늘을 덮었고 그의 찬송이 세계에 가득하도다

6 **잠 16:32** 노하기를 더디하는 자는 용사보다 낫고 자기의 마음을 다스리는 자는 성을 빼앗는 자보다 나으니라

7 **욥 1:21** 이르되 내가 모태에서 알몸으로 나왔사온즉 또한 알몸이 그리로 돌아가올지라 주신 이도 여호와시요 거두신 이도 여호와시오니 여호와의 이름이 찬송을 받으실지니이다 하고

욥 2:5 이제 주의 손을 펴서 그의 뼈와 살을 치소서 그리하시면 틀림없이 주를 향하여 욕하지 않겠나이까

8 **신 27:12~13** 너희가 요단을 건넌 후에 시므온과 레위와 유다와 잇사갈과 요셉과 베냐민은 백성을 축복하기 위하여 그리심 산에 서고 르우벤과 갓과 아셀과 스불론과 단과 납달리는 저주하기 위하여 에발 산에 서고

히 12:22 그러나 너희가 이른 곳은 시온 산과 살아 계신 하나님의 도성인 하늘의 예루살렘과 천만 천사와

갈 4:24 이것은 비유니 이 여자들은 두 언약이라 하나는 시내 산으로부터 종을 낳은 자니 곧 하갈이라

성령과 감사

1 **고전 12:3** 그러므로 내가 너희에게 알리노니 하나님의 영으로 말하는 자는 누구든지 예수를 저주할 자라 하지 아니하고 또 성령으로 아니하고는 누구든지 예수를 주시라 할 수 없느니라

2 **롬 8:26** 이와 같이 성령도 우리의 연약함을 도우시나니 우리는 마땅히 기도할 바를 알지 못하나 오직 성령이 말할 수 없는 탄식으로 우리를 위하여 친히 간구하시느니라

3 **마 10:20** 말하는 이는 너희가 아니라 너희 속에서 말씀하시는 이 곧 너희 아버지의 성령이시니라

4 **행 1:8** 오직 성령이 너희에게 임하시면 너희가 권능을 받고 예루살렘과 온 유대와 사마리아와 땅 끝까지 이르러 내 증인이 되리라 하시니라

5 **롬 14:10** 네가 어찌하여 네 형제를 비판하느냐 어찌하여 네 형제를 업신여기느냐 우리가 다 하나님의 심판대 앞에 서리라

6 **요 4:23~24** 아버지께 참되게 예배하는 자들은 영과 진리로 예배할 때가 오나니 곧 이 때라 아버지께서는 자기에게 이렇게 예배하는 자들을 찾으시느니라 하나님은 영이시니 예배하는 자가 영과 진리로 예배할지니라

7 **엡 6:17** 구원의 투구와 성령의 검 곧 하나님의 말씀을 가지라

롬 9:9 약속의 말씀은 이것이니 명년 이 때에 내가 이르리니 사라에게 아들이 있으리라 하심이라

8 **고후 3:17** 주는 영이시니 주의 영이 계신 곳에는 자유가 있느니라

요 8:36 그러므로 아들이 너희를 자유롭게 하면 너희가 참으로 자유로우리라

9 **롬 8:6** 육신의 생각은 사망이요 영의 생각은 생명과 평안이니라

말 2:5 레위와 세운 나의 언약은 생명과 평강의 언약이라 내가 이것을 그에게 준 것은 그로 경외하게 하려 함이라 그가 나를 경외하고 내 이름을 두려워하였으며

10 **요 5:24** 내가 진실로 진실로 너희에게 이르노니 내 말을 듣고 또 나 보내신 이를 믿는 자는 영생을 얻었고 심판에 이르지 아니하나니 사망에서 생명으로 옮겼느니라

요일 5:4 무릇 하나님께로부터 난 자마다 세상을 이기느니라 세상을 이기는 승리는 이것이니 우리의 믿음이니라

11 **시 23:4** 내가 사망의 음침한 골짜기로 다닐지라도 해를 두려워하지 않을 것은 주께서 나와 함께 하심이라 주의 지팡이와 막대기가 나를 안위하시나이다

사 57:21 내 하나님의 말씀에 악인에게는 평강이 없다 하셨느니라

12 **히 2:15** 또 죽기를 무서워하므로 한평생

매여 종 노릇 하는 모든 자들을 놓아 주려 하심이니

고전 15:26 맨 나중에 멸망 받을 원수는 사망이니라

13 **시 119:165** 주의 법을 사랑하는 자에게는 큰 평안이 있으니 그들에게 장애물이 없으리이다

고전 3:16 너희는 너희가 하나님의 성전인 것과 하나님의 성령이 너희 안에 계시는 것을 알지 못하느냐

14 **막 4:38** 예수께서는 고물에서 베개를 베고 주무시더니 제자들이 깨우며 이르되 선생님이여 우리가 죽게 된 것을 돌보지 아니하시나이까 하니

골 3:15 그리스도의 평강이 너희 마음을 주장하게 하라 너희는 평강을 위하여 한 몸으로 부르심을 받았나니 너희는 또한 감사하는 자가 되라

15 **빌 4:7** 그리하면 모든 지각에 뛰어난 하나님의 평강이 그리스도 예수 안에서 너희 마음과 생각을 지키시리라

시 29:11 여호와께서 자기 백성에게 힘을 주심이여 여호와께서 자기 백성에게 평강의 복을 주시리로다

16 **마 5:44** 나는 너희에게 이르노니 너희 원수를 사랑하며 너희를 박해하는 자를 위하여 기도하라

17 **요 20:19~23** 이 날 곧 안식 후 첫날 저녁 때에 제자들이 유대인들을 두려워하여 모인 곳의 문들을 닫았더니 예수께서 오사 가운데 서서 이르시되 너희에게 평강이 있을지어다 이 말씀을 하시고 손과 옆구리를 보이시니 제자들이 주를 보고 기뻐하더라 예수께서 또 이르시되 너희에게 평강이 있을지어다 아버지께서 나를 보내신 것 같이 나도 너희를 보내노라 이 말씀을 하시고 그들을 향하사 숨을 내쉬며 이르시되 성령을 받으라 너희가 누구의 죄든지 사하면 사하여질 것이요 누구의 죄든지 그대로 두면 그대로 있으리라 하시니라

18 **약 4:6** 그러나 더욱 큰 은혜를 주시나니 그러므로 일렀으되 하나님이 교만한 자를 물리치시고 겸손한 자에게 은혜를 주신다 하였느니라

19 **눅 11:9~13** 내가 또 너희에게 이르노니 구하라 그러면 너희에게 주실 것이요 찾으라 그러면 찾아낼 것이요 문을 두드리라 그러면 너희에게 열릴 것이니 구하는 이마다 받을 것이요 찾는 이는 찾아낼 것이요 두드리는 이에게는 열릴 것이니라 너희 중에 아버지 된 자로서 누가 아들이 생선을 달라 하는데 생선 대신에 뱀을 주며 알을 달라 하는데 전갈을 주겠느냐 너희가 악할지라도 좋은 것을 자식에게 줄 줄 알거든 하물며 너희 하늘 아버지께서 구하는 자에게 성령을 주시지 않겠느냐 하시니라

창 32:22~23 밤에 일어나 두 아내와 두 여종과 열한 아들을 인도하여 얍복 나루를 건널새 그들을 인도하여 시내를 건너가게 하며 그의 소유도 건너가게 하고

20 **갈 3:11** 또 하나님 앞에서 아무도 율법으로 말미암아 의롭게 되지 못할 것이 분명하니 이는 의인은 믿음으로 살리라 하였음이라

히 10:38 나의 의인은 믿음으로 말미암아 살리라 또한 뒤로 물러가면 내 마음이 그를 기뻐하지 아니하리라 하셨느니라

21 롬 1:17 복음에는 하나님의 의가 나타나서 믿음으로 믿음에 이르게 하나니 기록된 바 오직 의인은 믿음으로 말미암아 살리라 함과 같으니라

요 1:16 우리가 다 그의 충만한 데서 받으니 은혜 위에 은혜러라

22 롬 12:1 그러므로 형제들아 내가 하나님의 모든 자비하심으로 너희를 권하노니 너희 몸을 하나님이 기뻐하시는 거룩한 산 제물로 드리라 이는 너희가 드릴 영적 예배니라

실력 대결

1 눅 22:31 시몬아, 시몬아, 보라 사탄이 너희를 밀 까부르듯 하려고 요구하였으나

마 10:16 보라 내가 너희를 보냄이 양을 이리 가운데로 보냄과 같도다 그러므로 너희는 뱀 같이 지혜롭고 비둘기 같이 순결하라

벧전 5:8 근신하라 깨어라 너희 대적 마귀가 우는 사자 같이 두루 다니며 삼킬 자를 찾나니

2 벧후 2:19 그들에게 자유를 준다 하여도 자신들은 멸망의 종들이니 누구든지 진 자는 이긴 자의 종이 됨이라

3 엡 2:2 그 때에 너희는 그 가운데서 행하여 이 세상 풍조를 따르고 공중의 권세 잡은 자를 따랐으니 곧 지금 불순종

의 아들들 가운데서 역사하는 영이라

4 시 118:6 여호와는 내 편이시라 내가 두려워하지 아니하리니 사람이 내게 어찌할까

요일 5:4 무릇 하나님께로부터 난 자마다 세상을 이기느니라 세상을 이기는 승리는 이것이니 우리의 믿음이니라

5 고전 1:25 하나님의 어리석음이 사람보다 지혜롭고 하나님의 약하심이 사람보다 강하니라

6 마 16:26 사람이 만일 온 천하를 얻고도 제 목숨을 잃으면 무엇이 유익하리요 사람이 무엇을 주고 제 목숨과 바꾸겠느냐

사 49:5 이제 여호와께서 말씀하시나니 그는 태에서부터 나를 그의 종으로 지으신 이시요 야곱을 그에게로 돌아오게 하시는 이시니 이스라엘이 그에게로 모이는도다 그러므로 내가 여호와 보시기에 영화롭게 되었으며 나의 하나님은 나의 힘이 되셨도다

고전 1:24 오직 부르심을 받은 자들에게는 유대인이나 헬라인이나 그리스도는 하나님의 능력이요 하나님의 지혜니라

7 마 12:6 내가 너희에게 이르노니 성전보다 더 큰 이가 여기 있느니라

8 마 12:8 인자는 안식일의 주인이니라 하시니라

9 고전 15:57 우리 주 예수 그리스도로 말미암아 우리에게 승리를 주시는 하나님께 감사하노니

딤후 1:10 이제는 우리 구주 그리스도 예수의 나타나심으로 말미암아 나타났으니 그는 사망을 폐하시고 복음으로써

생명과 썩지 아니할 것을 드러내신지라

마 16:18 또 내가 네게 이르노니 너는 베드로라 내가 이 반석 위에 내 교회를 세우리니 음부의 권세가 이기지 못하리라

10 **마 5:13~14** 너희는 세상의 소금이니 소금이 만일 그 맛을 잃으면 무엇으로 짜게 하리요 후에는 아무 쓸 데 없어 다만 밖에 버려져 사람에게 밟힐 뿐이니라 너희는 세상의 빛이라 산 위에 있는 동네가 숨겨지지 못할 것이요

마 28:20 내가 너희에게 분부한 모든 것을 가르쳐 지키게 하라 볼지어다 내가 세상 끝날까지 너희와 항상 함께 있으리라 하시니라

고후 13:5 너희는 믿음 안에 있는가 너희 자신을 시험하고 너희 자신을 확증하라 예수 그리스도께서 너희 안에 계신 줄을 너희가 스스로 알지 못하느냐 그렇지 않으면 너희는 버림 받은 자니라

11 **시 23:1** 여호와는 나의 목자시니 내게 부족함이 없으리로다

시 118:6 여호와는 내 편이시라 내가 두려워하지 아니하리니 사람이 내게 어찌 할까

롬 8:28 우리가 알거니와 하나님을 사랑하는 자 곧 그의 뜻대로 부르심을 입은 자들에게는 모든 것이 합력하여 선을 이루느니라

12 **행 9:18** 즉시 사울의 눈에서 비늘 같은 것이 벗어져 다시 보게 된지라 일어나 세례를 받고

13 **왕하 6:16** 대답하되 두려워하지 말라 우리와 함께 한 자가 그들과 함께 한 자보다 많으니라 하고

14 **대하 32:7** 너희는 마음을 강하게 하며 담대히 하고 앗수르 왕과 그를 따르는 온 무리로 말미암아 두려워하지 말며 놀라지 말라 우리와 함께 하시는 이가 그와 함께 하는 자보다 크니

히 12:12 그러므로 피곤한 손과 연약한 무릎을 일으켜 세우고

잠 24:15 악한 자여 의인의 집을 엿보지 말며 그가 쉬는 처소를 헐지 말지니라

15 **수 1:5** 네 평생에 너를 능히 대적할 자가 없으리니 내가 모세와 함께 있었던 것 같이 너와 함께 있을 것임이라 내가 너를 떠나지 아니하며 버리지 아니하리니

대하 20:15 야하시엘이 이르되 온 유다와 예루살렘 주민과 여호사밧 왕이여 들을지어다 여호와께서 이같이 너희에게 말씀하시기를 너희는 이 큰 무리로 말미암아 두려워하거나 놀라지 말라 이 전쟁은 너희에게 속한 것이 아니요 하나님께 속한 것이니라

현 선생에게 드리는 나의 사과

1 **시 50:23** 감사로 제사를 드리는 자가 나를 영화롭게 하나니 그의 행위를 옳게 하는 자에게 내가 하나님의 구원을 보이리라

롬 14:23 의심하고 먹는 자는 정죄되었나니 이는 믿음을 따라 하지 아니하였기 때문이라 믿음을 따라 하지 아니하는 것은 다 죄니라

2 **고전 10:11** 그들에게 일어난 이런 일은

본보기가 되고 또한 말세를 만난 우리를 깨우치기 위하여 기록되었느니라

3 **전 10:1** 죽은 파리들이 향기름을 악취가 나게 만드는 것 같이 적은 우매가 지혜와 존귀를 난처하게 만드느니라

얼어붙은 수도

1 **눅 16:10** 지극히 작은 것에 충성된 자는 큰 것에도 충성되고 지극히 작은 것에 불의한 자는 큰 것에도 불의하니라

2 **마 13:31** 또 비유를 들어 이르시되 천국은 마치 사람이 자기 밭에 갖다 심은 겨자씨 한 알 같으니

3 **눅 12:7** 너희에게는 심지어 머리털까지도 다 세신 바 되었나니 두려워하지 말라 너희는 많은 참새보다 더 귀하니라

4 **엡 4:27** 마귀에게 틈을 주지 말라

5 **잠 29:7** 의인은 가난한 자의 사정을 알아 주나 악인은 알아 줄 지식이 없느니라

롬 1:17 복음에는 하나님의 의가 나타나서 믿음으로 믿음에 이르게 하나니 기록된 바 오직 의인은 믿음으로 말미암아 살리라 함과 같으니라

6 **갈 1:8** 그러나 우리나 혹은 하늘로부터 온 천사라도 우리가 너희에게 전한 복음 외에 다른 복음을 전하면 저주를 받을지어다

삼상 2:8 가난한 자를 진토에서 일으키시며 빈궁한 자를 거름더미에서 올리사 귀족들과 함께 앉게 하시며 영광의 자리를 차지하게 하시도다 땅의 기둥들은 여호와의 것이라 여호와께서 세계를 그

것들 위에 세우셨도다

7 **히 13:15** 그러므로 우리는 예수로 말미암아 항상 찬송의 제사를 하나님께 드리자 이는 그 이름을 증언하는 입술의 열매니라

8 **사 43:21** 이 백성은 내가 나를 위하여 지었나니 나를 찬송하게 하려 함이니라

9 **롬 15:16** 이 은혜는 곧 나로 이방인을 위하여 그리스도 예수의 일꾼이 되어 하나님의 복음의 제사장 직분을 하게 하사 이방인을 제물로 드리는 것이 성령 안에서 거룩하게 되어 받으실 만하게 하려 하심이라

고후 6:16 하나님의 성전과 우상이 어찌 일치가 되리요 우리는 살아 계신 하나님의 성전이라 이와 같이 하나님께서 이르시되 내가 그들 가운데 거하며 두루 행하여 나는 그들의 하나님이 되고 그들은 나의 백성이 되리라

기독자의 완전

1 **히 6:2~7** 세례들과 안수와 죽은 자의 부활과 영원한 심판에 관한 교훈의 터를 다시 닦지 말고 완전한 데로 나아갈지니라 하나님께서 허락하시면 우리가 이것을 하리라 한 번 빛을 받고 하늘의 은사를 맛보고 성령에 참여한 바 되고 하나님의 선한 말씀과 내세의 능력을 맛보고도 타락한 자들은 다시 새롭게 하여 회개하게 할 수 없나니 이는 그들이 하나님의 아들을 다시 십자가에 못 박아 드러내 놓고 욕되게 함이라 땅이 그 위에 자주 내리는 비를 흡수하여 밭 가는 자

들이 쓰기에 합당한 채소를 내면 하나님
께 복을 받고

2 **히 5:13** 이는 젖을 먹는 자마다 어린 아
이니 의의 말씀을 경험하지 못한 자요
히 6:1 그러므로 우리가 그리스도의 도
의 초보를 버리고 죽은 행실을 회개함과
하나님께 대한 신앙과

3 **욥 5:7** 사람은 고생을 위하여 났으니 불
꽃이 위로 날아 가는 것 같으니라
마 26:41 시험에 들지 않게 깨어 기도
하라 마음에는 원이로되 육신이 약하도
다 하시고

4 **막 9:23** 예수께서 이르시되 할 수 있거
든 무슨 말이냐 믿는 자에게는 능히
하지 못할 일이 없느니라 하시니

5 **마 6:34** 그러므로 내일 일을 위하여 염
려하지 말라 내일 일은 내일이 염려할
것이요 한 날의 괴로움은 그 날로 족하
니라
약 4:14 내일 일을 너희가 알지 못하는
도다 너희 생명이 무엇이냐 너희는 잠깐
보이다가 없어지는 안개니라

6 **요 6:47** 진실로 진실로 너희에게 이르노
니 믿는 자는 영생을 가졌나니
사 49:5 이제 여호와께서 말씀하시나니
그는 태에서부터 나를 자기의 종으로 지으
신 이시요 야곱을 그에게로 돌아오게 하
시는 이시니 이스라엘이 그에게로 모이
는도다 그러므로 내가 여호와 보시기에
영화롭게 되었으며 나의 하나님은 나의
힘이 되셨도다

7 **마 25:4** 슬기 있는 자들은 그릇에 기름
을 담아 등과 함께 가져갔더니

8 **롬 12:1** 그러므로 형제들아 내가 하나
님의 모든 자비하심으로 너희를 권하노
니 너희 몸을 하나님이 기뻐하시는 거룩
한 산 제물로 드리라 이는 너희가 드릴
영적 예배니라
살전 5:16~18 항상 기뻐하라 쉬지 말고
기도하라 범사에 감사하라 이것이 그리
스도 예수 안에서 너희를 향하신 하나
님의 뜻이니라

9 **계 21:6~7** 또 내게 말씀하시되 이루었
도다 나는 알파와 오메가요 처음과 마지
막이라 내가 생명수 샘물을 목마른 자에
게 값없이 주리니 이기는 자는 이것들을
상속으로 받으리라 나는 그의 하나님이
되고 그는 내 아들이 되리라

12월 13일

1 **히 10:19~20** 그러므로 형제들아 우리
가 예수의 피를 힘입어 성소에 들어갈
담력을 얻었나니 그 길은 우리를 위하여
휘장 가운데로 열어 놓으신 새로운 살
길이요 휘장은 곧 그의 육체니라

복음의 농도 시험

1 **히 12:2** 믿음의 주요 또 온전하게 하시
는 이인 예수를 바라보자 그는 그 앞에
있는 기쁨을 위하여 십자가를 참으사
부끄러움을 개의치 아니하시더니 하나
님 보좌 우편에 앉으셨느니라

2 **사 2:22** 너희는 인생을 의지하지 말라
그의 호흡은 코에 있나니 셈할 가치가
어디 있느냐

3 **사 43:1** 야곱아 너를 창조하신 여호와

께서 지금 말씀하시느니라 이스라엘아 너를 지으신 이가 말씀하시느니라 너는 두려워하지 말라 내가 너를 구속하였고 내가 너를 지명하여 불렀나니 너는 내 것이라

4 **고전 4:20** 하나님의 나라는 말에 있지 아니하고 오직 능력에 있음이라

5 **삼상 15:22** 사무엘이 이르되 여호와께서 번제와 다른 제사를 그의 목소리를 청종하는 것을 좋아하심 같이 좋아하시겠나이까 순종이 제사보다 낫고 듣는 것이 숫양의 기름보다 나으니

6 **요 8:36** 그러므로 아들이 너희를 자유롭게 하면 너희가 참으로 자유로우리라

마 16:24 이에 예수께서 제자들에게 이르시되 누구든지 나를 따라오려거든 자기를 부인하고 자기 십자가를 지고 나를 따를 것이니라

고전 10:13 사람이 감당할 시험 밖에는 너희가 당한 것이 없나니 오직 하나님은 미쁘사 너희가 감당하지 못할 시험 당함을 허락하지 아니하시고 시험 당할 즈음에 또한 피할 길을 내사 너희로 능히 감당하게 하시느니라

7 **시 119:71** 고난 당한 것이 내게 유익이라 이로 말미암아 내가 주의 율례들을 배우게 되었나이다

생이란 이렇게도 좋은 것인가

1 **시 150:6** 호흡이 있는 자마다 여호와를 찬양할지어다 할렐루야

멜기세덱과 아브라함

1 **갈 6:7** 스스로 속이지 말라 하나님은 업신여김을 받지 아니하시나니 사람이 무엇으로 심든지 그대로 거두리라

2 **마 13:3** 예수께서 비유로 여러 가지를 그들에게 말씀하여 이르시되 씨를 뿌리는 자가 뿌리러 나가서

마 13:44 천국은 마치 밭에 감추인 보화와 같으니 사람이 이를 발견한 후 숨겨 두고 기뻐하며 돌아가서 자기의 소유를 다 팔아 그 밭을 사느니라

시 126:6 울며 씨를 뿌리러 나가는 자는 반드시 기쁨으로 그 곡식 단을 가지고 돌아오리로다

3 **히 1:3** 이는 하나님의 영광의 광채시요 그 본체의 형상이시라 그의 능력의 말씀으로 만물을 붙드시며 죄를 정결하게 하는 일을 하시고 높은 곳에 계신 지극히 크신 이의 우편에 앉으셨느니라

히 10:1 율법은 장차 올 좋은 일의 그림자일 뿐이요 참 형상이 아니므로 해마다 늘 드리는 같은 제사로는 나아오는 자들을 언제나 온전하게 할 수 없느니라

4 **히 6:2** 세례들과 안수와 죽은 자의 부활과 영원한 심판에 관한 교훈의 터를 다시 닦지 말고 완전한 데로 나아갈지니라

5 **요 1:17** 율법은 모세로 말미암아 주어진 것이요 은혜와 진리는 예수 그리스도로 말미암아 온 것이라

6 **고후 11:4** 만일 누가 가서 우리가 전파하지 아니한 다른 예수를 전파하거나 혹은 너희가 받지 아니한 다른 영을 받게 하거나 혹은 너희가 받지 아니한 다른 복음을 받게 할 때에는 너희가 잘 용납

하는구나

7 **신 17:6** 죽일 자를 두 사람이나 세 사람의 증언으로 죽일 것이요 한 사람의 증언으로는 죽이지 말 것이며

전 4:12 한 사람이면 패하겠거니와 두 사람이면 맞설 수 있나니 세 겹 줄은 쉽게 끊어지지 아니하느니라

8 **히 12:8** 징계는 다 받는 것이거늘 너희에게 없으면 사생자요 친아들이 아니라

히 12:16 음행하는 자와 혹 한 그릇 음식을 위하여 장자의 명분을 판 에서와 같이 망령된 자가 없도록 살피라

히 12:23 하늘에 기록된 장자들의 모임과 교회와 만민의 심판자이신 하나님과 및 온전하게 된 의인의 영들과

9 **호 7:8** 에브라임이 여러 민족 가운데에 혼합되니 그는 곧 뒤집지 않은 전병이로다

10 **눅 17:21** 또 여기 있다 저기 있다고도 못하리니 하나님의 나라는 너희 안에 있느니라

롬 14:17 하나님의 나라는 먹는 것과 마시는 것이 아니요 오직 성령 안에 있는 의와 평강과 희락이라

11 **마 7:13~14** 좁은 문으로 들어가라 멸망으로 인도하는 문은 크고 그 길이 넓어 그리로 들어가는 자가 많고 생명으로 인도하는 문은 좁고 길이 협착하여 찾는 자가 적음이라

12 **마 7:24** 그러므로 누구든지 나의 이 말을 듣고 행하는 자는 그 집을 반석 위에 지은 지혜로운 사람 같으리니

13 **막 13:31** 천지는 없어지겠으나 내 말은 없어지지 아니하리라

히 7:28 율법은 약점을 가진 사람들을 제사장으로 세웠거니와 율법 후에 하신 맹세의 말씀은 영원히 온전하게 되신 아들을 세우셨느니라

14 **잠 28:9** 사람이 귀를 돌려 율법을 듣지 아니하면 그의 기도도 가증하니라

15 **히 6:19** 우리가 이 소망을 가지고 있는 것은 영혼의 닻 같아서 튼튼하고 견고하여 휘장 안에 들어 가나니

16 **히 2:1** 그러므로 우리는 들은 것에 더욱 유념함으로 우리가 흘러 떠내려가지 않도록 함이 마땅하니라

히 10:23 또 약속하신 이는 미쁘시니 우리가 믿는 도리의 소망을 움직이지 말며 굳게 잡고

17 **히 6:4** 한 번 빛을 받고 하늘의 은사를 맛보고 성령에 참여한 바 되고

18 **롬 1:17** 복음에는 하나님의 의가 나타나서 믿음으로 믿음에 이르게 하나니 기록된 바 오직 의인은 믿음으로 말미암아 살리라 함과 같으니라

창 3:21 여호와 하나님이 아담과 그의 아내를 위하여 가죽옷을 지어 입히시니라

19 **사 64:6** 무릇 우리는 다 부정한 자 같아서 우리의 의는 다 더러운 옷 같으며 우리는 다 잎사귀 같이 시들므로 우리의 죄악이 바람 같이 우리를 몰아가나이다

창 3:7 이에 그들의 눈이 밝아져 자기들이 벗은 줄을 알고 무화과나무 잎을 엮어 치마로 삼았더라

20 **창 14:20** 너희 대적을 네 손에 붙이신 지극히 높으신 하나님을 찬송할지로다 하매 아브람이 그 얻은 것에서 십분의 일을 멜기세덱에게 주었더라

히 7:8 또 여기는 죽을 자들이 십분의 일을 받으나 저기는 산다고 증거를 얻은 자가 받았느니라

21 **히 5:11~13** 멜기세덱에 관하여는 우리가 할 말이 많으나 너희가 듣는 것이 둔하므로 설명하기 어려우니라 때가 오래되었으므로 너희가 마땅히 선생이 되었을 터인데 너희가 다시 하나님의 말씀의 초보에 대하여 누구에게서 가르침을 받아야 할 처지이니 단단한 음식은 못 먹고 젖이나 먹어야 할 자가 되었도다 이는 젖을 먹는 자마다 어린 아이니 의의 말씀을 경험하지 못한 자요

눅 14:34 소금이 좋은 것이나 소금도 만일 그 맛을 잃으면 무엇으로 짜게 하리요

22 **마 3:17** 하늘로부터 소리가 있어 말씀하시되 이는 내 사랑하는 아들이요 내 기뻐하는 자라 하시니라

시 16:3 땅에 있는 성도들은 존귀한 자들이니 나의 모든 즐거움이 그들에게 있도다

23 **히 7:24~25** 예수는 영원히 계시므로 그 제사장 직분도 갈리지 아니하느니라 그러므로 자기를 힘입어 하나님께 나아가는 자들을 온전히 구원하실 수 있으니 이는 그가 항상 살아 계셔서 그들을 위하여 간구하심이라

눅 14:27 누구든지 자기 십자가를 지고 나를 따르지 않는 자도 능히 내 제자가 되지 못하리라

24 **히 7:24~25** 예수는 영원히 계시므로 그 제사장 직분도 갈리지 아니하느니라 그러므로 자기를 힘입어 하나님께 나아가는 자들을 온전히 구원하실 수 있으니 이는 그가 항상 살아 계셔서 그들을 위하여 간구하심이라

출 17:11 모세가 손을 들면 이스라엘이 이기고 손을 내리면 아말렉이 이기더니

제3차 일본 전도 여행

1 **히 2:3** 우리가 이같이 큰 구원을 등한히 여기면 어찌 그 보응을 피하리요 이 구원은 처음에 주로 말씀하신 바요 들은 자들이 우리에게 확증한 바니

히 10:20 그 길은 우리를 위하여 휘장 가운데로 열어 놓으신 새로운 살 길이요 휘장은 곧 그의 육체니라

히 11:40 이는 하나님이 우리를 위하여 더 좋은 것을 예비하셨은즉 우리가 아니면 그들로 온전함을 이루지 못하게 하려 하심이라

2 **딤전 4:4** 하나님께서 지으신 모든 것이 선하매 감사함으로 받으면 버릴 것이 없나니

3 **사 45:18** 대저 여호와께서 이같이 말씀하시되 하늘을 창조하신 이 그는 하나님이시니 그가 땅을 지으시고 그것을 만드셨으며 그것을 견고하게 하시되 혼돈하게 창조하지 아니하시고 사람이 거주하게 그것을 지으셨으니 나는 여호와라 나 외에 다른 이가 없느니라

삼상 2:8 가난한 자를 진토에서 일으키시며 빈궁한 자를 거름더미에서 올리사 귀족들과 함께 앉게 하시며 영광의 자리를 차지하게 하시는도다 땅의 기둥들은 여호와의 것이라 여호와께서 세계를 그것들 위에 세우셨도다

4 **고전 12:21** 눈이 손더러 내가 너를 쓸데가 없다 하거나 또한 머리가 발더러 내가 너를 쓸 데가 없다 하지 못하리라
시 150:6 호흡이 있는 자마다 여호와를 찬양할지어다 할렐루야

5 **사 40:31** 오직 여호와를 앙망하는 자는 새 힘을 얻으리니 독수리가 날개치며 올라감 같을 것이요 달음박질하여도 곤비하지 아니하겠고 걸어가도 피곤하지 아니하리로다

6 **히 13:8** 예수 그리스도는 어제나 오늘이나 영원토록 동일하시니라

하수구 복음

1 **마 5:13–14** 너희는 세상의 소금이니 소금이 만일 그 맛을 잃으면 무엇으로 짜게 하리요 후에는 아무 쓸 데 없어 다만 밖에 버려져 사람에게 밟힐 뿐이니라 너희는 세상의 빛이라 산 위에 있는 동네가 숨겨지지 못할 것이요
마 5:44~45 나는 너희에게 이르노니 너희 원수를 사랑하며 너희를 박해하는 자를 위하여 기도하라 이같이 한즉 하늘에 계신 너희 아버지의 아들이 되리니 이는 하나님이 그 해를 악인과 선인에게 비추시며 비를 의로운 자와 불의한 자에게 내려주심이라

롬 12:21 악에게 지지 말고 선으로 악을 이기라

2 **시 81:10** 나는 너를 애굽 땅에서 인도하여 낸 여호와 네 하나님이니 네 입을 크게 열라 내가 채우리라 하였으나
계 3:20 볼지어다 내가 문 밖에 서서 두드리노니 누구든지 내 음성을 듣고 문을 열면 내가 그에게로 들어가 그와 더불어 먹고 그는 나와 더불어 먹으리라
고전 10:13 사람이 감당할 시험 밖에는 너희가 당한 것이 없나니 오직 하나님은 미쁘사 너희가 감당하지 못할 시험 당함을 허락하지 아니하시고 시험 당할 즈음에 또한 피할 길을 내사 너희로 능히 감당하게 하시느니라
마 16:24 이에 예수께서 제자들에게 이르시되 누구든지 나를 따라오려거든 자기를 부인하고 자기 십자가를 지고 나를 따를 것이니라

3 **고전 13:11** 내가 어렸을 때에는 말하는 것이 어린 아이와 같고 깨닫는 것이 어린 아이와 같고 생각하는 것이 어린 아이와 같다가 장성한 사람이 되어서는 어린 아이의 일을 버렸노라

4 **막 9:23** 예수께서 이르시되 할 수 있거든이 무슨 말이냐 믿는 자에게는 능히 하지 못할 일이 없느니라 하시니

II. 악인에게는 평강이 없다

생명의 위치

1 **사 57:21** 내 하나님의 말씀에 악인에게는 평강이 없다 하셨느니라

시 29:11 여호와께서 자기 백성에게 힘을 주심이여 여호와께서 자기 백성에게 평강의 복을 주시리로다

사 48:18 네가 나의 명령에 주의하였더라면 네 평강이 강과 같았겠고 네 공의가 바다 물결 같았을 것이며

2 **사 30:15** 주 여호와 이스라엘의 거룩하신 이가 이같이 말씀하시되 너희가 돌이켜 조용히 있어야 구원을 얻을 것이요 잠잠하고 신뢰하여야 힘을 얻을 것이거늘 너희가 원하지 아니하고

3 **고후 5:21** 하나님이 죄를 알지도 못하신 이를 우리를 대신하여 죄로 삼으신 것은 우리로 하여금 그 안에서 하나님의 의가 되게 하려 하심이라

눅 2:14 지극히 높은 곳에서는 하나님께 영광이요 땅에서는 하나님이 기뻐하신 사람들 중에 평화로다 하니라

4 **사 32:17** 공의의 열매는 화평이요 공의의 결과는 영원한 평안과 안전이라

롬 3:22 곧 예수 그리스도를 믿음으로 말미암아 모든 믿는 자에게 미치는 하나님의 의니 차별이 없느니라

5 **마 5:20** 내가 너희에게 이르노니 너희 의가 서기관과 바리새인보다 더 낫지 못하면 결코 천국에 들어가지 못하리라

시 119:142 주의 의는 영원한 의요 주의 율법은 진리로소이다

시 71:15 내가 측량할 수 없는 주의 공의와 구원을 내 입으로 종일 전하리이다

6 **롬 14:17** 하나님의 나라는 먹는 것과 마시는 것이 아니요 오직 성령 안에 있는 의와 평강과 희락이라

7 **롬 1:16~17** 내가 복음을 부끄러워하지 아니하노니 이 복음은 모든 믿는 자에게 구원을 주시는 하나님의 능력이 됨이라 먼저는 유대인에게요 그리고 헬라인에게로다

복음에는 하나님의 의가 나타나서 믿음으로 믿음에 이르게 하나니 기록된 바 오직 의인은 믿음으로 말미암아 살리라 함과 같으니라

갈 1:8 그러나 우리나 혹은 하늘로부터 온 천사라도 우리가 너희에게 전한 복음 외에 다른 복음을 전하면 저주를 받을지어다

8 **눅 16:10** 지극히 작은 것에 충성된 자는 큰 것에도 충성되고 지극히 작은 것에 불의한 자는 큰 것에도 불의하니라

9 **시 131:1** 여호와여 내 마음이 교만하지 아니하고 내 눈이 오만하지 아니하오며 내가 큰 일과 감당하지 못할 놀라운 일을 하려고 힘쓰지 아니하나이다

렘 45:5 네가 너를 위하여 큰 일을 찾느냐 그것을 찾지 말라 보라 내가 모든 육

체에 재난을 내리리라 그러나 네가 가는 모든 곳에서는 내가 너에게 네 생명을 노략물 주듯 하리라 여호와의 말씀이니라

10 **요 3:14** 모세가 광야에서 뱀을 든 것 같이 인자도 들려야 하리니

민 2:19 그의 군대로 계수된 자가 사만 오백 명이며

고후 11:4 만일 누가 가서 우리가 전파하지 아니한 다른 예수를 전파하거나 혹은 너희가 받지 아니한 다른 영을 받게 하거나 혹은 너희가 받지 아니한 다른 복음을 받게 할 때에는 너희가 잘 용납하는구나

마 7:13~14 좁은 문으로 들어가라 멸망으로 인도하는 문은 크고 그 길이 넓어 그리로 들어가는 자가 많고

생명으로 인도하는 문은 좁고 길이 협착하여 찾는 자가 적음이라

롬 12:1~2 그러므로 형제들아 내가 하나님의 모든 자비하심으로 너희를 권하노니 너희 몸을 하나님이 기뻐하시는 거룩한 산 제물로 드리라 이는 너희가 드릴 영적 예배니라

너희는 이 세대를 본받지 말고 오직 마음을 새롭게 함으로 변화를 받아 하나님의 선하시고 기뻐하시고 온전하신 뜻이 무엇인지 분별하도록 하라

11 **슥 4:7** 큰 산아 네가 무엇이냐 네가 스룹바벨 앞에서 평지가 되리라 그가 머릿돌을 내놓을 때에 무리가 외치기를 은총, 은총이 그에게 있을지어다 하리라 하셨고

딤전 4:4 하나님께서 지으신 모든 것이 선하매 감사함으로 받으면 버릴 것이 없나니

고전 12:21 눈이 손더러 내가 너를 쓸 데가 없다 하거나 또한 머리가 발더러 내가 너를 쓸 데가 없다 하지 못하리라

지독한 복음

1 **고전 1:23** 우리는 십자가에 못 박힌 그리스도를 전하니 유대인에게는 거리끼는 것이요 이방인에게는 미련한 것이로되

2 **행 22:22** 이 말하는 것까지 그들이 듣다가 소리 질러 이르되 이러한 자는 세상에서 없애 버리자 살려 둘 자가 아니라 하여

행 23:12 날이 새매 유대인들이 당을 지어 맹세하되 바울을 죽이기 전에는 먹지도 아니하고 마시지도 아니하겠다 하고

3 **고전 13장**

내가 사람의 방언과 천사의 말을 할지라도 사랑이 없으면 소리 나는 구리와 울리는 꽹과리가 되고 내가 예언하는 능력이 있어 모든 비밀과 모든 지식을 알고 또 산을 옮길 만한 모든 믿음이 있을지라도 사랑이 없으면 내가 아무 것도 아니요 내가 내게 있는 모든 것으로 구제하고 또 내 몸을 불사르게 내줄지라도 사랑이 없으면 내게 아무 유익이 없느니라 사랑은 오래 참고 사랑은 온유하며 시기하지 아니하며 사랑은 자랑하지 아니하며 교만하지 아니하며 무례히 행하지 아니하며 자기의 유익을 구하지 아니하며 성내지 아니하며 악한 것을 생각하지 아

니하며 불의를 기뻐하지 아니하며 진리와 함께 기뻐하고 모든 것을 참으며 모든 것을 믿으며 모든 것을 바라며 모든 것을 견디느니라 사랑은 언제까지나 떨어지지 아니하되 예언도 폐하고 방언도 그치고 지식도 폐하리라 우리는 부분적으로 알고 부분적으로 예언하니 온전한 것이 올 때에는 부분적으로 하던 것이 폐하리라 내가 어렸을 때에는 말하는 것이 어린 아이와 같고 깨닫는 것이 어린 아이와 같고 생각하는 것이 어린 아이와 같다가 장성한 사람이 되어서는 어린 아이의 일을 버렸노라 우리가 지금은 거울로 보는 것 같이 희미하나 그 때에는 얼굴과 얼굴을 대하여 볼 것이요 지금은 내가 부분적으로 아나 그 때에는 주께서 나를 아신 것 같이 내가 온전히 알리라 그런즉 믿음, 소망, 사랑, 이 세 가지는 항상 있을 것인데 그 중의 제일은 사랑이라

갈 1:8 그러나 우리나 혹은 하늘로부터 온 천사라도 우리가 너희에게 전한 복음 외에 다른 복음을 전하면 저주를 받을지어다

4 **고후 13:8** 우리는 진리를 거슬러 아무 것도 할 수 없고 오직 진리를 위할 뿐이니

롬 12:9 사랑에는 거짓이 없나니 악을 미워하고 선에 속하라

5 **롬 1:17** 복음에는 하나님의 의가 나타나서 믿음으로 믿음에 이르게 하나니 기록된 바 오직 의인은 믿음으로 말미암아 살리라 함과 같으니라

사 64:6 무릇 우리는 다 부정한 자 같아서 우리의 의는 다 더러운 옷 같으며 우리는 다 잎사귀 같이 시들므로 우리의 죄악이 바람 같이 우리를 몰아가나이다

6 **사 32:17** 공의의 열매는 화평이요 공의의 결과는 영원한 평안과 안전이라

7 **롬 10:2** 내가 증언하노니 그들이 하나님께 열심이 있으나 올바른 지식을 따른 것이 아니니라

사 57:21 내 하나님의 말씀에 악인에게는 평강이 없다 하셨느니라

행 9:1 사울이 주의 제자들에 대하여 여전히 위협과 살기가 등등하여 대제사장에게 가서

딤전 1:19 믿음과 착한 양심을 가지라 어떤 이들은 이 양심을 버렸고 그 믿음에 관하여는 파선하였느니라

8 **고후 11:2** 내가 하나님의 열심으로 너희를 위하여 열심을 내노니 내가 너희를 정결한 처녀로 한 남편인 그리스도께 드리려고 중매함이로다

9 **고전 12:21** 눈이 손더러 내가 너를 쓸데가 없다 하거나 또한 머리가 발더러 내가 너를 쓸 데가 없다 하지 못하리라

10 **고후 2:16** 이 사람에게는 사망으로부터 사망에 이르는 냄새요 저 사람에게는 생명으로부터 생명에 이르는 냄새라 누가 이 일을 감당하리요

11 **행 18:5** 실라와 디모데가 마게도냐로부터 내려오매 바울이 하나님의 말씀에 붙잡혀 유대인들에게 예수는 그리스도라 밝히 증언하니

12 **롬 12:2** 너희는 이 세대를 본받지 말고

오직 마음을 새롭게 함으로 변화를 받아 하나님의 선하시고 기뻐하시고 온전하신 뜻이 무엇인지 분별하도록 하라

하나님이 우리에게 안식을 요구하시는 이유

1 **히 5:11** 멜기세덱에 관하여는 우리가 할 말이 많으나 너희가 듣는 것이 둔하므로 설명하기 어려우니라

히 6:1 그러므로 우리가 그리스도의 도의 초보를 버리고 죽은 행실을 회개함과 하나님께 대한 신앙과

히 10:29 하물며 하나님의 아들을 짓밟고 자기를 거룩하게 한 언약의 피를 부정한 것으로 여기고 은혜의 성령을 욕되게 하는 자가 당연히 받을 형벌은 얼마나 더 무겁겠느냐 너희는 생각하라

2 **히 3:16** 듣고 격노하시게 하던 자가 누구냐 모세를 따라 애굽에서 나온 모든 사람이 아니냐

히 4:9 그런즉 안식할 때가 하나님의 백성에게 남아 있도다

3 **마 12:8** 인자는 안식일의 주인이니라 하시니라

골 3:15 그리스도의 평강이 너희 마음을 주장하게 하라 너희는 평강을 위하여 한 몸으로 부르심을 받았나니 너희는 또한 감사하는 자가 되라

4 **히 1:3** 이는 하나님의 영광의 광채시요 그 본체의 형상이시라 그의 능력의 말씀으로 만물을 붙드시며 죄를 정결하게 하는 일을 하시고 높은 곳에 계신 지극히 크신 이의 우편에 앉으셨느니라

히 8:1 지금 우리가 하는 말의 요점은 이러한 대제사장이 우리에게 있다는 것이라 그는 하늘에서 지극히 크신 이의 보좌 우편에 앉으셨으니

히 10:12 오직 그리스도는 죄를 위하여 한 영원한 제사를 드리고 하나님 우편에 앉으사

히 12:2 믿음의 주요 또 온전하게 하시는 이인 예수를 바라보자 그는 그 앞에 있는 기쁨을 위하여 십자가를 참으사 부끄러움을 개의치 아니하시더니 하나님 보좌 우편에 앉으셨느니라

5 **히 12:28** 그러므로 우리가 흔들리지 않는 나라를 받았은즉 은혜를 받자 이로 말미암아 경건함과 두려움으로 하나님을 기쁘시게 섬길지니

눅 12:32 적은 무리여 무서워 말라 너희 아버지께서 그 나라를 너희에게 주시기를 기뻐하시느니라

6 **암 9:15** 내가 그들을 그들의 땅에 심으리니 그들이 내가 준 땅에서 다시 뽑히지 아니하리라 네 하나님 여호와의 말씀이니라

7 **창 7:1** 여호와께서 노아에게 이르시되 너와 네 온 집은 방주로 들어가라 이 세대에서 네가 내 앞에 의로움을 내가 보았음이니라

히 6:17 하나님은 약속을 기업으로 받는 자들에게 그 뜻이 변하지 아니함을 충분히 나타내시려고 그 일을 맹세로 보증하셨나니

8 **요 5:17** 예수께서 그들에게 이르시되 내 아버지께서 이제까지 일하시니 나도 일한다 하시매

9 **히 10:36** 너희에게 인내가 필요함은 너희가 하나님의 뜻을 행한 후에 약속하신 것을 받기 위함이라

10 **마 5:13~14** 너희는 세상의 소금이니 소금이 만일 그 맛을 잃으면 무엇으로 짜게 하리요 후에는 아무 쓸 데 없어 다만·밖에 버려져 사람에게 밟힐 뿐이니라 너희는 세상의 빛이라 산 위에 있는 동네가 숨겨지지 못할 것이요

외적 능력과 내적 능력

1 **고후 5:17** 그런즉 누구든지 그리스도 안에 있으면 새로운 피조물이라 이전 것은 지나갔으니 보라 새 것이 되었도다

롬 6:4 그러므로 우리가 그의 죽으심과 합하여 세례를 받음으로 그와 함께 장사되었나니 이는 아버지의 영광으로 말미암아 그리스도를 죽은 자 가운데서 살리심과 같이 우리로 또한 새 생명 가운데서 행하게 하려 함이라

사 40:31 오직 여호와를 앙망하는 자는 새 힘을 얻으리니 독수리가 날개치며 올라감 같을 것이요 달음박질하여도 곤비하지 아니하겠고 걸어가도 피곤하지 아니하리로다

2 **사 40:28** 너는 알지 못하였느냐 듣지 못하였느냐 영원하신 하나님 여호와, 땅 끝까지 창조하신 이는 피곤하지 않으시며 곤비하지 않으시며 명철이 한이 없으시며

요일 5:4 무릇 하나님께로부터 난 자마다 세상을 이기느니라 세상을 이기는 승리는 이것이니 우리의 믿음이니라

3 **사 65:17** 보라 내가 새 하늘과 새 땅을 창조하나니 이전 것은 기억되거나 마음에 생각나지 아니할 것이라

4 **계 21:7** 이기는 자는 이것들을 상속으로 받으리라 나는 그의 하나님이 되고 그는 내 아들이 되리라

5 **고후 4:18** 우리가 주목하는 것은 보이는 것이 아니요 보이지 않는 것이니 보이는 것은 잠깐이요 보이지 않는 것은 영원함이라

6 **고후 5:21** 하나님이 죄를 알지도 못하신 이를 우리를 대신하여 죄로 삼으신 것은 우리로 하여금 그 안에서 하나님의 의가 되게 하려 하심이라

롬 1:17 복음에는 하나님의 의가 나타나서 믿음으로 믿음에 이르게 하나니 기록된 바 오직 의인은 믿음으로 말미암아 살리라 함과 같으니라

7 **롬 14:17** 하나님의 나라는 먹는 것과 마시는 것이 아니요 오직 성령 안에 있는 의와 평강과 희락이라

8 **시 29:11** 여호와께서 자기 백성에게 힘을 주심이여 여호와께서 자기 백성에게 평강의 복을 주시리로다

9 **느 8:10** 느헤미야가 또 그들에게 이르기를 너희는 가서 살진 것을 먹고 단 것을 마시되 준비하지 못한 자에게는 나누어 주라 이 날은 우리 주의 성일이니 근심하지 말라 여호와로 인하여 기뻐하는 것이 너희의 힘이니라 하고

10 **행 1:8** 오직 성령이 너희에게 임하시면 너희가 권능을 받고 예루살렘과 온 유대와 사마리아와 땅 끝까지 이르러 내 증인

이 되리라 하시니라

롬 8:26 이와 같이 성령도 우리의 연약함을 도우시나니 우리는 마땅히 기도할 바를 알지 못하나 오직 성령이 말할 수 없는 탄식으로 우리를 위하여 친히 간구하시느니라

시 119:165 주의 법을 사랑하는 자에게는 큰 평안이 있으니 그들에게 장애물이 없으리이다

요 16:22 지금은 너희가 근심하나 내가 다시 너희를 보리니 너희 마음이 기쁠 것이요 너희 기쁨을 빼앗을 자가 없으리라

11 **마 7:22** 그 날에 많은 사람이 나더러 이르되 주여 주여 우리가 주의 이름으로 선지자 노릇 하며 주의 이름으로 귀신을 쫓아 내며 주의 이름으로 많은 권능을 행하지 아니하였나이까 하리니

히 12:29 우리 하나님은 소멸하는 불이심이라

계 19:20 짐승이 잡히고 그 앞에서 표적을 행하던 거짓 선지자도 함께 잡혔으니 이는 짐승의 표를 받고 그의 우상에게 경배하던 자들을 표적으로 미혹하던 자라 이 둘이 산 채로 유황불 붙는 못에 던져지고

그루터기 복음

1 **사 52:7** 좋은 소식을 전하며 평화를 공포하며 복된 좋은 소식을 가져오며 구원을 공포하며 시온을 향하여 이르기를 네 하나님이 통치하신다 하는 자의 산을 넘는 발이 어찌 그리 아름다운가

사 6:13 그 중에 십분의 일이 아직 남아 있을지라도 이것도 황폐하게 될 것이나 밤나무와 상수리나무가 베임을 당하여도 그 그루터기는 남아 있는 것 같이 거룩한 씨가 이 땅의 그루터기니라 하시더라

2 **마 19:24** 다시 너희에게 말하노니 낙타가 바늘귀로 들어가는 것이 부자가 하나님의 나라에 들어가는 것보다 쉬우니라 하시니

왕상 19:11~12 여호와께서 이르시되 너는 나가서 여호와 앞에서 산에 서라 하시더니 여호와께서 지나가시는데 여호와 앞에 크고 강한 바람이 산을 가르고 바위를 부수나 바람 가운데에 여호와께서 계시지 아니하며 바람 후에 지진이 있으나 지진 가운데에도 여호와께서 계시지 아니하며 또 지진 후에 불이 있으나 불 가운데에도 여호와께서 계시지 아니하더니 불 후에 세미한 소리가 있는지라

3 **사 65:25** 이리와 어린 양이 함께 먹을 것이며 사자가 소처럼 짚을 먹을 것이며 뱀은 흙을 양식으로 삼을 것이니 나의 성산에서는 해함도 없겠고 상함도 없으리라 여호와께서 말씀하시니라

4 **사 55:13** 잣나무는 가시나무를 대신하여 나며 화석류는 찔레를 대신하여 날 것이라 이것이 여호와의 기념이 되며 영원한 표징이 되어 끊어지지 아니하리라

사 5:2 땅을 파서 돌을 제하고 극상품 포도나무를 심었도다 그 중에 망대를 세웠고 또 그 안에 술틀을 팠도다 좋은 포도 맺기를 바랐더니 들포도를 맺었도다

5 **사 40:2** 너희는 예루살렘의 마음에 닿도록 말하며 그것에게 외치라 그 노역의 때가 끝났고 그 죄악이 사함을 받았느니라 그의 모든 죄로 말미암아 여호와의* 손에서 벌을 배나 받았느니라 할지니라 하시니라

사 52:8 네 파수꾼들의 소리로다 그들이 소리를 높여 일제히 노래하니 이는 여호와께서 시온으로 돌아오실 때에 그들의 눈이 마주 보리로다

히 7:1 이 멜기세덱은 살렘 왕이요 지극히 높으신 하나님의 제사장이라 여러 왕을 쳐서 죽이고 돌아오는 아브라함을 만나 복을 빈 자라

6 **사 63:16** 주는 우리 아버지시라 아브라함은 우리를 모르고 이스라엘은 우리를 인정하지 아니할지라도 여호와여, 주는 우리의 아버지시라 옛날부터 주의 이름을 우리의 구속자라 하셨거늘

7 **사 6:10** 이 백성의 마음을 둔하게 하며 그들의 귀가 막히고 그들의 눈이 감기게 하라 염려하건대 그들이 눈으로 보고 귀로 듣고 마음으로 깨닫고 다시 돌아와 고침을 받을까 하노라 하시기로

사 8:16 너는 증거의 말씀을 싸매며 율법을 내 제자들 가운데에서 봉함하라

8 **사 62:1** 나는 시온의 의가 빛 같이, 예루살렘의 구원이 횃불 같이 나타나도록 시온을 위하여 잠잠하지 아니하며 예루살렘을 위하여 쉬지 아니할 것인즉

사 1:11~15 여호와께서 말씀하시되 너희의 무수한 제물이 내게 무엇이 유익하뇨 나는 숫양의 번제와 살진 짐승의 기름에 배불렀고 나는 수송아지나 어린 양이나 숫염소의 피를 기뻐하지 아니하노라 너희가 내 앞에 보이러 오니 이것을 누가 너희에게 요구하였느냐 내 마당만 밟을 뿐이니라 헛된 제물을 다시 가져오지 말라 분향은 내가 가증히 여기는 바요 월삭과 안식일과 대회로 모이는 것도 그러하니 성회와 아울러 악을 행하는 것을 내가 견디지 못하겠노라 내 마음이 너희의 월삭과 정한 절기를 싫어하나니 그것이 내게 무거운 짐이라 내가 지기에 곤비하였느니라 너희가 손을 펼 때에 내가 내 눈을 너희에게서 가리고 너희가 많이 기도할지라도 내가 듣지 아니하리니 이는 너희의 손에 피가 가득함이라

9 **마 16:25** 누구든지 제 목숨을 구원하고자 하면 잃을 것이요 누구든지 나를 위하여 제 목숨을 잃으면 찾으리라

갈 2:20 내가 그리스도와 함께 십자가에 못 박혔나니 그런즉 이제는 내가 사는 것이 아니요 오직 내 안에 그리스도께서 사시는 것이라 이제 내가 육체 가운데 사는 것은 나를 사랑하사 나를 위하여 자기 자신을 버리신 하나님의 아들을 믿는 믿음 안에서 사는 것이라

10 **사 57:21** 내 하나님의 말씀에 악인에게는 평강이 없다 하셨느니라

암 9:15 내가 그들을 그들의 땅에 심으리니 그들이 내가 준 땅에서 다시 뽑히지 아니하리라 네 하나님 여호와의 말씀이니라

마 7:25 비가 내리고 창수가 나고 바람이 불어 그 집에 부딪치되 무너지지 아

니하나니 이는 주추를 반석 위에 놓은 까닭이요

11 **사 30:15** 주 여호와 이스라엘의 거룩하신 이가 이같이 말씀하시되 너희가 돌이켜 조용히 있어야 구원을 얻을 것이요 잠잠하고 신뢰하여야 힘을 얻을 것이거늘 너희가 원하지 아니하고

마 24:13 그러나 끝까지 견디는 자는 구원을 얻으리라

12 **갈 5:22** 오직 성령의 열매는 사랑과 희락과 화평과 오래 참음과 자비와 양선과 충성과

고전 13:4 사랑은 오래 참고 사랑은 온유하며 시기하지 아니하며 사랑은 자랑하지 아니하며 교만하지 아니하며

망하면 얼마나 망한단 말인가

1 **히 13:13** 그런즉 우리도 그의 치욕을 짊어지고 영문 밖으로 그에게 나아가자

2 **요 5:24** 내가 진실로 진실로 너희에게 이르노니 내 말을 듣고 또 나 보내신 이를 믿는 자는 영생을 얻었고 심판에 이르지 아니하나니 사망에서 생명으로 옮겼느니라

3 **고전 15:55** 사망아 너의 승리가 어디 있느냐 사망아 네가 쏘는 것이 어디 있느냐

빌 1:21 이는 내게 사는 것이 그리스도니 죽는 것도 유익함이라

고후 5:17 그런즉 누구든지 그리스도 안에 있으면 새로운 피조물이라 이전 것은 지나갔으니 보라 새 것이 되었도다

4 **요 6:48** 내가 곧 생명의 떡이니라

5 **고후 6:16** 하나님의 성전과 우상이 어찌 일치가 되리요 우리는 살아 계신 하나님의 성전이라 이와 같이 하나님께서 이르시되 내가 그들 가운데 거하며 두루 행하여 나는 그들의 하나님이 되고 그들은 나의 백성이 되리라

축복의 비밀

1 **딤전 6:10** 돈을 사랑함이 일만 악의 뿌리가 되나니 이것을 탐내는 자들은 미혹을 받아 믿음에서 떠나 많은 근심으로써 자기를 찔렀도다

2 **눅 2:14** 지극히 높은 곳에서는 하나님께 영광이요 땅에서는 하나님이 기뻐하신 사람들 중에 평화로다 하니라

요 14:27 평안을 너희에게 끼치노니 곧 나의 평안을 너희에게 주노라 내가 너희에게 주는 것은 세상이 주는 것과 같지 아니하니라 너희는 마음에 근심하지도 말고 두려워하지도 말라

3 **사 57:21** 내 하나님의 말씀에 악인에게는 평강이 없다 하셨느니라

시 29:11 여호와께서 자기 백성에게 힘을 주심이여 여호와께서 자기 백성에게 평강의 복을 주시리로다

4 **마 1:23** 보라 처녀가 잉태하여 아들을 낳을 것이요 그의 이름은 임마누엘이라 하리라 하셨으니 이를 번역한즉 하나님이 우리와 함께 계시다 함이라

사 32:17 공의의 열매는 화평이요 공의의 결과는 영원한 평안과 안전이라

살후 3:16 평강의 주께서 친히 때마다 일마다 너희에게 평강을 주시고 주께서

너희 모든 사람과 함께 하시기를 원하
노라

5 **히 4:9** 그런즉 안식할 때가 하나님의 백
성에게 남아 있도다

행 1:8 오직 성령이 너희에게 임하시면
너희가 권능을 받고 예루살렘과 온 유대
와 사마리아와 땅 끝까지 이르러 내 증인
이 되리라 하시니라

막 4:38 예수께서는 고물에서 베개를 베
고 주무시더니 제자들이 깨우며 이르되
선생님이여 우리가 죽게 된 것을 돌보지
아니하시나이까 하니

행 20:35 범사에 여러분에게 모본을 보
여준 바와 같이 수고하여 약한 사람들
을 돕고 또 주 예수께서 친히 말씀하신
바 주는 것이 받는 것보다 복이 있다 하
심을 기억하여야 할지니라

사람의 생각과 하나님의 생각

1 **사 6:8** 내가 또 주의 목소리를 들으니 주
께서 이르시되 내가 누구를 보내며 누가
우리를 위하여 갈꼬 하시니 그 때에 내
가 이르되 내가 여기 있나이다 나를 보
내소서 하였더니

2 **사 1:13** 헛된 제물을 다시 가져오지 말
라 분향은 내가 가증히 여기는 바요 월
삭과 안식일과 대회로 모이는 것도 그러
하니 성회와 아울러 악을 행하는 것을
내가 견디지 못하겠노라

사 30:15 주 여호와 이스라엘의 거룩하
신 이가 이같이 말씀하시되 너희가 돌이
켜 조용히 있어야 구원을 얻을 것이요
잠잠하고 신뢰하여야 힘을 얻을 것이거

늘 너희가 원하지 아니하고

3 **고전 1:18** 십자가의 도가 멸망하는 자
들에게는 미련한 것이요 구원을 받는 우
리에게는 하나님의 능력이라

4 **고전 1:21** 하나님의 지혜에 있어서는 이
세상이 자기 지혜로 하나님을 알지 못
하므로 하나님께서 전도의 미련한 것으
로 믿는 자들을 구원하시기를 기뻐하셨
도다

마 11:28 수고하고 무거운 짐 진 자들
아 다 내게로 오라 내가 너희를 쉬게 하
리라

5 **요 3:6** 육으로 난 것은 육이요 영으로
난 것은 영이니

6 **에 4:16** 당신은 가서 수산에 있는 유다
인을 다 모으고 나를 위하여 금식하되
밤낮 삼 일을 먹지도 말고 마시지도 마
소서 나도 나의 시녀와 더불어 이렇게
금식한 후에 규례를 어기고 왕에게 나아
가리니 죽으면 죽으리이다 하니라

7 **요 11:25** 예수께서 이르시되 나는 부
활이요 생명이니 나를 믿는 자는 죽어
도 살겠고

히 9:27 한번 죽는 것은 사람에게 정해
진 것이요 그 후에는 심판이 있으리니

8 **히 12:1** 이러므로 우리에게 구름 같
이 둘러싼 허다한 증인들이 있으니 모
든 무거운 것과 얽매이기 쉬운 죄를 벗
어 버리고 인내로써 우리 앞에 당한 경
주를 하며

마 24:13 그러나 끝까지 견디는 자는 구
원을 얻으리라

9 **히 12:11** 무릇 징계가 당시에는 즐거워

보이지 않고 슬퍼 보이나 후에 그로 말미암아 연단 받은 자들은 의와 평강의 열매를 맺느니라

사 57:21 내 하나님의 말씀에 악인에게는 평강이 없다 하셨느니라

해결

1 **마 11:28** 수고하고 무거운 짐 진 자들아 다 내게로 오라 내가 너희를 쉬게 하리라

2 **고전 15:55** 사망아 너의 승리가 어디 있느냐 사망아 네가 쏘는 것이 어디 있느냐

3 **히 9:22** 율법을 따라 거의 모든 물건이 피로써 정결하게 되나니 피흘림이 없은즉 사함이 없느니라

엡 2:15 법조문으로 된 계명의 율법을 폐하셨으니 이는 이 둘로 자기 안에서 한 새 사람을 지어 화평하게 하시고

4 **요 11:25** 예수께서 이르시되 나는 부활이요 생명이니 나를 믿는 자는 죽어도 살겠고

5 **눅 22:32** 그러나 내가 너를 위하여 네 믿음이 떨어지지 않기를 기도하였노니 너는 돌이킨 후에 네 형제를 굳게 하라

6 **마 16:24** 이에 예수께서 제자들에게 이르시되 누구든지 나를 따라오려거든 자기를 부인하고 자기 십자가를 지고 나를 따를 것이니라

7 **요 10:17~18** 내가 내 목숨을 버리는 것은 그것을 내가 다시 얻기 위함이니 이로 말미암아 아버지께서 나를 사랑하시느니라 이를 내게서 빼앗는 자가 있는

것이 아니라 내가 스스로 버리노라 나는 버릴 권세도 있고 다시 얻을 권세도 있으니 이 계명은 내 아버지에게서 받았노라 하시니라

요일 5:4 무릇 하나님께로부터 난 자마다 세상을 이기느니라 세상을 이기는 승리는 이것이니 우리의 믿음이니라

8 **약 1:15** 욕심이 잉태한즉 죄를 낳고 죄가 장성한즉 사망을 낳느니라

9 **행 20:35** 범사에 여러분에게 모본을 보여준 바와 같이 수고하여 약한 사람들을 돕고 또 주 예수께서 친히 말씀하신 바 주는 것이 받는 것보다 복이 있다 하심을 기억하여야 할지니라

10 **요 12:24** 내가 진실로 진실로 너희에게 이르노니 한 알의 밀이 땅에 떨어져 죽지 아니하면 한 알 그대로 있고 죽으면 많은 열매를 맺느니라

11 **사 40:31** 오직 여호와를 앙망하는 자는 새 힘을 얻으리니 독수리가 날개치며 올라감 같을 것이요 달음박질하여도 곤비하지 아니하겠고 걸어가도 피곤하지 아니하리로다

요 8:36 그러므로 아들이 너희를 자유롭게 하면 너희가 참으로 자유로우리라

12 **사 57:21** 내 하나님의 말씀에 악인에게는 평강이 없다 하셨느니라

전 4:6 두 손에 가득하고 수고하며 바람을 잡는 것보다 한 손에만 가득하고 평온함이 더 나으니라

13 **시 29:10~11** 여호와께서 홍수 때에 좌정하셨음이여 여호와께서 영원하도록 왕으로 좌정하시도다 여호와께서 자기

백성에게 힘을 주심이여 여호와께서 자기 백성에게 평강의 복을 주시리로다

14 **요 5:25** 진실로 진실로 너희에게 이르노니 죽은 자들이 하나님의 아들의 음성을 들을 때가 오나니 곧 이 때라 듣는 자는 살아나리라

열쇠

1 **빌 1:27** 오직 너희는 그리스도의 복음에 합당하게 생활하라 이는 내가 너희에게 가 보나 떠나 있으나 너희가 한마음으로 서서 한 뜻으로 복음의 신앙을 위하여 협력하는 것과

2 **눅 7:36~47** 한 바리새인이 예수께 자기와 함께 잡수시기를 청하니 이에 바리새인의 집에 들어가 앉으셨을 때에 그 동네에 죄를 지은 한 여자가 있어 예수께서 바리새인의 집에 앉아 계심을 알고 향유 담은 옥합을 가지고 와서 예수의 뒤로 그 발 곁에 서서 울며 눈물로 그 발을 적시고 자기 머리털로 닦고 그 발에 입맞추고 향유를 부으니 예수를 청한 바리새인이 그것을 보고 마음에 이르되 이 사람이 만일 선지자라면 자기를 만지는 이 여자가 누구며 어떠한 자 곧 죄인인 줄을 알았으리라 하거늘 예수께서 대답하여 이르시되 시몬아 내가 네게 이를 말이 있다 하시니 그가 이르되 선생님 말씀하소서 이르시되 빚 주는 사람에게 빚진 자가 둘이 있어 하나는 오백 데나리온을 졌고 하나는 오십 데나리온을 졌는데 갚을 것이 없으므로 둘 다 탕감하여 주었으니 둘 중에 누가 그를 더 사랑

하겠느냐 시몬이 대답하여 이르되 내 생각에는 많이 탕감함을 받은 자니이다 이르시되 네 판단이 옳다 하시고 그 여자를 돌아보시며 시몬에게 이르시되 이 여자를 보느냐 내가 네 집에 들어올 때 너는 내게 발 씻을 물도 주지 아니하였으되 이 여자는 눈물로 내 발을 적시고 그 머리털로 닦았으며 너는 내게 입맞추지 아니하였으되 그는 내가 들어올 때로부터 내 발에 입맞추기를 그치지 아니하였으며 너는 내 머리에 감람유도 붓지 아니하였으되 그는 향유를 내 발에 부었느니라 이러므로 내가 네게 말하노니 그의 많은 죄가 사하여졌도다 이는 그의 사랑함이 많음이라 사함을 받은 일이 적은 자는 적게 사랑하느니라

3 **요 8:36** 그러므로 아들이 너희를 자유롭게 하면 너희가 참으로 자유로우리라

4 **롬 14:8** 우리가 살아도 주를 위하여 살고 죽어도 주를 위하여 죽나니 그러므로 사나 죽으나 우리가 주의 것이로다

5 **히 4:10** 이미 그의 안식에 들어간 자는 하나님이 자기의 일을 쉬심과 같이 그도 자기의 일을 쉬느니라

6 **마 13:46** 극히 값진 진주 하나를 발견하매 가서 자기의 소유를 다 팔아 그 진주를 사느니라

7 **고후 4:7** 우리가 이 보배를 질그릇에 가졌으니 이는 심히 큰 능력은 하나님께 있고 우리에게 있지 아니함을 알게 하려 함이라

8 **사 43:13** 과연 태초로부터 나는 그이니 내 손에서 건질 자가 없도다 내가 행하

리니 누가 막으리요

롬 6:13 또한 너희 지체를 불의의 무기로 죄에게 내주지 말고 오직 너희 자신을 죽은 자 가운데서 다시 살아난 자 같이 하나님께 드리며 너희 지체를 의의 무기로 하나님께 드리라

9 **히 7:16** 그는 육신에 속한 한 계명의 법을 따르지 아니하고 오직 불멸의 생명의 능력을 따라 되었으니

마 28:18 예수께서 나아와 말씀하여 이르시되 하늘과 땅의 모든 권세를 내게 주셨으니

10 **마 11:27** 내 아버지께서 모든 것을 내게 주셨으니 아버지 외에는 아들을 아는 자가 없고 아들과 또 아들의 소원대로 계시를 받는 자 외에는 아버지를 아는 자가 없느니라

사 40:31 오직 여호와를 앙망하는 자는 새 힘을 얻으리니 독수리가 날개치며 올라감 같을 것이요 달음박질하여도 곤비하지 아니하겠고 걸어가도 피곤하지 아니하리로다

계 3:7 빌라델비아 교회의 사자에게 편지하라 거룩하고 진실하사 다윗의 열쇠를 가지신 이 곧 열면 닫을 사람이 없고 닫으면 열 사람이 없는 그가 이르시되

그리스도의 보증

1 **잠 11:15** 타인을 위하여 보증이 되는 자는 손해를 당하여도 보증이 되기를 싫어하는 자는 평안하니라

2 **히 7:22** 이와 같이 예수는 더 좋은 언약의 보증이 되셨느니라

3 **히 6:16~17** 사람들은 자기보다 더 큰 자를 가리켜 맹세하나니 맹세는 그들이 다투는 모든 일의 최후 확정이니라 하나님은 약속을 기업으로 받는 자들에게 그 뜻이 변하지 아니함을 충분히 나타내시려고 그 일을 맹세로 보증하셨나니

히 7:21 (그들은 맹세 없이 제사장이 되었으되 오직 예수는 자기에게 말씀하신 이로 말미암아 맹세로 되신 것이라 주께서 맹세하시고 뉘우치지 아니하시리니 네가 영원히 제사장이라 하셨도다)

4 **히 9:12** 염소와 송아지의 피로 하지 아니하고 오직 자기의 피로 영원한 속죄를 이루사 단번에 성소에 들어가셨느니라

5 **신 17:6** 죽일 자를 두 사람이나 세 사람의 증언으로 죽일 것이요 한 사람의 증언으로는 죽이지 말 것이며

6 **히 9:22** 율법을 따라 거의 모든 물건이 피로써 정결하게 되나니 피흘림이 없은즉 사함이 없느니라

7 **롬5:9** 그러면 이제 우리가 그의 피로 말미암아 의롭다 하심을 받았으니 더욱 그로 말미암아 진노하심에서 구원을 받을 것이니

8 **히 10:29** 하물며 하나님의 아들을 짓밟고 자기를 거룩하게 한 언약의 피를 부정한 것으로 여기고 은혜의 성령을 욕되게 하는 자가 당연히 받을 형벌은 얼마나 더 무겁겠느냐 너희는 생각하라

9 **골 1:22** 이제는 그의 육체의 죽음으로 말미암아 화목하게 하사 너희를 거룩하고 흠 없고 책망할 것이 없는 자로 그 앞에 세우고자 하셨으니

고전 1:30 너희는 하나님으로부터 나서 그리스도 예수 안에 있고 예수는 하나님으로부터 나와서 우리에게 지혜와 의로움과 거룩함과 구원함이 되었으니

시 119:165 주의 법을 사랑하는 자에게는 큰 평안이 있으니 그들에게 장애물이 없으리이다

10 **히 4:10** 이미 그의 안식에 들어간 자는 하나님이 자기의 일을 쉬심과 같이 그도 자기의 일을 쉬느니라

11 **계 5:9~10** 그들이 새 노래를 불러 이르되 두루마리를 가지시고 그 인봉을 떼기에 합당하시도다 일찍이 죽임을 당하사 각 족속과 방언과 백성과 나라 가운데에서 사람들을 피로 사서 하나님께 드리시고 그들로 우리 하나님 앞에서 나라와 제사장들을 삼으셨으니 그들이 땅에서 왕 노릇 하리로다 하더라

벧전 2:9 그러나 너희는 택하신 족속이요 왕 같은 제사장들이요 거룩한 나라요 그의 소유가 된 백성이니 이는 너희를 어두운 데서 불러 내어 그의 기이한 빛에 들어가게 하신 이의 아름다운 덕을 선포하게 하려 하심이라

롬 15:16 이 은혜는 곧 나로 이방인을 위하여 그리스도 예수의 일꾼이 되어 하나님의 복음의 제사장 직분을 하게 하사 이방인을 제물로 드리는 것이 성령 안에서 거룩하게 되어 받으실 만하게 하려 하심이라

12 **엡 2:19** 그러므로 이제부터 너희는 외인도 아니요 나그네도 아니요 오직 성도들과 동일한 시민이요 하나님의 권속이라

마 3:17 하늘로부터 소리가 있어 말씀하시되 이는 내 사랑하는 아들이요 내 기뻐하는 자라 하시니라

롬 8:17 자녀이면 또한 상속자 곧 하나님의 상속자요 그리스도와 함께 한 상속자니 우리가 그와 함께 영광을 받기 위하여 고난도 함께 받아야 할 것이니라

13 **창 2:23** 아담이 이르되 이는 내 뼈 중의 뼈요 살 중의 살이라 이것을 남자에게서 취하였은즉 여자라 부르리라 하니라

히 2:11 거룩하게 하시는 이와 거룩하게 함을 입은 자들이 다 한 근원에서 난지라 그러므로 형제라 부르시기를 부끄러워하지 아니하시고

행 20:28 여러분은 자기를 위하여 또는 온 양 떼를 위하여 삼가라 성령이 그들 가운데 여러분을 감독자로 삼고 하나님이 자기 피로 사신 교회를 보살피게 하셨느니라

14 **히 7:24~25** 예수는 영원히 계시므로 그 제사장 직분도 갈리지 아니하느니라 그러므로 자기를 힘입어 하나님께 나아가는 자들을 온전히 구원하실 수 있으니 이는 그가 항상 살아 계셔서 그들을 위하여 간구하심이라

15 **히 12:28** 그러므로 우리가 흔들리지 않는 나라를 받았은즉 은혜를 받자 이로 말미암아 경건함과 두려움으로 하나님을 기쁘시게 섬길지니

요 1:51 또 이르시되 진실로 진실로 너희에게 이르노니 하늘이 열리고 하나님의 사자들이 인자 위에 오르락 내리락 하는 것을 보리라 하시니라

행 20:35 범사에 여러분에게 모본을 보여준 바와 같이 수고하여 약한 사람들을 돕고 또 주 예수께서 친히 말씀하신 바 주는 것이 받는 것보다 복이 있다 하심을 기억하여야 할지니라

16 **사 49:5** 이제 여호와께서 말씀하시나니 그는 태에서부터 나를 그의 종으로 지으신 이시요 야곱을 그에게로 돌아오게 하시는 이시니 이스라엘이 그에게로 모이는도다 그러므로 내가 여호와 보시기에 영화롭게 되었으며 나의 하나님은 나의 힘이 되셨도다

17 **요일 5:10** 하나님의 아들을 믿는 자는 자기 안에 증거가 있고 하나님을 믿지 아니하는 자는 하나님을 거짓말하는 자로 만드나니 이는 하나님께서 그 아들에 대하여 증언하신 증거를 믿지 아니하였음이라

요 8:24 그러므로 내가 너희에게 말하기를 너희가 너희 죄 가운데서 죽으리라 하였노라 너희가 만일 내가 그인 줄 믿지 아니하면 너희 죄 가운데서 죽으리라

요 8:44 너희는 너희 아비 마귀에게서 났으니 너희 아비의 욕심대로 너희도 행하고자 하느니라 그는 처음부터 살인한 자요 진리가 그 속에 없으므로 진리에 서지 못하고 거짓을 말할 때마다 제 것으로 말하나니 이는 그가 거짓말쟁이요 거짓의 아비가 되었음이라

그리스도의 면역성

1 **잠 14:32** 악인은 그의 환난에 엎드러져도 의인은 그의 죽음에도 소망이 있느니라

빌 1:21 이는 내게 사는 것이 그리스도니 죽는 것도 유익함이라

2 **잠 24:10** 네가 만일 환난 날에 낙담하면 네 힘이 미약함을 보임이니라

히 10:35 그러므로 너희 담대함을 버리지 말라 이것이 큰 상을 얻게 하느니라

3 **눅 22:31** 시몬아, 시몬아, 보라 사탄이 너희를 밀 까부르듯 하려고 요구하였으나

4 **벧전 5:8** 근신하라 깨어라 너희 대적 마귀가 우는 사자 같이 두루 다니며 삼킬 자를 찾나니

5 **고후 2:11** 이는 우리로 사탄에게 속지 않게 하려 함이라 우리는 그 계책을 알지 못하는 바가 아니로라

6 **고전 10:13** 사람이 감당할 시험 밖에는 너희가 당한 것이 없나니 오직 하나님은 미쁘사 너희가 감당하지 못할 시험 당함을 허락하지 아니하시고 시험 당할 즈음에 또한 피할 길을 내사 너희로 능히 감당하게 하시느니라

7 **롬 8:38** 내가 확신하노니 사망이나 생명이나 천사들이나 권세자들이나 현재 일이나 장래 일이나 능력이나

8 **롬 8:26** 이와 같이 성령도 우리의 연약함을 도우시나니 우리는 마땅히 기도할 바를 알지 못하나 오직 성령이 말할 수 없는 탄식으로 우리를 위하여 친히 간구하시느니라

9 **히 2:18** 그가 시험을 받아 고난을 당하셨은즉 시험 받는 자들을 능히 도우실 수 있느니라

히 4:15 우리에게 있는 대제사장은 우리의 연약함을 동정하지 못하실 이가 아니요 모든 일에 우리와 똑같이 시험을 받으신 이로되 죄는 없으시니라

10 히 12:28 그러므로 우리가 흔들리지 않는 나라를 받았은즉 은혜를 받자 이로 말미암아 경건함과 두려움으로 하나님을 기쁘시게 섬길지니

11 히 7:24~25 예수는 영원히 계시므로 그 제사장 직분도 갈리지 아니하느니라 그러므로 자기를 힘입어 하나님께 나아가는 자들을 온전히 구원하실 수 있으니 이는 그가 항상 살아 계셔서 그들을 위하여 간구하심이라

12 전 4:12 한 사람이면 패하겠거니와 두 사람이면 맞설 수 있나니 세 겹 줄은 쉽게 끊어지지 아니하느니라

요일 5:8 성령과 물과 피라 또한 이 셋은 합하여 하나이니라

13 마 16:24 이에 예수께서 제자들에게 이르시되 누구든지 나를 따라오려거든 자기를 부인하고 자기 십자가를 지고 나를 따를 것이니라

히 13:13 그런즉 우리도 그의 치욕을 짊어지고 영문 밖으로 그에게 나아가자

14 요일 5:4 무릇 하나님께로부터 난 자마다 세상을 이기느니라 세상을 이기는 승리는 이것이니 우리의 믿음이니라

15 롬 10:2~3 내가 증언하노니 그들이 하나님께 열심이 있으나 올바른 지식을 따른 것이 아니니라 하나님의 의를 모르고 자기 의를 세우려고 힘써 하나님의 의에 복종하지 아니하였느니라

사 64:6 무릇 우리는 다 부정한 자 같아서 우리의 의는 다 더러운 옷 같으며 우리는 다 잎사귀 같이 시들므로 우리의 죄악이 바람 같이 우리를 몰아가나이다

16 행 7:58 성 밖으로 내치고 돌로 칠새 증인들이 옷을 벗어 사울이라 하는 청년의 발 앞에 두니라

17 고후 11:4 만일 누가 가서 우리가 전파하지 아니한 다른 예수를 전파하거나 혹은 너희가 받지 아니한 다른 영을 받게 하거나 혹은 너희가 받지 아니한 다른 복음을 받게 할 때에는 너희가 잘 용납하는구나

18 롬 1:16~17 내가 복음을 부끄러워하지 아니하노니 이 복음은 모든 믿는 자에게 구원을 주시는 하나님의 능력이 됨이라 먼저는 유대인에게요 그리고 헬라인에게로다 복음에는 하나님의 의가 나타나서 믿음으로 믿음에 이르게 하나니 기록된 바 오직 의인은 믿음으로 말미암아 살리라 함과 같으니라

고전 1:30 너희는 하나님으로부터 나서 그리스도 예수 안에 있고 예수는 하나님으로부터 나와서 우리에게 지혜와 의로움과 거룩함과 구원함이 되셨으니

롬 8:35 누가 우리를 그리스도의 사랑에서 끊으리요 환난이나 곤고나 박해나 기근이나 적신이나 위험이나 칼이랴

안식의 복

1 사 57:21 내 하나님의 말씀에 악인에게는 평강이 없다 하셨느니라

눅 22:31 시몬아, 시몬아, 보라 사탄

이 너희를 밀 까부르듯 하려고 요구하였으나

2 **고전 10:6** 이러한 일은 우리의 본보기가 되어 우리로 하여금 그들이 악을 즐겨 한 것 같이 즐겨 하는 자가 되지 않게 하려 함이니

히 3:18 또 하나님이 누구에게 맹세하사 그의 안식에 들어오지 못하리라 하셨느냐 곧 순종하지 아니하던 자들에게가 아니냐

3 **히 4:1** 그러므로 우리는 두려워할지니 그의 안식에 들어갈 약속이 남아 있을지라도 너희 중에는 혹 이르지 못할 자가 있을까 함이라

히 5:13 이는 젖을 먹는 자마다 어린 아이니 의의 말씀을 경험하지 못한 자요

4 **히 4:10** 이미 그의 안식에 들어간 자는 하나님이 자기의 일을 쉬심과 같이 그도 자기의 일을 쉬느니라

5 **고후 3:17** 주는 영이시니 주의 영이 계신 곳에는 자유가 있느니라

고전 6:20 값으로 산 것이 되었으니 그런즉 너희 몸으로 하나님께 영광을 돌리라

6 **시 29:11** 여호와께서 자기 백성에게 힘을 주심이여 여호와께서 자기 백성에게 평강의 복을 주시리로다

마 12:8 인자는 안식일의 주인이니라 하시니라

히 13:20 양들의 큰 목자이신 우리 주 예수를 영원한 언약의 피로 죽은 자 가운데서 이끌어 내신 평강의 하나님이

7 **사 32:17** 공의의 열매는 화평이요 공의의 결과는 영원한 평안과 안전이라

8 **히 5:11** 멜기세덱에 관하여는 우리가 할 말이 많으나 너희가 듣는 것이 둔하므로 설명하기 어려우니라

히 7:1 이 멜기세덱은 살렘 왕이요 지극히 높으신 하나님의 제사장이라 여러 왕을 쳐서 죽이고 돌아오는 아브라함을 만나 복을 빈 자라

9 **요 20:21~22** 예수께서 또 이르시되 너희에게 평강이 있을지어다 아버지께서 나를 보내신 것 같이 나도 너희를 보내노라 이 말씀을 하시고 그들을 향하사 숨을 내쉬며 이르시되 성령을 받으라

시 119:165 주의 법을 사랑하는 자에게는 큰 평안이 있으니 그들에게 장애물이 없으리이다

10 **막 4:38** 예수께서는 고물에서 베개를 베고 주무시더니 제자들이 깨우며 이르되 선생님이여 우리가 죽게 된 것을 돌보지 아니하시나이까 하니

11 **시 129:1~2** 이스라엘은 이제 말하기를 그들이 내가 어릴 때부터 여러 번 나를 괴롭혔도다 그들이 내가 어릴 때부터 여러 번 나를 괴롭혔으나 나를 이기지 못하였도다

12 **암 9:15** 내가 그들을 그들의 땅에 심으리니 그들이 내가 준 땅에서 다시 뽑히지 아니하리라 네 하나님 여호와의 말씀이니라

13 **롬 14:17** 하나님의 나라는 먹는 것과 마시는 것이 아니요 오직 성령 안에 있는 의와 평강과 희락이라

14 **신 12:10** 너희가 요단을 건너 너희 하나

님 여호와께서 너희에게 기업으로 주시는 땅에 거주하게 될 때 또는 여호와께서 너희에게 너희 주위의 모든 대적을 이기게 하시고 너희에게 안식을 주사 너희를 평안히 거주하게 하실 때에

수 21:44 여호와께서 그들의 주위에 안식을 주셨으되 그 조상들에게 맹세하신 대로 하셨으므로 그들의 모든 원수들 중에 그들과 맞선 자가 하나도 없었으니 이는 여호와께서 그들의 모든 원수들을 그들의 손에 넘겨 주셨음이니라

15 **시 95:11** 그러므로 내가 노하여 맹세하기를 그들은 내 안식에 들어오지 못하리라 하였도다

16 **시 150:6** 호흡이 있는 자마다 여호와를 찬양할지어다 할렐루야

히 10:19~20 그러므로 형제들아 우리가 예수의 피를 힘입어 성소에 들어갈 담력을 얻었나니 그 길은 우리를 위하여 휘장 가운데로 열어 놓으신 새로운 살 길이요 휘장은 곧 그의 육체라

오해야 네가 뭐냐

1 **눅 16:15** 예수께서 이르시되 너희는 사람 앞에서 스스로 옳다 하는 자들이나 너희 마음을 하나님께서 아시나니 사람 중에 높임을 받는 그것은 하나님 앞에 미움을 받는 것이니라

히 13:13 그런즉 우리도 그의 치욕을 짊어지고 영문 밖으로 그에게 나아가자

2 **요 3:30** 그는 흥하여야 하겠고 나는 쇠하여야 하리라 하니라

3 **롬 8:26** 이와 같이 성령도 우리의 연약

함을 도우시나니 우리는 마땅히 기도할 바를 알지 못하나 오직 성령이 말할 수 없는 탄식으로 우리를 위하여 친히 간구하시느니라

히 7:24~25 예수는 영원히 계시므로 그 제사장 직분도 갈리지 아니하느니라 그러므로 자기를 힘입어 하나님께 나아가는 자들을 온전히 구원하실 수 있으니 이는 그가 항상 살아 계셔서 그들을 위하여 간구하심이라

히 13:13 그런즉 우리도 그의 치욕을 짊어지고 영문 밖으로 그에게 나아가자

요 4:14 내가 주는 물을 마시는 자는 영원히 목마르지 아니하리니 내가 주는 물은 그 속에서 영생하도록 솟아나는 샘물이 되리라

못자국 전진

1 **고전 1:18** 십자가의 도가 멸망하는 자들에게는 미련한 것이요 구원을 받는 우리에게는 하나님의 능력이라

2 **요 20:9** (그들은 성경에 그가 죽은 자 가운데서 다시 살아나야 하리라 하신 말씀을 아직 알지 못하더라)

3 **시 112:7** 그는 흉한 소문을 두려워하지 아니함이여 여호와를 의뢰하고 그의 마음을 굳게 정하였도다

4 **딤후 1:10** 이제는 우리 구주 그리스도 예수의 나타나심으로 말미암아 나타났으니 그는 사망을 폐하시고 복음으로써 생명과 썩지 아니할 것을 드러내신지라

요 5:24 내가 진실로 진실로 너희에게 이르노니 내 말을 듣고 또 나 보내신 이

를 믿는 자는 영생을 얻었고 심판에 이르지 아니하나니 사망에서 생명으로 옮겼느니라

5 **고전 15:55** 사망아 너의 승리가 어디 있느냐 사망아 네가 쏘는 것이 어디 있느냐

6 **잠 25:25** 먼 땅에서 오는 좋은 기별은 목마른 사람에게 냉수와 같으니라

시 18:2 여호와는 나의 반석이시요 나의 요새시요 나를 건지시는 이시요 나의 하나님이시요 내가 그 안에 피할 나의 바위시요 나의 방패시요 나의 구원의 뿔이시요 나의 산성이시로다

렘 2:13 내 백성이 두 가지 악을 행하였나니 곧 그들이 생수의 근원되는 나를 버린 것과 스스로 웅덩이를 판 것인데 그것은 그 물을 가두지 못할 터진 웅덩이들이니라

요 4:14 내가 주는 물을 마시는 자는 영원히 목마르지 아니하리니 내가 주는 물은 그 속에서 영생하도록 솟아나는 샘물이 되리라

7 **막 9:23** 예수께서 이르시되 할 수 있거든이 무슨 말이냐 믿는 자에게는 능히 하지 못할 일이 없느니라 하시니

8 **잠 14:32** 악인은 그의 환난에 엎드러져도 의인은 그의 죽음에도 소망이 있느니라

9 **잠 24:16** 대저 의인은 일곱 번 넘어질지라도 다시 일어나려니와 악인은 재앙으로 말미암아 엎드러지느니라

히 10:38 나의 의인은 믿음으로 말미암아 살리라 또한 뒤로 물러가면 내 마음이 그를 기뻐하지 아니하리라 하셨느니라

사 40:31 오직 여호와를 앙망하는 자는 새 힘을 얻으리니 독수리가 날개치며 올라감 같을 것이요 달음박질하여도 곤비하지 아니하겠고 걸어가도 피곤하지 아니하리로다

10 **창 1:27** 하나님이 자기 형상 곧 하나님의 형상대로 사람을 창조하시되 남자와 여자를 창조하시고

11 **창 1:1** 태초에 하나님이 천지를 창조하시니라

고후 5:17 그런즉 누구든지 그리스도 안에 있으면 새로운 피조물이라 이전 것은 지나갔으니 보라 새 것이 되었도다

12 **요 1:1** 태초에 말씀이 계시니라 이 말씀이 하나님과 함께 계셨으니 이 말씀은 곧 하나님이시니라

시 107:20 그가 그의 말씀을 보내어 그들을 고치시고 위험한 지경에서 건지시는도다

13 **요 1:14** 말씀이 육신이 되어 우리 가운데 거하시매 우리가 그의 영광을 보니 아버지의 독생자의 영광이요 은혜와 진리가 충만하더라

엡 6:17 구원의 투구와 성령의 검 곧 하나님의 말씀을 가지라

렘 51:20 여호와께서 이르시되 너는 나의 철퇴 곧 무기라 나는 네가 나라들을 분쇄하며 네가 국가들을 멸하며

14 **눅 16:15** 예수께서 이르시되 너희는 사람 앞에서 스스로 옳다 하는 자들이나 너희 마음을 하나님께서 아시나니 사람

중에 높임을 받는 그것은 하나님 앞에 미움을 받는 것이니라

갈 1:10 이제 내가 사람들에게 좋게 하랴 하나님께 좋게 하랴 사람들에게 기쁨을 구하랴 내가 지금까지 사람들의 기쁨을 구하였다면 그리스도의 종이 아니니라

렘 23:28 여호와의 말씀이니라 꿈을 꾼 선지자는 꿈을 말할 것이요 내 말을 받은 자는 성실함으로 내 말을 말할 것이라 겨가 어찌 알곡과 같겠느냐

히 10:1 율법은 장차 올 좋은 일의 그림자일 뿐이요 참 형상이 아니므로 해마다 늘 드리는 같은 제사로는 나아오는 자들을 언제나 온전하게 할 수 없느니라

마 12:6 내가 너희에게 이르노니 성전보다 더 큰 이가 여기 있느니라

마 12:41~42 심판 때에 니느웨 사람들이 일어나 이 세대 사람을 정죄하리니 이는 그들이 요나의 전도를 듣고 회개하였음이거니와 요나보다 더 큰 이가 여기 있으며 심판 때에 남방 여왕이 일어나 이 세대 사람을 정죄하리니 이는 그가 솔로몬의 지혜로운 말을 들으려고 땅끝에서 왔음이거니와 솔로몬보다 더 큰 이가 여기 있느니라

15 **고후 6:16** 하나님의 성전과 우상이 어찌 일치가 되리요 우리는 살아 계신 하나님의 성전이라 이와 같이 하나님께서 이르시되 내가 그들 가운데 거하며 두루 행하여 나는 그들의 하나님이 되고 그들은 나의 백성이 되리라

고후 11:2~3 내가 하나님의 열심으로 너희를 위하여 열심을 내노니 내가 너희를 정결한 처녀로 한 남편인 그리스도께 드리려고 중매함이로다 그러나 나는 뱀이 그 간계로 하와를 미혹한 것 같이 너희 마음이 그리스도를 향하는 진실함과 깨끗함에서 떠나 부패할까 두려워하노라

마 24:24 거짓 그리스도들과 거짓 선지자들이 일어나 큰 표적과 기사를 보여 할 수만 있으면 택하신 자들도 미혹하리라

16 **요 11:25** 예수께서 이르시되 나는 부활이요 생명이니 나를 믿는 자는 죽어도 살겠고

행 1:8 오직 성령이 너희에게 임하시면 너희가 권능을 받고 예루살렘과 온 유대와 사마리아와 땅 끝까지 이르러 내 증인이 되리라 하시니라

17 **시 34:8** 너희는 여호와의 선하심을 맛보아 알지어다 그에게 피하는 자는 복이 있도다

벧전 2:3 너희가 주의 인자하심을 맛보았으면 그리하라

히 13:15 그러므로 우리는 예수로 말미암아 항상 찬송의 제사를 하나님께 드리자 이는 그 이름을 증언하는 입술의 열매니라

18 **히 6:4~5** 한 번 빛을 받고 하늘의 은사를 맛보고 성령에 참여한 바 되고

19 **사 14:24** 만군의 여호와께서 맹세하여 이르시되 내가 생각한 것이 반드시 되며 내가 경영한 것을 반드시 이루리라

사 43:13 과연 태초로부터 나는 그이니

내 손에서 건질 자가 없도다 내가 행하리니 누가 막으리요

백 퍼센트의 진리

1 **마 16:25** 누구든지 제 목숨을 구원하고자 하면 잃을 것이요 누구든지 나를 위하여 제 목숨을 잃으면 찾으리라

2 **히 2:3** 우리가 이같이 큰 구원을 등한히 여기면 어찌 그 보응을 피하리요 이 구원은 처음에 주로 말씀하신 바요 들은 자들이 우리에게 확증한 바니

눅 2:10 천사가 이르되 무서워하지 말라 보라 내가 온 백성에게 미칠 큰 기쁨의 좋은 소식을 너희에게 전하노라

시 119:165 주의 법을 사랑하는 자에게는 큰 평안이 있으니 그들에게 장애물이 없으리이다

3 **벧전 2:9** 그러나 너희는 택하신 족속이요 왕 같은 제사장들이요 거룩한 나라요 그의 소유가 된 백성이니 이는 너희를 어두운 데서 불러 내어 그의 기이한 빛에 들어가게 하신 이의 아름다운 덕을 선포하게 하려 하심이라

계 5:10 그들로 우리 하나님 앞에서 나라와 제사장들을 삼으셨으니 그들이 땅에서 왕 노릇 하리로다 하더라

엡 6:17 구원의 투구와 성령의 검 곧 하나님의 말씀을 가지라

4 **롬 3:28** 그러므로 사람이 의롭다 하심을 얻는 것은 율법의 행위에 있지 않고 믿음으로 되는 줄 우리가 인정하노라

갈 2:16 사람이 의롭게 되는 것은 율법의 행위로 말미암음이 아니요 오직 예수 그리스도를 믿음으로 말미암는 줄 알므로 우리도 그리스도 예수를 믿나니 이는 우리가 율법의 행위로써가 아니고 그리스도를 믿음으로써 의롭다 함을 얻으려 함이라 율법의 행위로써는 의롭다 함을 얻을 육체가 없느니라

5 **시 29:11** 여호와께서 자기 백성에게 힘을 주심이여 여호와께서 자기 백성에게 평강의 복을 주시리로다

히 4:1 그러므로 우리는 두려워할지니 그의 안식에 들어갈 약속이 남아 있을지라도 너희 중에는 혹 이르지 못할 자가 있을까 함이라

살후 3:16 평강의 주께서 친히 때마다 일마다 너희에게 평강을 주시고 주께서 너희 모든 사람과 함께 하시기를 원하노라

6 **살전 5:18** 범사에 감사하라 이것이 그리스도 예수 안에서 너희를 향하신 하나님의 뜻이니라

시 50:23 감사로 제사를 드리는 자가 나를 영화롭게 하나니 그의 행위를 옳게 하는 자에게 내가 하나님의 구원을 보이리라

7 **시 23:5** 주께서 내 원수의 목전에서 내게 상을 차려 주시고 기름을 내 머리에 부으셨으니 내 잔이 넘치나이다

시 30:12 이는 잠잠하지 아니하고 내 영광으로 주를 찬송하게 하심이니 여호와 나의 하나님이여 내가 주께 영원히 감사하리이다

8 **히 12:28** 그러므로 우리가 흔들리지 않는 나라를 받았은즉 은혜를 받자 이로

말미암아 경건함과 두려움으로 하나님을 기쁘시게 섬길지니

9 **히 10:1** 율법은 장차 올 좋은 일의 그림자일 뿐이요 참 형상이 아니므로 해마다 늘 드리는 같은 제사로는 나아오는 자들을 언제나 온전하게 할 수 없느니라
롬 3:22 곧 예수 그리스도를 믿음으로 말미암아 모든 믿는 자에게 미치는 하나님의 의니 차별이 없느니라

10 **슥 14:20** 그 날에는 말 방울에까지 여호와께 성결이라 기록될 것이라 여호와의 전에 있는 모든 솥이 제단 앞 주발과 다름이 없을 것이니
고전 12:21 눈이 손더러 내가 너를 쓸 데가 없다 하거나 또한 머리가 발더러 내가 너를 쓸 데가 없다 하지 못하리라

11 **약 2:10~11** 누구든지 온 율법을 지키다가 그 하나를 범하면 모두 범한 자가 되나니 간음하지 말라 하신 이가 또한 살인하지 말라 하셨은즉 네가 비록 간음하지 아니하여도 살인하면 율법을 범한 자가 되느니라

12 **창 19:14** 롯이 나가서 그 딸과 결혼할 사위들에게 말하여 이르기를 여호와께서 이 성을 멸하실 터이니 너희는 일어나 이 곳에서 떠나라 하되 그의 사위들은 농담으로 여겼더라

13 **요 14:6** 예수께서 이르시되 내가 곧 길이요 진리요 생명이니 나로 말미암지 않고는 아버지께로 올 자가 없느니라
계 3:21 이기는 그에게는 내가 내 보좌에 함께 앉게 하여 주기를 내가 이기고 아버지 보좌에 함께 앉은 것과 같이 하

리라
계 6:8 내가 보매 청황색 말이 나오는데 그 탄 자의 이름은 사망이니 음부가 그 뒤를 따르더라 그들이 땅 사분의 일의 권세를 얻어 검과 흉년과 사망과 땅의 짐승들로써 죽이더라

기독자에게는 절망이 없다

1 **수 23:10** 너희 중 한 사람이 천 명을 쫓으리니 이는 너희의 하나님 여호와 그가 너희에게 말씀하신 것 같이 너희를 위하여 싸우심이라
시 84:10 주의 궁정에서의 한 날이 다른 곳에서의 천 날보다 나은즉 악인의 장막에 사는 것보다 내 하나님의 성전 문지기로 있는 것이 좋사오니

2 **롬 15:13** 소망의 하나님이 모든 기쁨과 평강을 믿음 안에서 너희에게 충만하게 하사 성령의 능력으로 소망이 넘치게 하시기를 원하노라
잠 14:32 악인은 그의 환난에 엎드러져도 의인은 그의 죽음에도 소망이 있느니라
사 49:5 이제 여호와께서 말씀하시나니 그는 태에서부터 나를 그의 종으로 지으신 이시요 야곱을 그에게로 돌아오게 하시는 이시니 이스라엘이 그에게로 모이는도다 그러므로 내가 여호와 보시기에 영화롭게 되었으며 나의 하나님은 나의 힘이 되셨도다

3 **마 5:13~14** 너희는 세상의 소금이니 소금이 만일 그 맛을 잃으면 무엇으로 짜게 하리요 후에는 아무 쓸 데 없어 다

만 밖에 버려져 사람에게 밟힐 뿐이니라 너희는 세상의 빛이라 산 위에 있는 동네가 숨겨지지 못할 것이요

잠 24:16 대저 의인은 일곱 번 넘어질지라도 다시 일어나려니와 악인은 재앙으로 말미암아 엎드러지느니라

시 118:17 내가 죽지 않고 살아서 여호와께서 하시는 일을 선포하리로다

4 **눅 11:9** 내가 또 너희에게 이르노니 구하라 그러면 너희에게 주실 것이요 찾으라 그러면 찾아낼 것이요 문을 두드리라 그러면 너희에게 열릴 것이니

5 **왕상 19:11~12** 여호와께서 이르시되 너는 나가서 여호와 앞에서 산에 서라 하시더니 여호와께서 지나가시는데 여호와 앞에 크고 강한 바람이 산을 가르고 바위를 부수나 바람 가운데에 여호와께서 계시지 아니하며 바람 후에 지진이 있으나 지진 가운데에도 여호와께서 계시지 아니하며 또 지진 후에 불이 있으나 불 가운데에도 여호와께서 계시지 아니하더니 불 후에 세미한 소리가 있는지라

6 **겔 47:3~12** 그 사람이 손에 줄을 잡고 동쪽으로 나아가며 천 척을 측량한 후에 내게 그 물을 건너게 하시니 물이 발목에 오르더니 다시 천 척을 측량하고 내게 물을 건너게 하시니 물이 무릎에 오르고 다시 천 척을 측량하고 내게 물을 건너게 하시니 물이 허리에 오르고 다시 천 척을 측량하시니 물이 내가 건너지 못할 강이 된지라 그 물이 가득하여 헤엄칠 만한 물이요 사람이 능히 건너지 못할 강이더라 그가 내게 이르시되 인자야 네가 이것을 보았느냐 하시고 나를 인도하여 강 가로 돌아가게 하시기로 내가 돌아가니 강 좌우편에 나무가 심히 많더라 그가 내게 이르시되 이 물이 동쪽으로 향하여 흘러 아라바로 내려가서 바다에 이르리니 이 흘러 내리는 물로 그 바다의 물이 되살아나리라 이 강물이 이르는 곳마다 번성하는 모든 생물이 살고 또 고기가 심히 많으리니 이 물이 흘러 들어가므로 바닷물이 되살아나겠고 이 강이 이르는 각처에 모든 것이 살 것이며 또 이 강 가에 어부가 설 것이니 엔게디에서부터 에네글라임까지 그물 치는 곳이 될 것이라 그 고기가 각기 종류를 따라 큰 바다의 고기 같이 심히 많으려니와 그 진펄과 개펄은 되살아나지 못하고 소금 땅이 될 것이며 강 좌우 가에는 각종 먹을 과실나무가 자라서 그 잎이 시들지 아니하며 열매가 끊이지 아니하고 달마다 새 열매를 맺으리니 그 물이 성소를 통하여 나옴이라 그 열매는 먹을 만하고 그 잎사귀는 약 재료가 되리라

7 **암 5:4~5** 여호와께서 이스라엘 족속에게 이와 같이 말씀하시기를 너희는 나를 찾으라 그리하면 살리라 벧엘을 찾지 말며 길갈로 들어가지 말며 브엘세바로도 나아가지 말라 길갈은 반드시 사로잡히겠고 벧엘은 비참하게 될 것임이라 하셨나니

8 **창 14:18~19** 살렘 왕 멜기세덱이 떡과 포도주를 가지고 나왔으니 그는 지극히

높으신 하나님의 제사장이었더라

그가 아브람에게 축복하여 이르되 천지의 주재이시요 지극히 높으신 하나님이여 아브람에게 복을 주옵소서

9 **히 5:11~14** 멜기세덱에 관하여는 우리가 할 말이 많으나 너희가 듣는 것이 둔하므로 설명하기 어려우니라 때가 오래 되었으므로 너희가 마땅히 선생이 되었을 터인데 너희가 다시 하나님의 말씀의 초보에 대하여 누구에게서 가르침을 받아야 할 처지이니 단단한 음식은 못 먹고 젖이나 먹어야 할 자가 되었도다 이는 젖을 먹는 자마다 어린 아이니 의의 말씀을 경험하지 못한 자요 단단한 음식은 장성한 자의 것이니 그들은 지각을 사용함으로 연단을 받아 선악을 분별하는 자들이니라

10 **계 5:9~10** 그들이 새 노래를 불러 이르되 두루마리를 가지시고 그 인봉을 떼기에 합당하시도다 일찍이 죽임을 당하사 각 족속과 방언과 백성과 나라 가운데에서 사람들을 피로 사서 하나님께 드리시고 그들로 우리 하나님 앞에서 나라와 제사장들을 삼으셨으니 그들이 땅에서 왕 노릇 하리로다 하더라

자랑 지옥

1 **시 29:11** 여호와께서 자기 백성에게 힘을 주심이여 여호와께서 자기 백성에게 평강의 복을 주시리로다

히 4:10 이미 그의 안식에 들어간 자는 하나님이 자기의 일을 쉬심과 같이 그도 자기의 일을 쉬느니라

사 57:21 내 하나님의 말씀에 악인에게는 평강이 없다 하셨느니라

2 **마 5:20~21** 내가 너희에게 이르노니 너희 의가 서기관과 바리새인보다 더 낫지 못하면 결코 천국에 들어가지 못하리라 옛 사람에게 말한 바 살인하지 말라 누구든지 살인하면 심판을 받게 되리라 하였다는 것을 너희가 들었으나

3 **고전 1:30** 너희는 하나님으로부터 나서 그리스도 예수 안에 있고 예수는 하나님으로부터 나와서 우리에게 지혜와 의로움과 거룩함과 구원함이 되셨으니

롬 1:17 복음에는 하나님의 의가 나타나서 믿음으로 믿음에 이르게 하나니 기록된 바 오직 의인은 믿음으로 말미암아 살리라 함과 같으니라

행 4:12 다른 이로써는 구원을 받을 수 없나니 천하 사람 중에 구원을 받을 만한 다른 이름을 우리에게 주신 일이 없음이라 하였더라

4 **창 3:9~21** 여호와 하나님이 아담을 부르시며 그에게 이르시되 네가 어디 있느냐 이르되 내가 동산에서 하나님의 소리를 듣고 내가 벗었으므로 두려워하여 숨었나이다 이르시되 누가 너의 벗었음을 네게 알렸느냐 내가 네게 먹지 말라 명한 그 나무 열매를 네가 먹었느냐 아담이 이르되 하나님이 주셔서 나와 함께 있게 하신 여자 그가 그 나무 열매를 내게 주므로 내가 먹었나이다 여호와 하나님이 여자에게 이르시되 네가 어찌하여 이렇게 하였느냐 여자가 이르되 뱀이 나를 꾀므로 내가 먹었나이다 여호와 하나

님이 뱀에게 이르시되 네가 이렇게 하였으니 네가 모든 가축과 들의 모든 짐승보다 더욱 저주를 받아 배로 다니고 살아 있는 동안 흙을 먹을지니라 내가 너로 여자와 원수가 되게 하고 네 후손도 여자의 후손과 원수가 되게 하리니 여자의 후손은 네 머리를 상하게 할 것이요 너는 그의 발꿈치를 상하게 할 것이니라 하시고 또 여자에게 이르시되 내가 네게 임신하는 고통을 크게 더하리니 내가 수고하고 자식을 낳을 것이며 너는 남편을 원하고 남편은 너를 다스릴 것이니라 하시고 아담에게 이르시되 네가 네 아내의 말을 듣고 내가 네게 먹지 말라 한 나무의 열매를 먹었은즉 땅은 너로 말미암아 저주를 받고 너는 네 평생에 수고하여야 그 소산을 먹으리라 땅이 네게 가시덤불과 엉겅퀴를 낼 것이라 네가 먹을 것은 밭의 채소인즉 네가 흙으로 돌아갈 때까지 얼굴에 땀을 흘려야 먹을 것을 먹으리니 네가 그것에서 취함을 입었음이라 너는 흙이니 흙으로 돌아갈 것이니라 하시니라 아담이 그의 아내의 이름을 하와라 불렀으니 그는 모든 산 자의 어머니가 됨이더라 여호와 하나님이 아담과 그의 아내를 위하여 가죽옷을 지어 입히시니라

5 **눅 17:10** 이와 같이 너희도 명령 받은 것을 다 행한 후에 이르기를 우리는 무익한 종이라 우리가 하여야 할 일을 한 것뿐이라 할지니라

6 **약 4:9** 슬퍼하며 애통하며 울지어다 너희 웃음을 애통으로, 너희 즐거움을 근심으로 바꿀지어다

7 **히 5:13~14** 이는 젖을 먹는 자마다 어린 아이니 의의 말씀을 경험하지 못한 자요 단단한 음식은 장성한 자의 것이니 그들은 지각을 사용함으로 연단을 받아 선악을 분별하는 자들이니라

8 **눅 12:59** 네게 이르노니 한 푼이라도 남김이 없이 갚지 아니하고서는 결코 거기서 나오지 못하리라 하시니라

마 7:22~23 그 날에 많은 사람이 나더러 이르되 주여 주여 우리가 주의 이름으로 선지자 노릇 하며 주의 이름으로 귀신을 쫓아 내며 주의 이름으로 많은 권능을 행하지 아니하였나이까 하리니 그 때에 내가 그들에게 밝히 말하되 내가 너희를 도무지 알지 못하니 불법을 행하는 자들아 내게서 떠나가라 하리라

9 **히 4:1~9** 그러므로 우리는 두려워할지니 그의 안식에 들어갈 약속이 남아 있을지라도 너희 중에는 혹 이르지 못할 자가 있을까 함이라 그들과 같이 우리도 복음 전함을 받은 자이나 들은 바 그 말씀이 그들에게 유익하지 못한 것은 듣는 자가 믿음과 결부시키지 아니함이라 이미 믿는 우리들은 저 안식에 들어가는도다 그가 말씀하신 바와 같으니 내가 노하여 맹세한 바와 같이 그들이 내 안식에 들어오지 못하리라 하셨다 하였으나 세상을 창조할 때부터 그 일이 이루어졌느니라 제칠일에 관하여는 어딘가에 이렇게 일렀으되 하나님은 제칠일에 그의 모든 일을 쉬셨다 하였으며 또 다시 거기에 그들이 내 안식에 들어오지 못하

리라 하였으니 그러면 거기에 들어갈 자들이 남아 있거니와 복음 전함을 먼저 받은 자들은 순종하지 아니함으로 말미암아 들어가지 못하였으므로 오랜 후에 다윗의 글에 다시 어느 날을 정하여 오늘이라고 미리 이같이 일렀으되 오늘 너희가 그의 음성을 듣거든 너희 마음을 완고하게 하지 말라 하였나니 만일 여호수아가 그들에게 안식을 주었더라면 그 후에 다른 날을 말씀하지 아니하셨으리라 그런즉 안식할 때가 하나님의 백성에게 남아 있도다

히 10:1 율법은 장차 올 좋은 일의 그림자일 뿐이요 참 형상이 아니므로 해마다 늘 드리는 같은 제사로는 나아오는 자들을 언제나 온전하게 할 수 없느니라

10 **약 2:10** 누구든지 온 율법을 지키다가 그 하나를 범하면 모두 범한 자가 되나니

약 4:16 이제도 너희가 허탄한 자랑을 하니 그러한 자랑은 다 악한 것이라

축복의 비밀

1 **창 1:28** 하나님이 그들에게 복을 주시며 하나님이 그들에게 이르시되 생육하고 번성하여 땅에 충만하라, 땅을 정복하라, 바다의 물고기와 하늘의 새와 땅에 움직이는 모든 생물을 다스리라 하시니라

창 9:1 하나님이 노아와 그 아들들에게 복을 주시며 그들에게 이르시되 생육하고 번성하여 땅에 충만하라

2 **창 12:2** 내가 너로 큰 민족을 이루고 네

게 복을 주어 네 이름을 창대하게 하리니 너는 복이 될지라

3 **창 13:15** 보이는 땅을 내가 너와 네 자손에게 주리니 영원히 이르리라

4 **창 15:5** 그를 이끌고 밖으로 나가 이르시되 하늘을 우러러 뭇별을 셀 수 있나보라 또 그에게 이르시되 네 자손이 이와 같으리라

5 **창 27:27** 그가 가까이 가서 그에게 입맞추니 아버지가 그의 옷의 향취를 맡고 그에게 축복하여 이르되 내 아들의 향취는 여호와께서 복 주신 밭의 향취로다

창 49:28 이들은 이스라엘의 열두 지파라 이와 같이 그들의 아버지가 그들에게 말하고 그들에게 축복하였으니 곧 그들 각 사람의 분량대로 축복하였더라

6 **출 23:25~26** 네 하나님 여호와를 섬기라 그리하면 여호와가 너희의 양식과 물에 복을 내리고 너희 중에서 병을 제하리니 네 나라에 낙태하는 자가 없고 임신하지 못하는 자가 없을 것이라 내가 너의 날 수를 채우리라

신 28:1 네가 네 하나님 여호와의 말씀을 삼가 듣고 내가 오늘 네게 명령하는 그의 모든 명령을 지켜 행하면 네 하나님 여호와께서 너를 세계 모든 민족 위에 뛰어나게 하실 것이라

7 **시 103:2** 내 영혼아 여호와를 송축하며 그의 모든 은택을 잊지 말지어다

시 124:6 우리를 내주어 그들의 이에 씹히지 아니하게 하신 여호와를 찬송할지로다

8 **눅 2:10~11** 천사가 이르되 무서워하지

말라 보라 내가 온 백성에게 미칠 큰 기쁨의 좋은 소식을 너희에게 전하노라 오늘 다윗의 동네에 너희를 위하여 구주가 나셨으니 곧 그리스도 주시니라

9 **신 27:12~13** 너희가 요단을 건넌 후에 시므온과 레위와 유다와 잇사갈과 요셉과 베냐민은 백성을 축복하기 위하여 그리심 산에 서고 르우벤과 갓과 아셀과 스불론과 단과 납달리는 저주하기 위하여 에발 산에 서고

눅 16:16 율법과 선지자는 요한의 때까지요 그 후부터는 하나님 나라의 복음이 전파되어 사람마다 그리로 침입하느니라

요 1:17 율법은 모세로 말미암아 주어진 것이요 은혜와 진리는 예수 그리스도로 말미암아 온 것이라

10 **창 29:35** 그가 또 임신하여 아들을 낳고 이르되 내가 이제는 여호와를 찬송하리로다 하고 이로 말미암아 그가 그의 이름을 유다라 하였고 그의 출산이 멈추었더라

히 7:14 우리 주께서는 유다로부터 나신 것이 분명하도다 이 지파에는 모세가 제사장들에 관하여 말한 것이 하나도 없고

11 **마 13:46** 극히 값진 진주 하나를 발견하매 가서 자기의 소유를 다 팔아 그 진주를 사느니라

요 4:14 내가 주는 물을 마시는 자는 영원히 목마르지 아니하리니 내가 주는 물은 그 속에서 영생하도록 솟아나는 샘물이 되리라

살전 5:17 쉬지 말고 기도하라

12 **창 14:18** 살렘 왕 멜기세덱이 떡과 포도주를 가지고 나왔으니 그는 지극히 높으신 하나님의 제사장이었더라

13 **히 7:2~17** 아브라함이 모든 것의 십분의 일을 그에게 나누어 주니라 그 이름을 해석하면 먼저는 의의 왕이요 그 다음은 살렘 왕이니 곧 평강의 왕이요 아버지도 없고 어머니도 없고 족보도 없고 시작한 날도 없고 생명의 끝도 없어 하나님의 아들과 닮아서 항상 제사장으로 있느니라 이 사람이 얼마나 높은가를 생각해 보라 조상 아브라함도 노략물 중 십분의 일을 그에게 주었느니라 레위의 아들들 가운데 제사장의 직분을 받은 자들은 율법을 따라 아브라함의 허리에서 난 자라도 자기 형제인 백성에게서 십분의 일을 취하라는 명령을 받았으나 레위 족보에 들지 아니한 멜기세덱은 아브라함에게서 십분의 일을 취하고 약속을 받은 그를 위하여 복을 빌었나니 논란의 여지 없이 낮은 자가 높은 자에게서 축복을 받느니라 또 여기는 죽을 자들이 십분의 일을 받으나 저기는 산다고 증거를 얻은 자가 받았느니라 또한 십분의 일을 받는 레위도 아브라함으로 말미암아 십분의 일을 바쳤다고 할 수 있나니 이는 멜기세덱이 아브라함을 만날 때에 레위는 이미 자기 조상의 허리에 있었음이라 레위 계통의 제사 직분으로 말미암아 온전함을 얻을 수 있었으면 (백성이 그 아래에서 율법을 받았으니) 어찌하여 아론의 반차를 따르지 않고 멜기세덱의 반차를 따르는 다른 한 제사장을 세울 필

요가 있느냐 제사 직분이 바꾸어졌은즉 율법도 반드시 바꾸어지리니 이것은 한 사람도 제단 일을 받들지 않는 다른 지파에 속한 자를 가리켜 말한 것이라 우리 주께서는 유다로부터 나신 것이 분명하도다 이 지파에는 모세가 제사장들에 관하여 말한 것이 하나도 없고 멜기세덱과 같은 별다른 한 제사장이 일어난 것을 보니 더욱 분명하도다 그는 육신에 속한 한 계명의 법을 따르지 아니하고 오직 불멸의 생명의 능력을 따라 되었으니 증언하기를 네가 영원히 멜기세덱의 반차를 따르는 제사장이라 하였도다

14 **시 29:11** 여호와께서 자기 백성에게 힘을 주심이여 여호와께서 자기 백성에게 평강의 복을 주시리로다

15 **사 57:21** 내 하나님의 말씀에 악인에게는 평강이 없다 하셨느니라

16 **골 3:15** 그리스도의 평강이 너희 마음을 주장하게 하라 너희는 평강을 위하여 한 몸으로 부르심을 받았나니 너희는 또한 감사하는 자가 되라

17 **살전 5:23** 평강의 하나님이 친히 너희를 온전히 거룩하게 하시고 또 너희의 온 영과 혼과 몸이 우리 주 예수 그리스도께서 강림하실 때에 흠 없게 보전되기를 원하노라

히 13:20 양들의 큰 목자이신 우리 주 예수를 영원한 언약의 피로 죽은 자 가운데서 이끌어 내신 평강의 하나님이

18 **막 4:39** 예수께서 깨어 바람을 꾸짖으시며 바다더러 이르시되 잠잠하라 고요하라 하시니 바람이 그치고 아주 잔잔하여지더라

19 **시 119:165** 주의 법을 사랑하는 자에게는 큰 평안이 있으니 그들에게 장애물이 없으리이다

20 **사 32:17** 공의의 열매는 화평이요 공의의 결과는 영원한 평안과 안전이라

롬 14:17 하나님의 나라는 먹는 것과 마시는 것이 아니요 오직 성령 안에 있는 의와 평강과 희락이라

21 **엡 6:15** 평안의 복음이 준비한 것으로 신을 신고

계 4:10 이십사 장로들이 보좌에 앉으신 이 앞에 엎드려 세세토록 살아 계시는 이에게 경배하고 자기의 관을 보좌 앞에 드리며 이르되

히 13:15 그러므로 우리는 예수로 말미암아 항상 찬송의 제사를 하나님께 드리자 이는 그 이름을 증언하는 입술의 열매니라

22 **행 20:35** 범사에 여러분에게 모본을 보여준 바와 같이 수고하여 약한 사람들을 돕고 또 주 예수께서 친히 말씀하신 바 주는 것이 받는 것보다 복이 있다 하심을 기억하여야 할지니라

23 **빌 3:18** 내가 여러 번 너희에게 말하였거니와 이제도 눈물을 흘리며 말하노니 여러 사람들이 그리스도의 십자가의 원수로 행하느니라

고후 11:4 만일 누가 가서 우리가 전파하지 아니한 다른 예수를 전파하거나 혹은 너희가 받지 아니한 다른 영을 받게 하거나 혹은 너희가 받지 아니한 다른 복음을 받게 할 때에는 너희가 잘 용납

하는구나

막 1:15 이르시되 때가 찼고 하나님의 나라가 가까이 왔으니 회개하고 복음을 믿으라 하시더라

오메가 하나님

1 **계** 1:8 주 하나님이 이르시되 나는 알파와 오메가라 이제도 있고 전에도 있었고 장차 올 자요 전능한 자라 하시더라

계 21:6 또 내게 말씀하시되 이루었도다 나는 알파와 오메가요 처음과 마지막이라 내가 생명수 샘물을 목마른 자에게 값없이 주리니

계 22:13 나는 알파와 오메가요 처음과 마지막이요 시작과 마침이라

히 10:38 나의 의인은 믿음으로 말미암아 살리라 또한 뒤로 물러가면 내 마음이 그를 기뻐하지 아니하리라 하셨느니라

2 **마** 24:13 그러나 끝까지 견디는 자는 구원을 얻으리라

3 **갈** 5:22 오직 성령의 열매는 사랑과 희락과 화평과 오래 참음과 자비와 양선과 충성과

계 13:10 사로잡힐 자는 사로잡혀 갈 것이요 칼에 죽을 자는 마땅히 칼에 죽을 것이니 성도들의 인내와 믿음이 여기 있느니라

계 14:12 성도들의 인내가 여기 있나니 그들은 하나님의 계명과 예수에 대한 믿음을 지키는 자니라

4 **히** 10:36 너희에게 인내가 필요함은 너희가 하나님의 뜻을 행한 후에 약속하신

것을 받기 위함이라

히 12:1 이러므로 우리에게 구름 같이 둘러싼 허다한 증인들이 있으니 모든 무거운 것과 얽매이기 쉬운 죄를 벗어 버리고 인내로써 우리 앞에 당한 경주를 하며

5 **계** 13:8 죽임을 당한 어린 양의 생명책에 창세 이후로 이름이 기록되지 못하고 이 땅에 사는 자들은 다 그 짐승에게 경배하리라

고후 4:7 우리가 이 보배를 질그릇에 가졌으니 이는 심히 큰 능력은 하나님께 있고 우리에게 있지 아니함을 알게 하려 함이라

6 **고전** 13:4 사랑은 오래 참고 사랑은 온유하며 시기하지 아니하며 사랑은 자랑하지 아니하며 교만하지 아니하며

시 37:17 악인의 팔은 부러지나 의인은 여호와께서 붙드시는도다

7 **욥** 13:15 그가 나를 죽이시리니 내가 희망이 없노라 그러나 그의 앞에서 내 행위를 아뢰리라

8 **단** 3:16~18 사드락과 메삭과 아벳느고가 왕에게 대답하여 이르되 느부갓네살이여 우리가 이 일에 대하여 왕에게 대답할 필요가 없나이다 왕이여 우리가 섬기는 하나님이 계시다면 우리를 맹렬히 타는 풀무불 가운데에서 능히 건져내시겠고 왕의 손에서도 건져내시리이다 그렇게 하지 아니하실지라도 왕이여 우리가 왕의 신들을 섬기지도 아니하고 왕이 세우신 금 신상에게 절하지도 아니할 줄을 아옵소서

9 **합 3:17~18** 비록 무화과나무가 무성하지 못하며 포도나무에 열매가 없으며 감람나무에 소출이 없으며 밭에 먹을 것이 없으며 우리에 양이 없으며 외양간에 소가 없을지라도 나는 여호와로 말미암아 즐거워하며 나의 구원의 하나님으로 말미암아 기뻐하리로다

10 **민 9:22** 이틀이든지 한 달이든지 일 년이든지 구름이 성막 위에 머물러 있을 동안에는 이스라엘 자손이 진영에 머물고 행진하지 아니하다가 떠오르면 행진하였으니

11 **왕상 19:11~12** 여호와께서 이르시되 너는 나가서 여호와 앞에서 산에 서라 하시더니 여호와께서 지나가시는데 여호와 앞에 크고 강한 바람이 산을 가르고 바위를 부수나 바람 가운데에 여호와께서 계시지 아니하며 바람 후에 지진이 있으나 지진 가운데에도 여호와께서 계시지 아니하며 또 지진 후에 불이 있으나 불 가운데에도 여호와께서 계시지 아니하더니 불 후에 세미한 소리가 있는지라

12 **암 5:4~5** 여호와께서 이스라엘 족속에게 이와 같이 말씀하시기를 너희는 나를 찾으라 그리하면 살리라 벧엘을 찾지 말며 길갈로 들어가지 말며 브엘세바로도 나아가지 말라 길갈은 반드시 사로잡히겠고 벧엘은 비참하게 될 것임이라 하셨나니

13 **마 4:10** 이에 예수께서 말씀하시되 사탄아 물러가라 기록되었으되 주 너의 하나님께 경배하고 다만 그를 섬기라 하였느니라

14 **고전 3:12~13** 만일 누구든지 금이나 은이나 보석이나 나무나 풀이나 짚으로 이 터 위에 세우면 각 사람의 공적이 나타날 터인데 그 날이 공적을 밝히리니 이는 불로 나타내고 그 불이 각 사람의 공적이 어떠한 것을 시험할 것임이라

15 **요 19:30** 예수께서 신 포도주를 받으신 후에 이르시되 다 이루었다 하시고 머리를 숙이니 영혼이 떠나가시니라

16 **마 28:20** 내가 너희에게 분부한 모든 것을 가르쳐 지키게 하라 볼지어다 내가 세상 끝날까지 너희와 항상 함께 있으리라 하시니라

17 **히 10:37** 잠시 잠깐 후면 오실 이가 오시리니 지체하지 아니하시리라

히 13:15 그러므로 우리는 예수로 말미암아 항상 찬송의 제사를 하나님께 드리자 이는 그 이름을 증언하는 입술의 열매니라

Ⅲ. 그리스도 안에 있는 양심

예레미야의 통곡

1 **시 103:14** 이는 그가 우리의 체질을 아시며 우리가 단지 먼지뿐임을 기억하심이로다

2 **고후 4:7** 우리가 이 보배를 질그릇에 가졌으니 이는 심히 큰 능력은 하나님께 있고 우리에게 있지 아니함을 알게 하려 함이라

고후 5:17 그런즉 누구든지 그리스도 안에 있으면 새로운 피조물이라 이전 것은 지나갔으니 보라 새 것이 되었도다

3 **고후 13:5** 너희는 믿음 안에 있는가 너희 자신을 시험하고 너희 자신을 확증하라 예수 그리스도께서 너희 안에 계신 줄을 너희가 스스로 알지 못하느냐 그렇지 않으면 너희는 버림 받은 자니라

4 **마 7:24** 그러므로 누구든지 나의 이 말을 듣고 행하는 자는 그 집을 반석 위에 지은 지혜로운 사람 같으리니

5 **렘 5:30~31** 이 땅에 무섭고 놀라운 일이 있도다 지자들은 거짓을 예언하며 제사장들은 자기 권력으로 다스리며 내 백성은 그것을 좋게 여기니 마지막에는 너희가 어찌하려느냐

6 **렘 6:10** 내가 누구에게 말하며 누구에게 경책하여 듣게 할꼬 보라 그 귀가 할례를 받지 못하였으므로 듣지 못하는도다 보라 여호와의 말씀을 그들이 자신들에게 욕으로 여기고 이를 즐겨 하지 아니하니

7 **렘 6:14** 그들이 내 백성의 상처를 가볍게 여기면서 말하기를 평강하다 평강하다 하나 평강이 없도다

렘 8:11 그들이 딸 내 백성의 상처를 가볍게 여기면서 말하기를 평강하다, 평강하다 하나 평강이 없도다

사 57: 21 내 하나님의 말씀에 악인에게는 평강이 없다 하셨느니라

8 **렘 7:4** 너희는 이것이 여호와의 성전이라, 여호와의 성전이라, 여호와의 성전이라 하는 거짓말을 믿지 말라

행 7:48 그러나 지극히 높으신 이는 손으로 지은 곳에 계시지 아니하시나니 선지자가 말한 바

9 **렘 8:22** 길르앗에는 유향이 있지 아니한가 그 곳에는 의사가 있지 아니한가 딸 내 백성이 치료를 받지 못함은 어찌 됨인고

렘 9:13 여호와께서 말씀하시되 이는 그들이 내가 그들의 앞에 세운 나의 율법을 버리고 내 목소리를 순종하지 아니하며 그대로 행하지 아니하고

렘 11:8 그들이 순종하지 아니하며 귀를 기울이지도 아니하고 각각 그 악한 마음의 완악한 대로 행하였으므로 내가 그들에게 행하라 명령하였어도 그들이 행하지 아니한 이 언약의 모든 규정대로 그들에게 이루게 하였느니라 하라

10 **렘 17:9** 만물보다 거짓되고 심히 부패한 것은 마음이라 누가 능히 이를 알리요마는

마 15:18 입에서 나오는 것들은 마음에서 나오나니 이것이야말로 사람을 더럽게 하느니라

11 **렘 23:6** 그의 날에 유다는 구원을 받겠고 이스라엘은 평안히 살 것이며 그의 이름은 여호와 우리의 공의라 일컬음을 받으리라

고전 1:30 너희는 하나님으로부터 나서 그리스도 예수 안에 있고 예수는 하나님으로부터 나와서 우리에게 지혜와 의로움과 거룩함과 구원함이 되셨으니

12 **렘 23:28** 여호와의 말씀이니라 꿈을 꾼 선지자는 꿈을 말할 것이요 내 말을 받은 자는 성실함으로 내 말을 말할 것이라 겨가 어찌 알곡과 같겠느냐

13 **렘 45:5** 네가 너를 위하여 큰 일을 찾느냐 그것을 찾지 말라 보라 내가 모든 육체에 재난을 내리리라 그러나 네가 가는 모든 곳에서는 내가 너에게 네 생명을 노략물 주듯 하리라 여호와의 말씀이니라

마 13:31 또 비유를 들어 이르시되 천국은 마치 사람이 자기 밭에 갖다 심은 겨자씨 한 알 같으니

14 **렘 31:32** 이 언약은 내가 그들의 조상들의 손을 잡고 애굽 땅에서 인도하여 내던 날에 맺은 것과 같지 아니할 것은 내가 그들의 남편이 되었어도 그들이 내 언약을 깨뜨렸음이라 여호와의 말씀이니라

렘 31:34 그들이 다시는 각기 이웃과 형제를 가리켜 이르기를 너는 여호와를 알라 하지 아니하리니 이는 작은 자로부터 큰 자까지 다 나를 알기 때문이라 내가 그들의 악행을 사하고 다시는 그 죄를 기억하지 아니하리라 여호와의 말씀이니라

히10:19~20 그러므로 형제들아 우리가 예수의 피를 힘입어 성소에 들어갈 담력을 얻었나니 그 길은 우리를 위하여 휘장 가운데로 열어 놓으신 새로운 살 길이요 휘장은 곧 그의 육체니라

15 **렘 2:13** 내 백성이 두 가지 악을 행하였나니 곧 그들이 생수의 근원되는 나를 버린 것과 스스로 웅덩이를 판 것인데 그것은 그 물을 가두지 못할 터진 웅덩이들이니라

렘 51:20 여호와께서 이르시되 너는 나의 철퇴 곧 무기라 나는 네가 나라들을 분쇄하며 네가 국가들을 멸하며

본부 없는 하나님 만세 또 만세

1 **마 22:32** 나는 아브라함의 하나님이요 이삭의 하나님이요 야곱의 하나님이로라 하신 것을 읽어 보지 못하였느냐 하나님은 죽은 자의 하나님이 아니요 살아 있는 자의 하나님이시니라 하시니

2 **빌 4:7** 그리하면 모든 지각에 뛰어난 하나님의 평강이 그리스도 예수 안에서 너희 마음과 생각을 지키시리라

3 **고후 11:4** 만일 누가 가서 우리가 전파하지 아니한 다른 예수를 전파하거나 혹은 너희가 받지 아니한 다른 영을 받게 하거나 혹은 너희가 받지 아니한 다른

복음을 받게 할 때에는 너희가 잘 용납하는구나

요 8:44 너희는 너희 아비 마귀에게서 났으니 너희 아비의 욕심대로 너희도 행하고자 하느니라 그는 처음부터 살인한 자요 진리가 그 속에 없으므로 진리에 서지 못하고 거짓을 말할 때마다 제 것으로 말하나니 이는 그가 거짓말쟁이요 거짓의 아비가 되었음이라

겔 13:19 너희가 두어 움큼 보리와 두어 조각 떡을 위하여 나를 내 백성 가운데에서 욕되게 하여 거짓말을 곧이 듣는 내 백성에게 너희가 거짓말을 지어내어 죽지 아니할 영혼을 죽이고 살지 못할 영혼을 살리는도다

렘 7:4 너희는 이것이 여호와의 성전이라, 여호와의 성전이라, 여호와의 성전이라 하는 거짓말을 믿지 말라

4 **행 7:48** 그러나 지극히 높으신 이는 손으로 지은 곳에 계시지 아니하시나니 선지자가 말한 바

딤전 1:19 믿음과 착한 양심을 가지라 어떤 이들은 이 양심을 버렸고 그 믿음에 관하여는 파선하였느니라

5 **요 4:21** 예수께서 이르시되 여자여 내 말을 믿으라 이 산에서도 말고 예루살렘에서도 말고 너희가 아버지께 예배할 때가 이르리라

6 **요 5:25** 진실로 진실로 너희에게 이르노니 죽은 자들이 하나님의 아들의 음성을 들을 때가 오나니 곧 이 때라 듣는 자는 살아나리라

7 **마 27:51** 이에 성소 휘장이 위로부터 아래까지 찢어져 둘이 되고 땅이 진동하며 바위가 터지고

히 4:16 그러므로 우리는 긍휼하심을 받고 때를 따라 돕는 은혜를 얻기 위하여 은혜의 보좌 앞에 담대히 나아갈 것이니라

히 10:19~20 그러므로 형제들아 우리가 예수의 피를 힘입어 성소에 들어갈 담력을 얻었나니 그 길은 우리를 위하여 휘장 가운데로 열어 놓으신 새로운 살 길이요 휘장은 곧 그의 육체니라

렘 31:31 여호와의 말씀이니라 보라 날이 이르리니 내가 이스라엘 집과 유다 집에 새 언약을 맺으리라

8 **요 4:14** 내가 주는 물을 마시는 자는 영원히 목마르지 아니하리니 내가 주는 물은 그 속에서 영생하도록 솟아나는 샘물이 되리라

중간에 막힌 담

1 **고후 5:18** 모든 것이 하나님께로서 났으며 그가 그리스도로 말미암아 우리를 자기와 화목하게 하시고 또 우리에게 화목하게 하는 직분을 주셨으니

2 **고후 3:17** 주는 영이시니 주의 영이 계신 곳에는 자유가 있느니라

요 8:36 그러므로 아들이 너희를 자유롭게 하면 너희가 참으로 자유로우리라

3 **고전 15:22** 아담 안에서 모든 사람이 죽은 것 같이 그리스도 안에서 모든 사람이 삶을 얻으리라

요일 4:10 사랑은 여기 있으니 우리가 하나님을 사랑한 것이 아니요 하나님이

우리를 사랑하사 우리 죄를 속하기 위하여 화목 제물로 그 아들을 보내셨음이라

4 **마 1:21** 아들을 낳으리니 이름을 예수라 하라 이는 그가 자기 백성을 그들의 죄에서 구원할 자이심이라 하니라

5 **롬 8:2** 이는 그리스도 예수 안에 있는 생명의 성령의 법이 죄와 사망의 법에서 너를 해방하였음이라

히 9:22 율법을 따라 거의 모든 물건이 피로써 정결하게 되나니 피흘림이 없은즉 사함이 없느니라

6 **롬 4: 25** 예수는 우리가 범죄한 것 때문에 내줌이 되고 또한 우리를 의롭다 하시기 위하여 살아나셨느니라

7 **마 27:51** 이에 성소 휘장이 위로부터 아래까지 찢어져 둘이 되고 땅이 진동하며 바위가 터지고

8 **히 10:19~20** 그러므로 형제들아 우리가 예수의 피를 힘입어 성소에 들어갈 담력을 얻었나니 그 길은 우리를 위하여 휘장 가운데로 열어 놓으신 새로운 살 길이요 휘장은 곧 그의 육체니라

9 **요 1:12** 영접하는 자 곧 그 이름을 믿는 자들에게는 하나님의 자녀가 되는 권세를 주셨으니

마 1:23 보라 처녀가 잉태하여 아들을 낳을 것이요 그의 이름은 임마누엘이라 하리라 하셨으니 이를 번역한즉 하나님이 우리와 함께 계시다 함이라

계 21:7 이기는 자는 이것들을 상속으로 받으리라 나는 그의 하나님이 되고 그는 내 아들이 되리라

10 **고후 11:4** 만일 누가 가서 우리가 전파하지 아니한 다른 예수를 전파하거나 혹은 너희가 받지 아니한 다른 영을 받게 하거나 혹은 너희가 받지 아니한 다른 복음을 받게 할 때에는 너희가 잘 용납하는구나

잠 28:9 사람이 귀를 돌려 율법을 듣지 아니하면 그의 기도도 가증하니라

렘 6:10 만군의 여호와께서 이와 같이 말하노라 너희는 나무를 베어서 예루살렘을 향하여 목책을 만들라 이는 벌 받을 성이라 그 중에는 오직 포학한 것뿐이니라

11 **엡 6:17** 구원의 투구와 성령의 검 곧 하나님의 말씀을 가지라

12 **롬 8:26** 이와 같이 성령도 우리의 연약함을 도우시나니 우리는 마땅히 기도할 바를 알지 못하나 오직 성령이 말할 수 없는 탄식으로 우리를 위하여 친히 간구하시느니라

히 7:25 그러므로 자기를 힘입어 하나님께 나아가는 자들을 온전히 구원하실 수 있으니 이는 그가 항상 살아 계셔서 그들을 위하여 간구하심이라

13 **고후 5:19** 곧 하나님께서 그리스도 안에 계시사 세상을 자기와 화목하게 하시며 그들의 죄를 그들에게 돌리지 아니하시고 화목하게 하는 말씀을 우리에게 부탁하셨느니라

골 1:19 아버지께서는 모든 충만으로 예수 안에 거하게 하시고

14 **롬 8:35~39** 누가 우리를 그리스도의 사랑에서 끊으리요 환난이나 곤고나 박해나 기근이나 적신이나 위험이나 칼이

라 기록된 바 우리가 종일 주를 위하여 죽임을 당하게 되며 도살 당할 양 같이 여김을 받았나이다 함과 같으니라 그러나 이 모든 일에 우리를 사랑하시는 이로 말미암아 우리가 넉넉히 이기느니라 내가 확신하노니 사망이나 생명이나 천사들이나 권세자들이나 현재 일이나 장래 일이나 능력이나 높음이나 깊음이나 다른 어떤 피조물이라도 우리를 우리 주 그리스도 예수 안에 있는 하나님의 사랑에서 끊을 수 없으리라

고후 10:4 우리의 싸우는 무기는 육신에 속한 것이 아니요 오직 어떤 견고한 진도 무너뜨리는 하나님의 능력이라 모든 이론을 무너뜨리며

고후 5: 17 그런즉 누구든지 그리스도 안에 있으면 새로운 피조물이라 이전 것은 지나갔으니 보라 새 것이 되었도다

15 **히 10:29** 하물며 하나님의 아들을 짓밟고 자기를 거룩하게 한 언약의 피를 부정한 것으로 여기고 은혜의 성령을 욕되게 하는 자가 당연히 받을 형벌은 얼마나 더 무겁겠느냐 너희는 생각하라

없어진 신성 불가침

1 **대하 26:21** 웃시야 왕이 죽는 날까지 나병환자가 되었고 나병환자가 되매 여호와의 전에서 끊어져 별궁에 살았으므로 그의 아들 요담이 왕궁을 관리하며 백성을 다스렸더라

2 **대상 13:10** 웃사가 손을 펴서 궤를 붙듦으로 말미암아 여호와께서 진노하사 치시매 그가 거기 하나님 앞에서 죽으니라

3 **민 15:36** 온 회중이 곧 그를 진영 밖으로 끌어내고 돌로 그를 쳐죽여서 여호와께서 모세에게 명령하신 대로 하니라

4 **말 3:8** 사람이 어찌 하나님의 것을 도둑질하겠느냐 그러나 너희는 나의 것을 도둑질하고도 말하기를 우리가 어떻게 주의 것을 도둑질하였나이까 하는도다 이는 곧 십일조와 봉헌물이라

5 **삼상 24:6** 자기 사람들에게 이르되 내가 손을 들어 여호와의 기름 부음을 받은 내 주를 치는 것은 여호와께서 금하시는 것이니 그는 여호와의 기름 부음을 받은 자가 됨이니라 하고

삼상 26:11 내가 손을 들어 여호와의 기름 부음 받은 자를 치는 것을 여호와께서 금하시나니 너는 그의 머리 곁에 있는 창과 물병만 가지고 가자 하고

6 **고후 6:2** 이르시되 내가 은혜 베풀 때에 너에게 듣고, 구원의 날에 너를 도왔다 하셨으니 보라 지금은 은혜 받을 만한 때요 보라 지금은 구원의 날이로다

눅 16:16 율법과 선지자는 요한의 때까지요 그 후부터는 하나님 나라의 복음이 전파되어 사람마다 그리로 침입하느니라

7 **히 10:19~20** 그러므로 형제들아 우리가 예수의 피를 힘입어 성소에 들어갈 담력을 얻었나니 그 길은 우리를 위하여 휘장 가운데로 열어 놓으신 새로운 살 길이요 휘장은 곧 그의 육체니라

8 **마 27:51** 이에 성소 휘장이 위로부터 아래까지 찢어져 둘이 되고 땅이 진동하며 바위가 터지고

렘 31:33 그러나 그 날 후에 내가 이스라엘 집과 맺을 언약은 이러하니 곧 내가 나의 법을 그들의 속에 두며 그들의 마음에 기록하여 나는 그들의 하나님이 되고 그들은 내 백성이 될 것이라 여호와의 말씀이니라

히 8:10 또 주께서 이르시되 그 날 후에 내가 이스라엘 집과 맺을 언약은 이것이니 내 법을 그들의 생각에 두고 그들의 마음에 이것을 기록하리라 나는 그들에게 하나님이 되고 그들은 내게 백성이 되리라

고전 3:16 너희는 너희가 하나님의 성전인 것과 하나님의 성령이 너희 안에 계시는 것을 알지 못하느냐

창 1:27 하나님이 자기 형상 곧 하나님의 형상대로 사람을 창조하시되 남자와 여자를 창조하시고

9 **슥 14:21** 예루살렘과 유다의 모든 솥이 만군의 여호와의 성물이 될 것인즉 제사 드리는 자가 와서 이 솥을 가져다가 그것으로 고기를 삶으리라 그 날에는 만군의 여호와의 전에 가나안 사람이 다시 있지 아니하리라

습 1:11 막데스 주민들아 너희는 슬피 울라 가나안 백성이 다 패망하고 은을 거래하는 자들이 끊어졌음이라

10 **슥 14:20** 그 날에는 말 방울에게까지 여호와께 성결이라 기록될 것이라 여호와의 전에 있는 모든 솥이 제단 앞 주발과 다름이 없을 것이니

출 28:38 이 패를 아론의 이마에 두어 그가 이스라엘 자손이 거룩하게 드리는 성물과 관련된 죄책을 담당하게 하라 그 패가 아론의 이마에 늘 있으므로 그 성물을 여호와께서 받으시게 되리라

11 **렘 5:31** 선지자들은 거짓을 예언하며 제사장들은 자기 권력으로 다스리며 내 백성은 그것을 좋게 여기니 마지막에는 너희가 어찌하려느냐

단독인내와 단독전투

1 **마14:13** 예수께서 들으시고 배를 타고 떠나사 따로 빈 들에 가시니 무리가 듣고 여러 고을로부터 걸어서 따라가지라

요 17:14 내가 아버지의 말씀을 그들에게 주었사오매 세상이 그들을 미워하였사오니 이는 내가 세상에 속하지 아니함 같이 그들도 세상에 속하지 아니함으로 인함이니이다

2 **히 9:16** 유언은 유언한 자가 죽어야 되나니

3 **요 12:24** 내가 진실로 진실로 너희에게 이르노니 한 알의 밀이 땅에 떨어져 죽지 아니하면 한 알 그대로 있고 죽으면 많은 열매를 맺느니라

4 **왕상 19:11~18** 여호와께서 이르시되 너는 나가서 여호와 앞에서 산에 서라 하시더니 여호와께서 지나가시는데 여호와 앞에 크고 강한 바람이 산을 가르고 바위를 부수나 바람 가운데에 여호와께서 계시지 아니하며 바람 후에 지진이 있으나 지진 가운데에도 여호와께서 계시지 아니하며 또 지진 후에 불이 있으나 불 가운데에도 여호와께서 계시지 아니하더니 불 후에 세미한 소리가 있는

지라 엘리야가 듣고 겉옷으로 얼굴을 가리고 나가 굴 어귀에 서매 소리가 그에게 임하여 이르시되 엘리야야 네가 어찌하여 여기 있느냐 그가 대답하되 내가 만군의 하나님 여호와께 열심이 유별하오니 이는 이스라엘 자손이 주의 언약을 버리고 주의 제단을 헐며 칼로 주의 선지자들을 죽였음이오며 오직 나만 남았거늘 그들이 내 생명을 찾아 빼앗으려 하나이다 여호와께서 그에게 이르시되 너는 네 길을 돌이켜 광야를 통하여 다메섹에 가서 이르거든 하사엘에게 기름을 부어 아람의 왕이 되게 하고 너는 또 님시의 아들 예후에게 기름을 부어 이스라엘의 왕이 되게 하고 또 아벨므홀라 사밧의 아들 엘리사에게 기름을 부어 너를 대신하여 선지자가 되게 하라 하사엘의 칼을 피하는 자를 예후가 죽일 것이요 예후의 칼을 피하는 자를 엘리사가 죽이리라 그러나 내가 이스라엘 가운데에 칠천 명을 남기리니 다 바알에게 무릎을 꿇지 아니하고 다 바알에게 입맞추지 아니한 자니라

마 4:6 이르되 네가 만일 하나님의 아들이어든 뛰어내리라 기록되었으되 그가 너를 위하여 그의 사자들을 명하시리니 그들이 손으로 너를 받들어 발이 돌에 부딪치지 않게 하리로다 하였느니라

5 **렘 1:17** 그러므로 너는 네 허리를 동이고 일어나 내가 네게 명령한 바를 다 그들에게 말하라 그들 때문에 두려워하지 말라 네가 그들 앞에서 두려움을 당하지 않게 하리라

6 **고전 12:21** 눈이 손더러 내가 너를 쓸 데가 없다 하거나 또한 머리가 발더러 내가 너를 쓸 데가 없다 하지 못하리라

롬 1:16 내가 복음을 부끄러워하지 아니하노니 이 복음은 모든 믿는 자에게 구원을 주시는 하나님의 능력이 됨이라 먼저는 유대인에게요 그리고 헬라인에게로다

7 **고후 5:19** 곧 하나님께서 그리스도 안에 계시사 세상을 자기와 화목하게 하시며 그들의 죄를 그들에게 돌리지 아니하시고 화목하게 하는 말씀을 우리에게 부탁하셨느니라

고후 13:5 너희는 믿음 안에 있는가 너희 자신을 시험하고 너희 자신을 확증하라 예수 그리스도께서 너희 안에 계신 줄을 너희가 스스로 알지 못하느냐 그렇지 않으면 너희는 버림 받은 자니라

갈 2:20 내가 그리스도와 함께 십자가에 못 박혔나니 그런즉 이제는 내가 사는 것이 아니요 오직 내 안에 그리스도께서 사시는 것이라 이제 내가 육체 가운데 사는 것은 나를 사랑하사 나를 위하여 자기 자신을 버리신 하나님의 아들을 믿는 믿음 안에서 사는 것이라

8 **암 9:15** 내가 그들을 그들의 땅에 심으리니 그들이 내가 준 땅에서 다시 뽑히지 아니하리라 네 하나님 여호와의 말씀이니라

9 **암 5:4~5** 여호와께서 이스라엘 족속에게 이와 같이 말씀하시기를 너희는 나를 찾으라 그리하면 살리라 벧엘을 찾지 말며 길갈로 들어가지 말며 브엘세

바로도 나아가지 말라 길갈은 반드시 사로잡히겠고 벧엘은 비참하게 될 것임이라 하셨나니

사 33:20 우리 절기의 시온 성을 보라 네 눈이 안정된 처소인 예루살렘을 보리니 그것은 옮겨지지 아니할 장막이라 그 말뚝이 영영히 뽑히지 아니할 것이요 그 줄이 하나도 끊어지지 아니할 것이며

10 **마 5:13~14** 너희는 세상의 소금이니 소금이 만일 그 맛을 잃으면 무엇으로 짜게 하리요 후에는 아무 쓸 데 없어 다만 밖에 버려져 사람에게 밟힐 뿐이니라 너희는 세상의 빛이라 산 위에 있는 동네가 숨겨지지 못할 것이요

11 **롬 15:16** 이 은혜는 곧 나로 이방인을 위하여 그리스도 예수의 일꾼이 되어 하나님의 복음의 제사장 직분을 하게 하사 이방인을 제물로 드리는 것이 성령 안에서 거룩하게 되어 받으실 만하게 하려 하심이라

반환점 그리스도

1 **딤후 3:1~5** 너는 이것을 알라 말세에 고통하는 때가 이르러 사람들이 자기를 사랑하며 돈을 사랑하며 자랑하며 교만하며 비방하며 부모를 거역하며 감사하지 아니하며 거룩하지 아니하며 무정하며 원통함을 풀지 아니하며 모함하며 절제하지 못하며 사나우며 선한 것을 좋아하지 아니하며 배신하며 조급하며 자만하며 쾌락을 사랑하기를 하나님 사랑하는 것보다 더하며 경건의 모양은 있으나 경건의 능력은 부인하니 이같은 자들에게서 네가 돌아서라

2 **고후 5:19** 곧 하나님께서 그리스도 안에 계시사 세상을 자기와 화목하게 하시며 그들의 죄를 그들에게 돌리지 아니하시고 화목하게 하는 말씀을 우리에게 부탁하셨느니라

호 11:8 에브라임이여 내가 어찌 너를 놓겠느냐 이스라엘이여 내가 어찌 너를 버리겠느냐 내가 어찌 너를 아드마 같이 놓겠느냐 어찌 너를 스보임 같이 두겠느냐 내 마음이 내 속에서 돌이키어 나의 긍휼이 온전히 불붙듯 하도다

3 **롬 5:8** 우리가 아직 죄인 되었을 때에 그리스도께서 우리를 위하여 죽으심으로 하나님께서 우리에 대한 자기의 사랑을 확증하셨느니라

4 **골 2:2** 이는 그들로 마음에 위안을 받고 사랑 안에서 연합하여 확실한 이해의 모든 풍성함과 하나님의 비밀인 그리스도를 깨닫게 하려 함이니

요 14:6 예수께서 이르시되 내가 곧 길이요 진리요 생명이니 나로 말미암지 않고는 아버지께로 올 자가 없느니라

5 **삼상 2:8** 가난한 자를 진토에서 일으키시며 빈궁한 자를 거름더미에서 올리사 귀족들과 함께 앉게 하시며 영광의 자리를 차지하게 하시는도다 땅의 기둥들은 여호와의 것이라 여호와께서 세계를 그것들 위에 세우셨도다

6 **고전 1:24~30** 오직 부르심을 받은 자들에게는 유대인이나 헬라인이나 그리스도는 하나님의 능력이요 하나님의 지혜니라 하나님의 어리석음이 사람보다

지혜롭고 하나님의 약하심이 사람보다 강하니라 형제들아 너희를 부르심을 보라 육체를 따라 지혜로운 자가 많지 아니하며 능한 자가 많지 아니하며 문벌 좋은 자가 많지 아니하도다 그러나 하나님께서 세상의 미련한 것들을 택하사 지혜 있는 자들을 부끄럽게 하려 하시고 세상의 약한 것들을 택하사 강한 것들을 부끄럽게 하려 하시며 하나님께서 세상의 천한 것들과 멸시 받는 것들과 없는 것들을 택하사 있는 것들을 폐하려 하시나니 이는 아무 육체도 하나님 앞에서 자랑하지 못하게 하려 하심이라 너희는 하나님으로부터 나서 그리스도 예수 안에 있고 예수는 하나님으로부터 나와서 우리에게 지혜와 의로움과 거룩함과 구원함이 되셨으니

7 **요 3:14** 모세가 광야에서 뱀을 든 것 같이 인자도 들려야 하리니

8 **골1:19** 아버지께서는 모든 충만으로 예수 안에 거하게 하시고

9 **마 11:28** 수고하고 무거운 짐 진 자들아 다 내게로 오라 내가 너희를 쉬게 하리라

요 6:37~56 아버지께서 내게 주시는 자는 다 내게로 올 것이요 내게 오는 자는 내가 결코 내쫓지 아니하리라 내가 하늘에서 내려온 것은 내 뜻을 행하려 함이 아니요 나를 보내신 이의 뜻을 행하려 함이니라 나를 보내신 이의 뜻은 내게 주신 자 중에 내가 하나도 잃어버리지 아니하고 마지막 날에 다시 살리는 이것이니라 내 아버지의 뜻은 아들을 보고

믿는 자마다 영생을 얻는 이것이니 마지막 날에 내가 이를 다시 살리리라 하시니라 자기가 하늘에서 내려온 떡이라 하시므로 유대인들이 예수에 대하여 수군거려 이르되 이는 요셉의 아들 예수가 아니냐 그 부모를 우리가 아는데 자기가 지금 어찌하여 하늘에서 내려왔다 하느냐 예수께서 대답하여 이르시되 너희는 서로 수군거리지 말라 나를 보내신 아버지께서 이끌지 아니하시면 아무도 내게 올 수 없으니 오는 그를 내가 마지막 날에 다시 살리리라 선지자의 글에 그들이 다 하나님의 가르치심을 받으리라 기록되었은즉 아버지께 듣고 배운 사람마다 내게로 오느니라 이는 아버지를 본 자가 있다는 것이 아니니라 오직 하나님에게서 온 자만 아버지를 보았느니라 진실로 진실로 너희에게 이르노니 믿는 자는 영생을 가졌나니 내가 곧 생명의 떡이니라 너희 조상들은 광야에서 만나를 먹었어도 죽었거니와 이는 하늘에서 내려오는 떡이니 사람으로 하여금 먹고 죽지 아니하게 하는 것이니라 나는 하늘에서 내려온 살아 있는 떡이니 사람이 이 떡을 먹으면 영생하리라 내가 줄 떡은 곧 세상의 생명을 위한 내 살이니라 하시니라 그러므로 유대인들이 서로 다투어 이르되 이 사람이 어찌 능히 자기 살을 우리에게 주어 먹게 하겠느냐 예수께서 이르시되 내가 진실로 진실로 너희에게 이르노니 인자의 살을 먹지 아니하고 인자의 피를 마시지 아니하면 너희 속에 생명이 없느니라 내 살을 먹고 내 피를 마시는 자

는 영생을 가졌고 마지막 날에 내가 그를 다시 살리리니 내 살은 참된 양식이요 내 피는 참된 음료로다 내 살을 먹고 내 피를 마시는 자는 내 안에 거하고 나도 그의 안에 거하나니

요 12:47 사람이 내 말을 듣고 지키지 아니할지라도 내가 그를 심판하지 아니하노라 내가 온 것은 세상을 심판하려 함이 아니요 세상을 구원하려 함이로라

10 **고후 8:9** 우리 주 예수 그리스도의 은혜를 너희가 알거니와 부요하신 이로서 너희를 위하여 가난하게 되심은 그의 가난함으로 말미암아 너희를 부요하게 하려 하심이라

요 1:16 우리가 다 그의 충만한 데서 받으니 은혜 위에 은혜러라

히 4:16 그러므로 우리는 긍휼하심을 받고 때를 따라 돕는 은혜를 얻기 위하여 은혜의 보좌 앞에 담대히 나아갈 것이니라

11 **살전 5:16~18** 항상 기뻐하라 쉬지 말고 기도하라 범사에 감사하라 이것이 그리스도 예수 안에서 너희를 향하신 하나님의 뜻이니라

고후 5:17 그런즉 누구든지 그리스도 안에 있으면 새로운 피조물이라 이전 것은 지나갔으니 보라 새 것이 되었도다

12 **롬 14:7** 우리 중에 누구든지 자기를 위하여 사는 자가 없고 자기를 위하여 죽는 자도 없도다

13 **사 40:31** 오직 여호와를 앙망하는 자는 새 힘을 얻으리니 독수리가 날개치며 올라감 같을 것이요 달음박질하여도 곤비하지 아니하겠고 걸어가도 피곤하지 아니하리로다

14 **롬 8:17** 자녀이면 또한 상속자 곧 하나님의 상속자요 그리스도와 함께 한 상속자니 우리가 그와 함께 영광을 받기 위하여 고난도 함께 받아야 할 것이니라

15 **계 21:8** 그러나 두려워하는 자들과 믿지 아니하는 자들과 흉악한 자들과 살인자들과 음행하는 자들과 점술가들과 우상숭배자들과 거짓말하는 모든 자들은 불과 유황으로 타는 못에 던져지리니 이것이 둘째 사망이라

왕하 7:3~10 성문 어귀에 나병환자 네 사람이 있더니 그 친구에게 서로 말하되 우리가 어찌하여 여기 앉아서 죽기를 기다리랴 만일 우리가 성읍으로 가자고 말한다면 성읍에는 굶주림이 있으니 우리가 거기서 죽을 것이요 만일 우리가 여기서 머무르면 역시 우리가 죽을 것이라 그런즉 우리가 가서 아람 군대에게 항복하자 그들이 우리를 살려 두면 살 것이요 우리를 죽이면 죽을 것이라 하고 아람 진으로 가려 하여 해 질 무렵에 일어나 아람 진영 끝에 이르러서 본즉 그 곳에 한 사람도 없으니 이는 주께서 아람 군대로 병거 소리와 말 소리와 큰 군대의 소리를 듣게 하셨으므로 아람 사람이 서로 말하기를 이스라엘 왕이 우리를 치려 하여 헷 사람의 왕들과 애굽 왕들에게 값을 주고 그들을 우리에게 오게 하였다 하고 해질 무렵에 일어나서 도망하되 그 장막과 말과 나귀를 버리고 진영을 그대로 두고 목숨을 위하여 도망

하였음이라 그 나병환자들이 진영 끝에 이르자 한 장막에 들어가서 먹고 마시고 거기서 은과 금과 의복을 가지고 가서 감추고 다시 와서 다른 장막에 들어가 거기서도 가지고 가서 감추니라 나병환자들이 그 친구에게 서로 말하되 우리가 이렇게 해서는 아니되겠도다 오늘은 아름다운 소식이 있는 날이거늘 우리가 침묵하고 있도다 만일 밝은 아침까지 기다리면 벌이 우리에게 미칠지니 이제 떠나 왕궁에 가서 알리자 하고 가서 성읍 문지기를 불러 그들에게 말하여 이르되 우리가 아람 진에 이르러서 보니 거기에 한 사람도 없고 사람의 소리도 없고 오직 말과 나귀만 매여 있고 장막들이 그대로 있더이다 하는지라

렘 5:30~31 이 땅에 무섭고 놀라운 일이 있도다 선지자들은 거짓을 예언하며 제사장들은 자기 권력으로 다스리며 내 백성은 그것을 좋게 여기니 마지막에는 너희가 어찌하려느냐

성령 훼방 죄

1 **마 9:12** 예수께서 들으시고 이르시되 건강한 자에게는 의사가 쓸 데 없고 병든 자에게라야 쓸 데 있느니라

2 **히 10:26** 우리가 진리를 아는 지식을 받은 후 짐짓 죄를 범한즉 다시 속죄하는 제사가 없고

3 **히 10:29** 하물며 하나님의 아들을 짓밟고 자기를 거룩하게 한 언약의 피를 부정한 것으로 여기고 은혜의 성령을 욕되게 하는 자가 당연히 받을 형벌은 얼마나 더 무겁겠느냐 너희는 생각하라

4 **고후 4:2** 이에 숨은 부끄러움의 일을 버리고 속임으로 행하지 아니하며 하나님의 말씀을 혼잡하게 하지 아니하고 오직 진리를 나타냄으로 하나님 앞에서 각 사람의 양심에 대하여 스스로 추천하노라

5 **고후 4:4** 그 중에 이 세상의 신이 믿지 아니하는 자들의 마음을 혼미하게 하여 그리스도의 영광의 복음의 광채가 비치지 못하게 함이니 그리스도는 하나님의 형상이니라

6 **마 27:51** 이에 성소 휘장이 위로부터 아래까지 찢어져 둘이 되고 땅이 진동하며 바위가 터지고

히 10:19~20 그러므로 형제들아 우리가 예수의 피를 힘입어 성소에 들어갈 담력을 얻었나니 그 길은 우리를 위하여 휘장 가운데로 열어 놓으신 새로운 살 길이요 휘장은 곧 그의 육체라

7 **고후 11:4** 만일 누가 가서 우리가 전파하지 아니한 다른 예수를 전파하거나 혹은 너희가 받지 아니한 다른 영을 받게 하거나 혹은 너희가 받지 아니한 다른 복음을 받게 할 때에는 너희가 잘 용납하는구나

8 **눅 16:16** 율법과 선지자는 요한의 때까지요 그 후부터는 하나님 나라의 복음이 전파되어 사람마다 그리로 침입하느니라

9 **히 7:12~14** 제사 직분이 바꾸어졌은즉 율법도 반드시 바꾸어지리니 이것은 한 사람도 제단 일을 받들지 않는 다른 지파에 속한 자를 가리켜 말한 것이라 우

리 주께서는 유다로부터 나신 것이 분명하도다 이 지파에는 모세가 제사장들에 관하여 말한 것이 하나도 없고

10 **아 2:15** 우리를 위하여 여우 곧 포도원을 허는 작은 여우를 잡으라 우리의 포도원에 꽃이 피었음이라

11 **창 14:18** 살렘 왕 멜기세덱이 떡과 포도주를 가지고 나왔으니 그는 지극히 높으신 하나님의 제사장이었더라

히 7장

이 멜기세덱은 살렘 왕이요 지극히 높으신 하나님의 제사장이라 여러 왕을 쳐서 죽이고 돌아오는 아브라함을 만나 복을 빈 자라 아브라함이 모든 것의 십분의 일을 그에게 나누어 주니라 그 이름을 해석하면 먼저는 의의 왕이요 그 다음은 살렘 왕이니 곧 평강의 왕이요 아버지도 없고 어머니도 없고 족보도 없고 시작한 날도 없고 생명의 끝도 없어 하나님의 아들과 닮아서 항상 제사장으로 있느니라 이 사람이 얼마나 높은가를 생각해 보라 조상 아브라함도 노략물 중 십분의 일을 그에게 주었느니라 레위의 아들들 가운데 제사장의 직분을 받은 자들은 율법을 따라 아브라함의 허리에서 난 자라도 자기 형제인 백성에게서 십분의 일을 취하라는 명령을 받았으나 레위 족보에 들지 아니한 멜기세덱은 아브라함에게서 십분의 일을 취하고 약속을 받은 그를 위하여 복을 빌었나니 논란의 여지 없이 낮은 자가 높은 자에게서 축복을 받느니라 또 여기는 죽을 자들이 십분의 일을 받으나 저기는 산다고 증거

를 얻은 자가 받았느니라 또한 십분의 일을 받는 레위도 아브라함으로 말미암아 십분의 일을 바쳤다고 할 수 있나니 이는 멜기세덱이 아브라함을 만날 때에 레위는 이미 자기 조상의 허리에 있었음이라 레위 계통의 제사 직분으로 말미암아 온전함을 얻을 수 있었으면 (백성이 그 아래에서 율법을 받았으니) 어찌하여 아론의 반차를 따르지 않고 멜기세덱의 반차를 따르는 다른 한 제사장을 세울 필요가 있느냐 제사 직분이 바꾸어졌은즉 율법도 반드시 바꾸어지리니 이것은 한 사람도 제단 일을 받들지 않는 다른 지파에 속한 자를 가리켜 말한 것이라 우리 주께서는 유다로부터 나신 것이 분명하도다 이 지파에는 모세가 제사장들에 관하여 말한 것이 하나도 없고 멜기세덱과 같은 별다른 한 제사장이 일어난 것을 보니 더욱 분명하도다 그는 육신에 속한 한 계명의 법을 따르지 아니하고 오직 불멸의 생명의 능력을 따라 되었으니 증언하기를 네가 영원히 멜기세덱의 반차를 따르는 제사장이라 하였도다 전에 있던 계명은 연약하고 무익하므로 폐하고 (율법은 아무 것도 온전하게 못할지라) 이에 더 좋은 소망이 생기니 이것으로 우리가 하나님께 가까이 가느니라 또 예수께서 제사장이 되신 것은 맹세 없이 된 것이 아니니 (그들은 맹세 없이 제사장이 되었으되 오직 예수는 자기에게 말씀하신 이로 말미암아 맹세로 되신 것이라 주께서 맹세하시고 뉘우치지 아니하시리니 네가 영원히 제사장이라 하셨도

다) 이와 같이 예수는 더 좋은 언약의 보증이 되셨느니라 제사장 된 그들의 수효가 많은 것은 죽음으로 말미암아 항상 있지 못함이로되 예수는 영원히 계시므로 그 제사장 직분도 갈리지 아니하느니라 그러므로 자기를 힘입어 하나님께 나아가는 자들을 온전히 구원하실 수 있으니 이는 그가 항상 살아 계셔서 그들을 위하여 간구하심이라 이러한 대제사장은 우리에게 합당하니 거룩하고 악이 없고 더러움이 없고 죄인에게서 떠나 계시고 하늘보다 높이 되신 이라 그는 저 대제사장들이 먼저 자기 죄를 위하고 다음에 백성의 죄를 위하여 날마다 제사 드리는 것과 같이 할 필요가 없으니 이는 그가 단번에 자기를 드려 이루셨음이라 율법은 약점을 가진 사람들을 제사장으로 세웠거니와 율법 후에 하신 맹세의 말씀은 영원히 온전하게 되신 아들을 세우셨느니라

12 계 6:8 내가 보매 청황색 말이 나오는데 그 탄 자의 이름은 사망이니 음부가 그 뒤를 따르더라 그들이 땅 사분의 일의 권세를 얻어 검과 흉년과 사망과 땅의 짐승들로써 죽이더라

스 2:62 이 사람들은 계보 중에서 자기 이름을 찾아도 얻지 못하므로 그들을 부정하게 여겨 제사장의 직분을 행하지 못하게 하고

유사품 기독교

1 요 14:6 예수께서 이르시되 내가 곧 길이요 진리요 생명이니 나로 말미암지 않고는 아버지께로 올 자가 없느니라

행 4:12 다른 이로써는 구원을 받을 수 없나니 천하 사람 중에 구원을 받을 만한 다른 이름을 우리에게 주신 일이 없음이라 하였더라

2 고후 11:4 만일 누가 가서 우리가 전파하지 아니한 다른 예수를 전파하거나 혹은 너희가 받지 아니한 다른 영을 받게 하거나 혹은 너희가 받지 아니한 다른 복음을 받게 할 때에는 너희가 잘 용납하는구나

갈 1:8 그러나 우리나 혹은 하늘로부터 온 천사라도 우리가 너희에게 전한 복음 외에 다른 복음을 전하면 저주를 받을지어다

3 히 7:11 레위 계통의 제사 직분으로 말미암아 온전함을 얻을 수 있었으면 (백성이 그 아래에서 율법을 받았으니) 어찌하여 아론의 반차를 따르지 않고 멜기세덱의 반차를 따르는 다른 한 제사장을 세울 필요가 있느냐

4 히 9:9 이 장막은 현재까지의 비유니 이에 따라 드리는 예물과 제사는 섬기는 자를 그 양심상 온전하게 할 수 없나니

5 렘 5:30~31 이 땅에 무섭고 놀라운 일이 있도다 선지자들은 거짓을 예언하며 제사장들은 자기 권력으로 다스리며 내 백성은 그것을 좋게 여기니 마지막에는 너희가 어찌하려느냐

6 딤전 1:19 믿음과 착한 양심을 가지라 어떤 이들은 이 양심을 버렸고 그 믿음에 관하여는 파선하였느니라

7 살후 1:8 하나님을 모르는 자들과 우리

주 예수의 복음에 복종하지 않는 자들에게 형벌을 내리시리니

벧전 4:17 하나님의 집에서 심판을 시작할 때가 되었나니 만일 우리에게 먼저 하면 하나님의 복음을 순종하지 아니하는 자들의 그 마지막은 어떠하며

8 **살전 5:18** 범사에 감사하라 이것이 그리스도 예수 안에서 너희를 향하신 하나님의 뜻이니라

잠 20:27 사람의 영혼은 여호와의 등불이라 사람의 깊은 속을 살피느니라

롬 8:35 누가 우리를 그리스도의 사랑에서 끊으리요 환난이나 곤고나 박해나 기근이나 적신이나 위험이나 칼이랴

롬 12:1 그러므로 형제들아 내가 하나님의 모든 자비하심으로 너희를 권하노니 너희 몸을 하나님이 기뻐하시는 거룩한 산 제물로 드리라 이는 너희가 드릴 영적 예배니라

9 **고후 3:17** 주는 영이시니 주의 영이 계신 곳에는 자유가 있느니라

요 8:36 그러므로 아들이 너희를 자유롭게 하면 너희가 참으로 자유로우리라

10 **잠 24:20** 대저 행악자는 장래가 없겠고 악인의 등불은 꺼지리라

사 57:21 내 하나님의 말씀에 악인에게는 평강이 없다 하셨느니라

11 **히 9:13~14** 염소와 황소의 피와 및 암송아지의 재를 부정한 자에게 뿌려 그 육체를 정결하게 하여 거룩하게 하거든 하물며 영원하신 성령으로 말미암아 흠 없는 자기를 하나님께 드린 그리스도의 피가 어찌 너희 양심을 죽은 행실에서 깨끗하게 하고 살아 계신 하나님을 섬기게 하지 못하겠느냐

12 **마 24:24** 거짓 그리스도들과 거짓 선지자들이 일어나 큰 표적과 기사를 보여 할 수만 있으면 택하신 자들도 미혹하리라

13 **삼상 15:22** 사무엘이 이르되 여호와께서 번제와 다른 제사를 그의 목소리를 청종하는 것을 좋아하심 같이 좋아하시겠나이까 순종이 제사보다 낫고 듣는 것이 숫양의 기름보다 나으니

먼저 된 자로서 나중 되고

1 **롬 9:13** 기록된 바 내가 야곱은 사랑하고 에서는 미워하였다 하심과 같으니라

2 **마 19:30** 그러나 먼저 된 자로서 나중 되고 나중 된 자로서 먼저 될 자가 많으니라

3 **롬 10:3** 하나님의 의를 모르고 자기 의를 세우려고 힘써 하나님의 의에 복종하지 아니하였느니라

4 **창 3:7~21** 이에 그들의 눈이 밝아져 자기들이 벗은 줄을 알고 무화과나무 잎을 엮어 치마로 삼았더라 그들이 그 날 바람이 불 때 동산에 거니시는 여호와 하나님의 소리를 듣고 아담과 그의 아내가 여호와 하나님의 낯을 피하여 동산 나무 사이에 숨은지라 여호와 하나님이 아담을 부르시며 그에게 이르시되 네가 어디 있느냐 이르되 내가 동산에서 하나님의 소리를 듣고 내가 벗었으므로 두려워하여 숨었나이다 이르시되 누가 너의 벗었음을 네게 알렸느냐 내가 네게 먹지 말

라 명한 그 나무 열매를 네가 먹었느냐 아담이 이르되 하나님이 주셔서 나와 함께 있게 하신 여자 그가 그 나무 열매를 내게 주므로 내가 먹었나이다 여호와 하나님이 여자에게 이르시되 네가 어찌하여 이렇게 하였느냐 여자가 이르되 뱀이 나를 꾀므로 내가 먹었나이다 여호와 하나님이 뱀에게 이르시되 네가 이렇게 하였으니 네가 모든 가축과 들의 모든 짐승보다 더욱 저주를 받아 배로 다니고 살아 있는 동안 흙을 먹을지니라 내가 너로 여자와 원수가 되게 하고 네 후손도 여자의 후손과 원수가 되게 하리니 여자의 후손은 네 머리를 상하게 할 것이요 너는 그의 발꿈치를 상하게 할 것이니라 하시고 또 여자에게 이르시되 내가 네게 임신하는 고통을 크게 더하리니 네가 수고하고 자식을 낳을 것이며 너는 남편을 원하고 남편은 너를 다스릴 것이니라 하시고 아담에게 이르시되 네가 네 아내의 말을 듣고 내가 네게 먹지 말라 한 나무의 열매를 먹었은즉 땅은 너로 말미암아 저주를 받고 너는 네 평생에 수고하여야 그 소산을 먹으리라 땅이 네게 가시덤불과 엉겅퀴를 낼 것이라 네가 먹을 것은 밭의 채소인즉 네가 흙으로 돌아갈 때까지 얼굴에 땀을 흘려야 먹을 것을 먹으리니 네가 그것에서 취함을 입었음이라 너는 흙이니 흙으로 돌아갈 것이니라 하시니라 아담이 그의 아내의 이름을 하와라 불렀으니 그는 모든 산 자의 어머니가 됨이더라 여호와 하나님이 아담과 그의 아내를 위하여 가죽 옷을 지어 입히시니라

5 **행 9:18** 즉시 사울의 눈에서 비늘 같은 것이 벗어져 다시 보게 된지라 일어나 세례를 받고

6 **히 5:13** 이는 젖을 먹는 자마다 어린 아이니 의의 말씀을 경험하지 못한 자요

7 **고전 10:6** 이러한 일은 우리의 본보기가 되어 우리로 하여금 그들이 악을 즐겨 한 것 같이 즐겨 하는 자가 되지 않게 하려 함이니

8 **렘 5:31** 선지자들은 거짓을 예언하며 제사장들은 자기 권력으로 다스리며 내 백성은 그것을 좋게 여기니 마지막에는 너희가 어찌하려느냐

철면피 교회

1 **고후 5:17** 그런즉 누구든지 그리스도 안에 있으면 새로운 피조물이라 이전 것은 지나갔으니 보라 새 것이 되었도다

히 9:13~14 염소와 황소의 피와 및 암송아지의 재를 부정한 자에게 뿌려 그 육체를 정결하게 하여 거룩하게 하거든 하물며 영원하신 성령으로 말미암아 흠 없는 자기를 하나님께 드린 그리스도의 피가 어찌 너희 양심을 죽은 행실에서 깨끗하게 하고 살아 계신 하나님을 섬기게 하지 못하겠느냐

2 **눅 16:16** 율법과 선지자는 요한의 때까지요 그 후부터는 하나님 나라의 복음이 전파되어 사람마다 그리로 침입하느니라

요 14:6 예수께서 이르시되 내가 곧 길이요 진리요 생명이니 나로 말미암지 않

고는 아버지께로 올 자가 없느니라

3 **마 5:22~28** 나는 너희에게 이르노니 형제에게 노하는 자마다 심판을 받게 되고 형제를 대하여 라가라 하는 자는 공회에 잡혀가게 되고 미련한 놈이라 하는 자는 지옥 불에 들어가게 되리라 그러므로 예물을 제단에 드리려다가 거기서 네 형제에게 원망들을 만한 일이 있는 것이 생각나거든 예물을 제단 앞에 두고 먼저 가서 형제와 화목하고 그 후에 와서 예물을 드리라 너를 고발하는 자와 함께 길에 있을 때에 급히 사화하라 그 고발하는 자가 너를 재판관에게 내어 주고 재판관이 옥리에게 내어 주어 옥에 가둘까 염려하라 진실로 네게 이르노니 네가 한 푼이라도 남김이 없이 다 갚기 전에는 결코 거기서 나오지 못하리라 또 간음하지 말라 하였다는 것을 너희가 들었으나 나는 너희에게 이르노니 음욕을 품고 여자를 보는 자마다 마음에 이미 간음하였느니라

골 3:5 그러므로 땅에 있는 지체를 죽이라 곧 음란과 부정과 사욕과 악한 정욕과 탐심이니 탐심은 우상 숭배니라

4 **고후 11:4** 만일 누가 가서 우리가 전파하지 아니한 다른 예수를 전파하거나 혹은 너희가 받지 아니한 다른 영을 받게 하거나 혹은 너희가 받지 아니한 다른 복음을 받게 할 때에는 너희가 잘 용납하는구나

5 **계 2:7** 귀 있는 자는 성령이 교회들에게 하시는 말씀을 들을지어다 이기는 그에게는 내가 하나님의 낙원에 있는 생명나무의 열매를 주어 먹게 하리라

계 2:11 귀 있는 자는 성령이 교회들에게 하시는 말씀을 들을지어다 이기는 자는 둘째 사망의 해를 받지 아니하리라

계 2:17 귀 있는 자는 성령이 교회들에게 하시는 말씀을 들을지어다 이기는 그에게는 내가 감추었던 만나를 주고 또 흰 돌을 줄 터인데 그 돌 위에 새 이름을 기록한 것이 있나니 받는 자 밖에는 그 이름을 알 사람이 없느니라

계 2:29 귀 있는 자는 성령이 교회들에게 하시는 말씀을 들을지어다

계 3:6 귀 있는 자는 성령이 교회들에게 하시는 말씀을 들을지어다

계 3:13 귀 있는 자는 성령이 교회들에게 하시는 말씀을 들을지어다

계 3:22 귀 있는 자는 성령이 교회들에게 하시는 말씀을 들을지어다

6 **대상 21:1** 사탄이 일어나 이스라엘을 대적하고 다윗을 충동하여 이스라엘을 계수하게 하니라

시 49:20 존귀하나 깨닫지 못하는 사람은 멸망하는 짐승 같도다

인생오산

1 **요 5:24** 내가 진실로 진실로 너희에게 이르노니 내 말을 듣고 또 나 보내신 이를 믿는 자는 영생을 얻었고 심판에 이르지 아니하나니 사망에서 생명으로 옮겼느니라

요 6:47 진실로 진실로 너희에게 이르노니 믿는 자는 영생을 가졌나니

2 **히 2:14~15** 자녀들은 혈과 육에 속하

엿으매 그도 또한 같은 모양으로 혈과 육을 함께 지니심은 죽음을 통하여 죽음의 세력을 잡은 자 곧 마귀를 멸하시며 또 죽기를 무서워하므로 한평생 매여 종 노릇 하는 모든 자들을 놓아 주려 하심이니

요 8:36 그러므로 아들이 너희를 자유롭게 하면 너희가 참으로 자유로우리라

3 **약 4:13~14** 들으라 너희 중에 말하기를 오늘이나 내일이나 우리가 어떤 도시에 가서 거기서 일 년을 머물며 장사하여 이익을 보리라 하는 자들아 내일 일을 너희가 알지 못하는도다 너희 생명이 무엇이냐 너희는 잠깐 보이다가 없어지는 안개니라

고후 6:2 이르시되 내가 은혜 베풀 때에 너에게 듣고 구원의 날에 너를 도왔다 하셨으니 보라 지금은 은혜 받을 만한 때요 보라 지금은 구원의 날이로다

제일 무서운 병

1 **딤전 1:19** 믿음과 착한 양심을 가지라 어떤 이들은 이 양심을 버렸고 그 믿음에 관하여는 파선하였느니라

2 **히 5:13** 이는 젖을 먹는 자마다 어린 아이니 의의 말씀을 경험하지 못한 자요

고전 13:11 내가 어렸을 때에는 말하는 것이 어린 아이와 같고 깨닫는 것이 어린 아이와 같고 생각하는 것이 어린 아이와 같다가 장성한 사람이 되어서는 어린 아이의 일을 버렸노라

3 **마 5:26** 진실로 네게 이르노니 네가 한 푼이라도 남김이 없이 다 갚기 전에는 결코 거기서 나오지 못하리라

벧후 3:8 사랑하는 자들아 주께는 하루가 천 년 같고 천 년이 하루 같다는 이 한 가지를 잊지 말라

삼상 16:7 여호와께서 사무엘에게 이르시되 그의 용모와 키를 보지 말라 내가 이미 그를 버렸노라 내가 보는 것은 사람과 같지 아니하니 사람은 외모를 보거니와 나 여호와는 중심을 보느니라 하시더라

4 **눅 16:10** 지극히 작은 것에 충성된 자는 큰 것에도 충성되고 지극히 작은 것에 불의한 자는 큰 것에도 불의하니라

5 **창 22:2** 여호와께서 이르시되 네 아들 네 사랑하는 독자 이삭을 데리고 모리아 땅으로 가서 내가 네게 일러 준 한 산 거기서 그를 번제로 드리라

사 40:31 오직 여호와를 앙망하는 자는 새 힘을 얻으리니 독수리가 날개치며 올라감 같을 것이요 달음박질하여도 곤비하지 아니하겠고 걸어가도 피곤하지 아니하리로다

6 **마 1:23** 보라 처녀가 잉태하여 아들을 낳을 것이요 그의 이름은 임마누엘이라 하리라 하셨으니 이를 번역한즉 하나님이 우리와 함께 계시다 함이라

큰 구원을 버린 복음

1 **시 60:12** 우리가 하나님을 의지하고 용감하게 행하리니 그는 우리의 대적을 밟으실 이심이로다

히 2:3~4 우리가 이같이 큰 구원을 등한히 여기면 어찌 그 보응을 피하리요

이 구원은 처음에 주로 말씀하신 바요 들은 자들이 우리에게 확증한 바니 하나님도 표적들과 기사들과 여러 가지 능력과 및 자기의 뜻을 따라 성령이 나누어 주신 것으로써 그들과 함께 증언하셨느니라

마 1:21 아들을 낳으리니 이름을 예수라 하라 이는 그가 자기 백성을 그들의 죄에서 구원할 자이심이라 하니라

2 **히 2:2** 천사들을 통하여 하신 말씀이 견고하게 되어 모든 범죄함과 순종하지 아니함이 공정한 보응을 받았거든

살후 1:8 하나님을 모르는 자들과 우리 주 예수의 복음에 복종하지 않는 자들에게 형벌을 내리시리니

3 **히 9:22** 율법을 따라 거의 모든 물건이 피로써 정결하게 되나니 피흘림이 없은 즉 사함이 없느니라

4 **막 13:31** 천지는 없어지겠으나 내 말은 없어지지 아니하리라

엡 6:17 구원의 투구와 성령의 검 곧 하나님의 말씀을 가지라

5 **마 5:13** 너희는 세상의 소금이니 소금이 만일 그 맛을 잃으면 무엇으로 짜게 하리요 후에는 아무 쓸 데 없어 다만 밖에 버려져 사람에게 밟힐 뿐이니라

6 **창 11:9** 그러므로 그 이름을 바벨이라 하니 이는 여호와께서 거기서 온 땅의 언어를 혼잡하게 하셨음이니라 여호와께서 거기서 그들을 온 지면에 흩으셨더라

7 **렘 7:4** 너희는 이것이 여호와의 성전이라, 여호와의 성전이라, 여호와의 성전이라 하는 거짓말을 믿지 말라

히 9:24 그리스도께서는 참 것의 그림자인 손으로 만든 성소에 들어가지 아니하시고 바로 그 하늘에 들어가사 이제 우리를 위하여 하나님 앞에 나타나시고

요 8:44 너희는 너희 아비 마귀에게서 났으니 너희 아비의 욕심대로 너희도 행하고자 하느니라 그는 처음부터 살인한 자요 진리가 그 속에 없으므로 진리에 서지 못하고 거짓을 말할 때마다 제 것으로 말하나니 이는 그가 거짓말쟁이요 거짓의 아비가 되었음이라

8 **히 10:29~30** 하물며 하나님의 아들을 짓밟고 자기를 거룩하게 한 언약의 피를 부정한 것으로 여기고 은혜의 성령을 욕되게 하는 자가 당연히 받을 형벌은 얼마나 더 무겁겠느냐 너희는 생각하라 원수 갚는 것이 내게 있으니 내가 갚으리라 하시고 또 다시 주께서 그의 백성을 심판하리라 말씀하신 것을 우리가 아노니

9 **시 23:5** 주께서 내 원수의 목전에서 내게 상을 차려 주시고 기름을 내 머리에 부으셨으니 내 잔이 넘치나이다

롬 8:37 그러나 이 모든 일에 우리를 사랑하시는 이로 말미암아 우리가 넉넉히 이기느니라

요 7:38 나를 믿는 자는 성경에 이름과 같이 그 배에서 생수의 강이 흘러나오리라 하시니

행 20:35 범사에 여러분에게 모본을 보여준 바와 같이 수고하여 약한 사람들을 돕고 또 주 예수께서 친히 말씀하신 바 주는 것이 받는 것보다 복이 있다 하

심을 기억하여야 할지니라

신앙 번지수

1 **눅 16:16** 율법과 선지자는 요한의 때까지요 그 후부터는 하나님 나라의 복음이 전파되어 사람마다 그리로 침입하느니라

2 **계 6:8** 내가 보매 청황색 말이 나오는데 그 탄 자의 이름은 사망이니 음부가 그 뒤를 따르더라 그들이 땅 사분의 일의 권세를 얻어 검과 흉년과 사망과 땅의 짐승들로써 죽이더라

3 **마 6:24** 한 사람이 두 주인을 섬기지 못할 것이니 혹 이를 미워하고 저를 사랑하거나 혹 이를 중히 여기고 저를 경히 여김이라 너희가 하나님과 재물을 겸하여 섬기지 못하느니라

계 14:4 이 사람들은 여자와 더불어 더럽히지 아니하고 순결한 자라 어린 양이 어디로 인도하든지 따라가는 자며 사람 가운데에서 속량함을 받아 처음 익은 열매로 하나님과 어린 양에게 속한 자들이니

4 **요 3:21** 진리를 따르는 자는 빛으로 오나니 이는 그 행위가 하나님 안에서 행한 것임을 나타내려 함이라 하시니라

엡 5:8 너희가 전에는 어둠이더니 이제는 주 안에서 빛이라 빛의 자녀들처럼 행하라

요일 1:5 우리가 그에게서 듣고 너희에게 전하는 소식은 이것이니 곧 하나님은 빛이시라 그에게는 어둠이 조금도 없으시다는 것이니라

5 **히 12:22** 그러나 너희가 이른 곳은 시온산과 살아 계신 하나님의 도성인 하늘의 예루살렘과 천만 천사와

6 **요 4:13~14** 예수께서 대답하여 이르시되 이 물을 마시는 자마다 다시 목마르려니와 내가 주는 물을 마시는 자는 영원히 목마르지 아니하리니 내가 주는 물은 그 속에서 영생하도록 솟아나는 샘물이 되리라

렘 2:13 내 백성이 두 가지 악을 행하였나니 곧 그들이 생수의 근원되는 나를 버린 것과 스스로 웅덩이를 판 것인데 그것은 그 물을 가두지 못할 터진 웅덩이들이니라

7 **히 4:10** 이미 그의 안식에 들어간 자는 하나님이 자기의 일을 쉬심과 같이 그도 자기의 일을 쉬느니라

암 9:15 내가 그들을 그들의 땅에 심으리니 그들이 내가 준 땅에서 다시 뽑히지 아니하리라 네 하나님 여호와의 말씀이니라

8 **히 9:12** 염소와 송아지의 피로 하지 아니하고 오직 자기의 피로 영원한 속죄를 이루사 단번에 성소에 들어가셨느니라

9 **히 6:17** 하나님은 약속을 기업으로 받는 자들에게 그 뜻이 변하지 아니함을 충분히 나타내시려고 그 일을 맹세로 보증하셨나니

10 **히 7:22** 이와 같이 예수는 더 좋은 언약의 보증이 되셨느니라

11 **히 3:5~6** 또한 모세는 장래에 말할 것을 증언하기 위하여 하나님의 온 집에서 종으로서 신실하였고 그리스도는 하

나님의 집을 맡은 아들로서 그와 같이 하셨으니 우리가 소망의 확신과 자랑을 끝까지 굳게 잡고 있으면 우리는 그의 집이라

12 **갈 4:25~26** 이 하갈은 아라비아에 있는 시내 산으로서 지금 있는 예루살렘과 같은 곳이니 그가 그 자녀들과 더불어 종 노릇 하고 오직 위에 있는 예루살렘은 자유자니 곧 우리 어머니라

롬 8:15 너희는 다시 무서워하는 종의 영을 받지 아니하고 양자의 영을 받았으므로 우리가 아빠 아버지라고 부르짖느니라

13 **창 11:9** 그러므로 그 이름을 바벨이라 하니 이는 여호와께서 거기서 온 땅의 언어를 혼잡하게 하셨음이니라 여호와께서 거기서 그들을 온 지면에 흩으셨더라

히 12:29 우리 하나님은 소멸하는 불이심이라

땅 끝까지 이르러 증인이 되리

1 **딤전 6:12** 믿음의 선한 싸움을 싸우라 영생을 취하라 이를 위하여 네가 부르심을 받았고 많은 증인 앞에서 선한 증언을 하였도다

신학교의 죄

1 **창 14:14** 아브람이 그의 조카가 사로잡혔음을 듣고 집에서 길리고 훈련된 자 삼백십팔 명을 거느리고 단까지 쫓아가서

2 **삿 7:10** 만일 네가 내려가기를 두려워

하거든 네 부하 부라와 함께 그 진영으로 내려가서

3 **수 23:10** 너희 중 한 사람이 천 명을 쫓으리니 이는 너희의 하나님 여호와 그가 너희에게 말씀하신 것 같이 너희를 위하여 싸우심이라

4 **고후 10:4** 우리의 싸우는 무기는 육신에 속한 것이 아니요 오직 어떤 견고한 진도 무너뜨리는 하나님의 능력이라 모든 이론을 무너뜨리며

5 **행 18:28** 이는 성경으로써 예수는 그리스도라고 증언하여 공중 앞에서 힘있게 유대인의 말을 이김이러라

6 **계 4:10** 이십사 장로들이 보좌에 앉으신 이 앞에 엎드려 세세토록 살아 계시는 이에게 경배하고 자기의 관을 보좌 앞에 드리며 이르되

7 **민 10:14** 선두로 유다 자손의 진영의 군기에 속한 자들이 그들의 진영별로 행진하였으니 유다 군대는 암미나답의 아들 나손이 이끌었고

8 **히 7:15** 멜기세덱과 같은 별다른 한 제사장이 일어난 것을 보니 더욱 분명하도다

9 **약 4:4** 간음한 여인들아 세상과 벗된 것이 하나님과 원수 됨을 알지 못하느냐 그런즉 누구든지 세상과 벗이 되고자 하는 자는 스스로 하나님과 원수 되는 것이니라

10 **계 3:22** 귀 있는 자는 성령이 교회들에게 하시는 말씀을 들을지어다

렘 5:31 선지자들은 거짓을 예언하며 제사장들은 자기 권력으로 다스리며 내 백

성은 그것을 좋게 여기니 마지막에는 너희가 어찌하려느냐

복음의 실력

1 **요 16:33** 이것을 너희에게 이르는 것은 너희로 내 안에서 평안을 누리게 하려 함이라 세상에서는 너희가 환난을 당하나 담대하라 내가 세상을 이기었노라

2 **요일 5:4** 무릇 하나님께로부터 난 자마다 세상을 이기느니라 세상을 이기는 승리는 이것이니 우리의 믿음이니라

3 **고후 11:4** 만일 누가 가서 우리가 전파하지 아니한 다른 예수를 전파하거나 혹은 너희가 받지 아니한 다른 영을 받게 하거나 혹은 너희가 받지 아니한 다른 복음을 받게 할 때에는 너희가 잘 용납하는구나

4 **갈 1:8** 그러나 우리나 혹은 하늘로부터 온 천사라도 우리가 너희에게 전한 복음 외에 다른 복음을 전하면 저주를 받을지어다

롬 1:16 내가 복음을 부끄러워하지 아니하노니 이 복음은 모든 믿는 자에게 구원을 주시는 하나님의 능력이 됨이라 먼저는 유대인에게요 그리고 헬라인에게로다

행 20:24 내가 달려갈 길과 주 예수께 받은 사명 곧 하나님의 은혜의 복음을 증언하는 일을 마치려 함에는 나의 생명조차 조금도 귀한 것으로 여기지 아니하노라

5 **히 2:3** 우리가 이같이 큰 구원을 등한히 여기면 어찌 그 보응을 피하리요 이 구원은 처음에 주로 말씀하신 바요 들은 자들이 우리에게 확증한 바니

6 **히 4:1** 그러므로 우리는 두려워할지니 그의 안식에 들어갈 약속이 남아 있을지라도 너희 중에는 혹 이르지 못할 자가 있을까 함이라

7 **시 29:11** 여호와께서 자기 백성에게 힘을 주심이여 여호와께서 자기 백성에게 평강의 복을 주시리로다

시 95:11 그러므로 내가 노하여 맹세하기를 그들은 내 안식에 들어오지 못하리라 하였도다

사 57:21 내 하나님의 말씀에 악인에게는 평강이 없다 하셨느니라

8 **히 6:4~6** 한 번 빛을 받고 하늘의 은사를 맛보고 성령에 참여한 바 되고 하나님의 선한 말씀과 내세의 능력을 맛보고도 타락한 자들은 다시 새롭게 하여 회개하게 할 수 없나니 이는 그들이 하나님의 아들을 다시 십자가에 못 박아 드러내 놓고 욕되게 함이라

9 **히 10:26** 우리가 진리를 아는 지식을 받은 후 짐짓 죄를 범한즉 다시 속죄하는 제사가 없고

10 **히 10:19~20** 그러므로 형제들아 우리가 예수의 피를 힘입어 성소에 들어갈 담력을 얻었나니

그 길은 우리를 위하여 휘장 가운데로 열어 놓으신 새로운 살 길이요 휘장은 곧 그의 육체니라

11 **시 84:5** 주께 힘을 얻고 그 마음에 시온의 대로가 있는 자는 복이 있나이다

시 119:17 주의 종을 후대하여 살게 하

소서 그리하시면 주의 말씀을 지키리이다

계 21:2 또 내가 보매 거룩한 성 새 예루살렘이 하나님께로부터 하늘에서 내려오니 그 준비한 것이 신부가 남편을 위하여 단장한 것 같더라

11 **히 12:15~16** 너희는 하나님의 은혜에 이르지 못하는 자가 없도록 하고 또 쓴 뿌리가 나서 괴롭게 하여 많은 사람이 이로 말미암아 더럽게 되지 않게 하며 음행하는 자와 혹 한 그릇 음식을 위하여 장자의 명분을 판 에서와 같이 망령된 자가 없도록 살피라

12 **신 21:17** 반드시 그 미움을 받는 자의 아들을 장자로 인정하여 자기의 소유에서 그에게는 두 몫을 줄 것이니 그는 자기의 기력의 시작이라 장자의 권리가 그에게 있음이니라

창 25:34 야곱이 떡과 팥죽을 에서에게 주매 에서가 먹으며 마시고 일어나 갔으니 에서가 장자의 명분을 가볍게 여김이었더라

히 12:16 음행하는 자와 혹 한 그릇 음식을 위하여 장자의 명분을 판 에서와 같이 망령된 자가 없도록 살피라

롬 8:17 자녀이면 또한 상속자 곧 하나님의 상속이요 그리스도와 함께 한 상속자니 우리가 그와 함께 영광을 받기 위하여 고난도 함께 받아야 할 것이니라

13 **요 7:37** 명절 끝날 곧 큰 날에 예수께서 서서 외쳐 이르시되 누구든지 목마르거든 내게로 와서 마시라

14 **요 4:13~14** 예수께서 대답하여 이르시

되 이 물을 마시는 자마다 다시 목마르려니와 내가 주는 물을 마시는 자는 영원히 목마르지 아니하리니 내가 주는 물은 그 속에서 영생하도록 솟아나는 샘물이 되리라

히브리서 진리의 절대성

1 **히 9:9** 이 장막은 현재까지의 비유니 이에 따라 드리는 예물과 제사는 섬기는 자를 그 양심상 온전하게 할 수 없나니

2 **히 10:19~20** 그러므로 형제들아 우리가 예수의 피를 힘입어 성소에 들어갈 담력을 얻었나니 그 길은 우리를 위하여 휘장 가운데로 열어 놓으신 새로운 살 길이요 휘장은 곧 그의 육체라

요 14:6 예수께서 이르시되 내가 곧 길이요 진리요 생명이니 나로 말미암지 않고는 아버지께로 올 자가 없느니라

해창교회

1 **수 23:10** 너희 중 한 사람이 천 명을 쫓으리니 이는 너희의 하나님 여호와 그가 너희에게 말씀하신 것 같이 너희를 위하여 싸우심이라

계 4:10 이십사 장로들이 보좌에 앉으신 이 앞에 엎드려 세세토록 살아 계시는 이에게 경배하고 자기의 관을 보좌 앞에 드리며 이르되

주여 나를 실패케 하옵소서

1 **시 1:1** 복 있는 사람은 악인들의 꾀를 따르지 아니하며 죄인들의 길에 서지 아니하며 오만한 자들의 자리에 앉지 아

니하고

2 마 16:26 사람이 만일 온 천하를 얻고도
제 목숨을 잃으면 무엇이 유익하리요 사
람이 무엇을 주고 제 목숨과 바꾸겠느냐

3 요 15:5 나는 포도나무요 너희는 가지라
그가 내 안에, 내가 그 안에 거하면 사
람이 열매를 많이 맺나니 나를 떠나서는
너희가 아무 것도 할 수 없음이라

4 약 2:10 누구든지 온 율법을 지키다가
그 하나를 범하면 모두 범한 자가 되나
니

눅 16:10 지극히 작은 것에 충성된 자
는 큰 것에도 충성되고 지극히 작은 것
에 불의한 자는 큰 것에도 불의하니라

엡 4:27 마귀에게 틈을 주지 말라

5 마 5:3 심령이 가난한 자는 복이 있나니
천국이 그들의 것임이요

6 삼상 17:45 다윗이 블레셋 사람에게 이
르되 너는 칼과 창과 단창으로 내게 나
아 오거니와 나는 만군의 여호와의 이름
곧 네가 모욕하는 이스라엘 군대의 하나
님의 이름으로 네게 나아가노라

삼상 24:6~7 자기 사람들에게 이르되
내가 손을 들어 여호와의 기름 부음을
받은 내 주를 치는 것은 여호와께서 금
하시는 것이니 그는 여호와의 기름 부음
을 받은 자가 됨이니라 하고
다윗이 이 말로 자기 사람들을 금하여
사울을 해하지 못하게 하니라 사울이 일
어나 굴에서 나가 자기 길을 가니라

7 삼하 1:2 사흘째 되는 날에 한 사람이
사울의 진영에서 나왔는데 그의 옷은 찢
어졌고 머리에는 흙이 있더라 그가 다윗

에게 나아와 땅에 엎드려 절하매

삼하 24:1 여호와께서 다시 이스라엘을
향하여 진노하사 그들을 치시려고 다윗
을 격동시키사 가서 이스라엘과 유다의
인구를 조사하라 하신지라

8 삿 9:2 청하노니 너희는 세겜의 모든 사
람들의 귀에 말하라 여룹바알의 아들 칠
십 명이 다 너희를 다스림과 한 사람이
너희를 다스림이 어느 것이 너희에게 나
으냐 또 나는 너희와 골육임을 기억하
라 하니

9 마 7:22 그 날에 많은 사람이 나더러 이
르되 주여 주여 우리가 주의 이름으로
선지자 노릇 하며 주의 이름으로 귀신을
쫓아 내며 주의 이름으로 많은 권능을
행하지 아니하였나이까 하리니

눅 10:20 그러나 귀신들이 너희에게 항
복하는 것으로 기뻐하지 말고 너희 이름
이 하늘에 기록된 것으로 기뻐하라 하
시니라

10 신 8:13 또 네 소와 양이 번성하며 네
은금이 증식되며 네 소유가 다 풍부하
게 될 때에

11 고전 1:18 십자가의 도가 멸망하는 자
들에게는 미련한 것이요 구원을 받는 우
리에게는 하나님의 능력이라

아는 예수와 믿는 예수

1 요 20:29 예수께서 이르시되 너는 나를
본 고로 믿느냐 보지 못하고 믿는 자들
은 복되도다 하시니라

2 마 9:12~13 예수께서 들으시고 이르시
되 건강한 자에게는 의사가 쓸 데 없고

병든 자에게라야 쓸 데 있느니라 너희는 가서 내가 긍휼을 원하고 제사를 원하지 아니하노라 하신 뜻이 무엇인지 배우라 나는 의인을 부르러 온 것이 아니요 죄인을 부르러 왔노라 하시니라

3 **마 16:13~16** 예수께서 빌립보 가이사랴 지방에 이르러 제자들에게 물어 이르시되 사람들이 인자를 누구라 하느냐 이르되 더러는 세례 요한, 더러는 엘리야, 어떤 이는 예레미야나 선지자 중의 하나라 하나이다 이르시되 너희는 나를 누구라 하느냐 시몬 베드로가 대답하여 이르되 주는 그리스도시요 살아 계신 하나님의 아들이시니이다

눅 5:8 시몬 베드로가 이를 보고 예수의 무릎 아래에 엎드려 이르되 주여 나를 떠나소서 나는 죄인이로소이다 하니

4 **마 16:17** 예수께서 대답하여 이르시되 바요나 시몬아 네가 복이 있도다 이를 네게 알게 한 이는 혈육이 아니요 하늘에 계신 내 아버지시니라

5 **요 4:13~14** 예수께서 대답하여 이르시되 이 물을 마시는 자마다 다시 목마르려니와 내가 주는 물을 마시는 자는 영원히 목마르지 아니하리니 내가 주는 물은 그 속에서 영생하도록 솟아나는 샘물이 되리라

6 **요 4:20~23** 우리 조상들은 이 산에서 예배하였는데 당신들의 말은 예배할 곳이 예루살렘에 있다 하더이다 예수께서 이르시되 여자여 내 말을 믿으라 이 산에서도 말고 예루살렘에서도 말고 너희가 아버지께 예배할 때가 이르리라 너희는 알지 못하는 것을 예배하고 우리는 아는 것을 예배하노니 이는 구원이 유대인에게서 남이라 아버지께 참되게 예배하는 자들은 영과 진리로 예배할 때가 오나니 곧 이 때라 아버지께서는 자기에게 이렇게 예배하는 자들을 찾으시느니라

롬 12:1 그러므로 형제들아 내가 하나님의 모든 자비하심으로 너희를 권하노니 너희 몸을 하나님이 기뻐하시는 거룩한 산 제물로 드리라 이는 너희가 드릴 영적 예배니라

7 **고전 3:16** 너희는 너희가 하나님의 성전인 것과 하나님의 성령이 너희 안에 계시는 것을 알지 못하느냐

고후 6:16 하나님의 성전과 우상이 어찌 일치가 되리요 우리는 살아 계신 하나님의 성전이라 이와 같이 하나님께서 이르시되 내가 그들 가운데 거하며 두루 행하여 나는 그들의 하나님이 되고 그들은 나의 백성이 되리라

고후 13:5 너희는 믿음 안에 있는가 너희 자신을 시험하고 너희 자신을 확증하라 예수 그리스도께서 너희 안에 계신 줄을 너희가 스스로 알지 못하느냐 그렇지 않으면 너희는 버림 받은 자니라

8 **딤전 1:19** 믿음과 착한 양심을 가지라 어떤 이들은 이 양심을 버렸고 그 믿음에 관하여는 파선하였느니라

딤전 4:2 자기 양심이 화인을 맞아서 외식함으로 거짓말하는 자들이라

히 9:9 이 장막은 현재까지의 비유니 이에 따라 드리는 예물과 제사는 섬기는

자를 그 양심상 온전하게 할 수 없나니

10 **요 8:44** 너희는 너희 아비 마귀에게서 났으니 너희 아비의 욕심대로 너희도 행하고자 하느니라 그는 처음부터 살인한 자요 진리가 그 속에 없으므로 진리에 서지 못하고 거짓을 말할 때마다 제 것으로 말하나니 이는 그가 거짓말쟁이요 거짓의 아비가 되었음이라

11 **눅 18:8** 내가 너희에게 이르노니 속히 그 원한을 풀어 주시리라 그러나 인자가 올 때에 세상에서 믿음을 보겠느냐 하시니라

어느 쪽의 기독교가 진짜인가

1 **마 23:27~28** 화 있을진저 외식하는 서기관들과 바리새인들이여 회칠한 무덤 같으니 겉으로는 아름답게 보이나 그 안에는 죽은 사람의 뼈와 모든 더러운 것이 가득하도다 이와 같이 너희도 겉으로는 사람에게 옳게 보이되 안으로는 외식과 불법이 가득하도다

나의 갈 길 다가도록

1 **마 7:13~14** 좁은 문으로 들어가라 멸망으로 인도하는 문은 크고 그 길이 넓어 그리로 들어가는 자가 많고 생명으로 인도하는 문은 좁고 길이 협착하여 찾는 자가 적음이라

2 **시 91:7** 천 명이 네 왼쪽에서, 만 명이 네 오른쪽에서 엎드러지나 이 재앙이 네게 가까이 하지 못하리로다

시 73:25 하늘에서는 주 외에 누가 내게 있으리요 땅에서는 주 밖에 내가 사모할 이 없나이다

3 **시 111:2** 여호와께서 행하시는 일들이 크시오니 이를 즐거워하는 자들이 다 기리는도다

시 107:20 그가 그의 말씀을 보내어 그들을 고치시고 위험한 지경에서 건지시는도다

4 **고후 3:6** 그가 또한 우리를 새 언약의 일꾼 되기에 만족하게 하셨으니 율법 조문으로 하지 아니하고 오직 영으로 함이니 율법 조문은 죽이는 것이요 영은 살리는 것이니라

딤전 6:12 믿음의 선한 싸움을 싸우라 영생을 취하라 이를 위하여 네가 부르심을 받았고 많은 증인 앞에서 선한 증언을 하였도다

요 20:31 오직 이것을 기록함은 너희로 예수께서 하나님의 아들 그리스도이심을 믿게 하려 함이요 또 너희로 믿고 그 이름을 힘입어 생명을 얻게 하려 함이니라

5 **행 1:8** 오직 성령이 너희에게 임하시면 너희가 권능을 받고 예루살렘과 온 유대와 사마리아와 땅 끝까지 이르러 내 증인이 되리라 하시니라

6 **요 4:14** 내가 주는 물을 마시는 자는 영원히 목마르지 아니하리니 내가 주는 물은 그 속에서 영생하도록 솟아나는 샘물이 되리라

7 **히 4:10** 이미 그의 안식에 들어간 자는 하나님이 자기의 일을 쉬심과 같이 그도 자기의 일을 쉬느니라

갈 2:20 내가 그리스도와 함께 십자가

에 못 박혔나니 그런즉 이제는 내가 사는 것이 아니요 오직 내 안에 그리스도께서 사시는 것이라 이제 내가 육체 가운데 사는 것은 나를 사랑하사 나를 위하여 자기 자신을 버리신 하나님의 아들을 믿는 믿음 안에서 사는 것이라

8 **히 13:15** 그러므로 우리는 예수로 말미암아 항상 찬송의 제사를 하나님께 드리자 이는 그 이름을 증언하는 입술의 열매니라

계 5:9~10 그들이 새 노래를 불러 이르되 두루마리를 가지고 그 인봉을 떼기에 합당하시도다 일찍이 죽임을 당하사 각 족속과 방언과 백성과 나라 가운데에서 사람들을 피로 사서 하나님께 드리시고 그들로 우리 하나님 앞에서 나라와 제사장들을 삼으셨으니 그들이 땅에서 왕 노릇 하리로다 하더라

마 5:13~14 너희는 세상의 소금이니 소금이 만일 그 맛을 잃으면 무엇으로 짜게 하리요 후에는 아무 쓸 데 없어 다만 밖에 버려져 사람에게 밟힐 뿐이니라 너희는 세상의 빛이라 산 위에 있는 동네가 숨겨지지 못할 것이요

기독교 현장 책임자

1 **롬 15:16** 이 은혜는 곧 나로 이방인을 위하여 그리스도 예수의 일꾼이 되어 하나님의 복음의 제사장 직분을 하게 하사 이방인을 제물로 드리는 것이 성령 안에서 거룩하게 되어 받으실 만하게 하려 하심이라

2 **창 1:28** 하나님이 그들에게 복을 주시며 하나님이 그들에게 이르시되 생육하고 번성하여 땅에 충만하라, 땅을 정복하라, 바다의 물고기와 하늘의 새와 땅에 움직이는 모든 생물을 다스리라 하시니라

요일 5:4 무릇 하나님께로부터 난 자마다 세상을 이기느니라 세상을 이기는 승리는 이것이니 우리의 믿음이니라

계 5:9~10 그들이 새 노래를 불러 이르되 두루마리를 가지고 그 인봉을 떼기에 합당하시도다 일찍이 죽임을 당하사 각 족속과 방언과 백성과 나라 가운데에서 사람들을 피로 사서 하나님께 드리시고 그들로 우리 하나님 앞에서 나라와 제사장들을 삼으셨으니 그들이 땅에서 왕 노릇 하리로다 하더라

마 5:13~14 너희는 세상의 소금이니 소금이 만일 그 맛을 잃으면 무엇으로 짜게 하리요 후에는 아무 쓸 데 없어 다만 밖에 버려져 사람에게 밟힐 뿐이니라 너희는 세상의 빛이라 산 위에 있는 동네가 숨겨지지 못할 것이요

3 **시 29:11** 여호와께서 자기 백성에게 힘을 주심이여 여호와께서 자기 백성에게 평강의 복을 주시리로다

사 57:21 내 하나님의 말씀에 악인에게는 평강이 없다 하셨느니라

히 4:9 그런즉 안식할 때가 하나님의 백성에게 남아 있도다

4 **시 50:23** 감사로 제사를 드리는 자가 나를 영화롭게 하나니 그의 행위를 옳게 하는 자에게 내가 하나님의 구원을 보이리라

히 13:15 그러므로 우리는 예수로 말미암아 항상 찬송의 제사를 하나님께 드리자 이는 그 이름을 증언하는 입술의 열매니라

사 43:21 이 백성은 내가 나를 위하여 지었나니 나를 찬송하게 하려 함이니라

5 **계 2:10** 너는 장차 받을 고난을 두려워하지 말라 볼지어다 마귀가 장차 너희 가운데에서 몇 사람을 옥에 던져 시험을 받게 하리니 너희가 십 일 동안 환난을 받으리라 네가 죽도록 충성하라 그리하면 내가 생명의 관을 네게 주리라

사 28:10 너는 장차 받을 고난을 두려워하지 말라 볼지어다 마귀가 장차 너희 가운데에서 몇 사람을 옥에 던져 시험을 받게 하리니 너희가 십 일 동안 환난을 받으리라 네가 죽도록 충성하라 그리하면 내가 생명의 관을 네게 주리라

막 4:31 겨자씨 한 알과 같으니 땅에 심길 때에는 땅 위의 모든 씨보다 작은 것이로되

6 **겔 37:4** 또 내게 이르시되 너는 이 모든 뼈에게 대언하여 이르기를 너희 마른 뼈들아 여호와의 말씀을 들을지어다

7 **민 10:14** 선두로 유다 자손의 진영의 군기에 속한 자들이 그들의 진영별로 행진하였으니 유다 군대는 암미나답의 아들 나손이 이끌었고

창 45:22 또 그들에게 다 각기 옷 한 벌씩을 주되 베냐민에게는 은 삼백과 옷 다섯 벌을 주고

8 **사 6:8** 내가 또 주의 목소리를 들으니 주께서 이르시되 내가 누구를 보내며 누가

우리를 위하여 갈꼬 하시니 그 때에 내가 이르되 내가 여기 있나이다 나를 보내소서 하였더니

마 16:24 이에 예수께서 제자들에게 이르시되 누구든지 나를 따라오려거든 자기를 부인하고 자기 십자가를 지고 나를 따를 것이니라

밑거름

1 **마7:26~27** 나의 이 말을 듣고 행하지 아니하는 자는 그 집을 모래 위에 지은 어리석은 사람 같으리니 비가 내리고 창수가 나고 바람이 불어 그 집에 부딪치매 무너져 그 무너짐이 심하니라

2 **요 12:24** 내가 진실로 진실로 너희에게 이르노니 한 알의 밀이 땅에 떨어져 죽지 아니하면 한 알 그대로 있고 죽으면 많은 열매를 맺느니라

3 **롬 1:16** 내가 복음을 부끄러워하지 아니하노니 이 복음은 모든 믿는 자에게 구원을 주시는 하나님의 능력이 됨이라 먼저는 유대인에게요 그리고 헬라인에게로다

요일 5:4 무릇 하나님께로부터 난 자마다 세상을 이기느니라 세상을 이기는 승리는 이것이니 우리의 믿음이니라

4 **고후 4:18** 우리가 주목하는 것은 보이는 것이 아니요 보이지 않는 것이니 보이는 것은 잠깐이요 보이지 않는 것은 영원함이라

5 **히 2:15** 또 죽기를 무서워하므로 한평생 매여 종 노릇 하는 모든 자들을 놓아 주려 하심이니

6 **행** 20:35 범사에 여러분에게 모본을 보여준 바와 같이 수고하여 약한 사람들을 돕고 또 주 예수께서 친히 말씀하신 바 주는 것이 받는 것보다 복이 있다 하심을 기억하여야 할지니라

요 10:17 내가 내 목숨을 버리는 것은 그것을 내가 다시 얻기 위함이니 이로 말미암아 아버지께서 나를 사랑하시느니라

7 **민** 10:14 선두로 유다 자손의 진영의 군기에 속한 자들이 그들의 진영별로 행진하였으니 유다 군대는 암미나답의 아들 나손이 이끌었고

8 **히** 13:15 그러므로 우리는 예수로 말미암아 항상 찬송의 제사를 하나님께 드리자 이는 그 이름을 증언하는 입술의 열매니라

Ⅳ. 진동치 아니할 나라

고래냐 송사리냐

1 **사 55:1** 오호라 너희 모든 목마른 자들
아 물로 나아오라 돈 없는 자도 오라 너
희는 와서 사 먹되 돈 없이, 값 없이 와
서 포도주와 젖을 사라

요일 5:8 성령과 물과 피라 또한 이 셋은
합하여 하나이니라

2 **렘 2:13** 내 백성이 두 가지 악을 행하
였나니 곧 그들이 생수의 근원되는 나
를 버린 것과 스스로 웅덩이를 판 것인
데 그것은 그 물을 가두지 못할 터진 웅
덩이들이니라

요 3:13~14 하늘에서 내려온 자 곧 인
자 외에는 하늘에 올라간 자가 없느니라
모세가 광야에서 뱀을 든 것 같이 인자
도 들려야 하리니

고후 3:17 주는 영이시니 주의 영이 계
신 곳에는 자유가 있느니라

고후 11:4 만일 누가 가서 우리가 전파
하지 아니한 다른 예수를 전파하거나 혹
은 너희가 받지 아니한 다른 영을 받게
하거나 혹은 너희가 받지 아니한 다른
복음을 받게 할 때에는 너희가 잘 용납
하는구나

3 **겔 13:19** 너희가 두어 움큼 보리와 두
어 조각 떡을 위하여 나를 내 백성 가
운데에서 욕되게 하여 거짓말을 곧이 듣
는 내 백성에게 너희가 거짓말을 지어내
어 죽지 아니할 영혼을 죽이고 살지 못

할 영혼을 살리는도다

전 11:1 너는 네 떡을 물 위에 던져라 여
러 날 후에 도로 찾으리라

요 12:24 내가 진실로 진실로 너희에게
이르노니 한 알의 밀이 땅에 떨어져 죽
지 아니하면 한 알 그대로 있고 죽으면
많은 열매를 맺느니라

4 **겔 47:3~5** 그 사람이 손에 줄을 잡고
동쪽으로 나아가며 천 척을 측량한 후
에 내게 그 물을 건너게 하시니 물이 발
목에 오르더니 다시 천 척을 측량하고
내게 물을 건너게 하시니 물이 무릎에
오르고 다시 천 척을 측량하고 내게 물
을 건너게 하시니 물이 허리에 오르고
다시 천 척을 측량하시니 물이 내가 건
너지 못할 강이 된지라 그 물이 가득하
여 헤엄칠 만한 물이요 사람이 능히 건
너지 못할 강이더라

5 **겔 47:6~10** 그가 내게 이르시되 인자
야 네가 이것을 보았느냐 하시고 나를
인도하여 강 가로 돌아가게 하시기로 내
가 돌아가니 강 좌우편에 나무가 심히
많더라 그가 내게 이르시되 이 물이 동
쪽으로 향하여 흘러 아라바로 내려가서
바다에 이르니 이 흘러 내리는 물로
그 바다의 물이 되살아나리라 이 강물
이 이르는 곳마다 번성하는 모든 생물
이 살고 또 고기가 심히 많으리니 이 물
이 흘러 들어가므로 바닷물이 되살아나

겠고 이 강이 이르는 각처에 모든 것이 살 것이며 또 이 강 가에 어부가 설 것이니 엔게디에서부터 에네글라임까지 그 물 치는 곳이 될 것이라 그 고기가 각기 종류를 따라 큰 바다의 고기 같이 심히 많으려니와

6 **요 8:32~36** 진리를 알지니 진리가 너희를 자유롭게 하리라 그들이 대답하되 우리가 아브라함의 자손이라 남의 종이 된 적이 없거늘 어찌하여 우리가 자유롭게 되리라 하느냐 예수께서 대답하시되 진실로 진실로 너희에게 이르노니 죄를 범하는 자마다 죄의 종이라 종은 영원히 집에 거하지 못하되 아들은 영원히 거하나니 그러므로 아들이 너희를 자유롭게 하면 너희가 참으로 자유로우리라

7 **행 20:28** 여러분은 자기를 위하여 또는 온 양 떼를 위하여 삼가라 성령이 그들 가운데 여러분을 감독자로 삼고 하나님이 자기 피로 사신 교회를 보살피게 하셨느니라

8 **요 1:12** 영접하는 자 곧 그 이름을 믿는 자들에게는 하나님의 자녀가 되는 권세를 주셨으니

마 16:26 사람이 만일 온 천하를 얻고도 제 목숨을 잃으면 무엇이 유익하리요 사람이 무엇을 주고 제 목숨과 바꾸겠느냐

창 1:27 하나님이 자기 형상 곧 하나님의 형상대로 사람을 창조하시되 남자와 여자를 창조하시고

수 23:10 너희 중 한 사람이 천 명을 쫓으리니 이는 너희의 하나님 여호와 그가 너희에게 말씀하신 것 같이 너희를 위하여 싸우심이라

계 5:10 그들로 우리 하나님 앞에서 나라와 제사장들을 삼으셨으니 그들이 땅에서 왕 노릇 하리로다 하더라

9 **시 65:10** 주께서 밭고랑에 물을 넉넉히 대사 그 이랑을 평평하게 하시며 또 단비로 부드럽게 하시고 그 싹에 복을 주시나이다

삼하 6:14 다윗이 여호와 앞에서 힘을 다하여 춤을 추는데 그 때에 다윗이 베에봇을 입었더라

10 **막 1:15** 이르시되 때가 찼고 하나님의 나라가 가까이 왔으니 회개하고 복음을 믿으라 하시더라

계 2:10 너는 장차 받을 고난을 두려워하지 말라 볼지어다 마귀가 장차 너희 가운데에서 몇 사람을 옥에 던져 시험을 받게 하리니 너희가 십 일 동안 환난을 받으리라 네가 죽도록 충성하라 그리하면 내가 생명의 관을 네게 주리라

11 **빌 2:13** 너희 안에서 행하시는 이는 하나님이시니 자기의 기쁘신 뜻을 위하여 너희에게 소원을 두고 행하게 하시나니

딤전 6:12 믿음의 선한 싸움을 싸우라 영생을 취하라 이를 위하여 네가 부르심을 받았고 많은 증인 앞에서 선한 증언을 하였도다

갈 2:4 이는 가만히 들어온 거짓 형제들 때문이라 그들이 가만히 들어온 것은 그리스도 예수 안에서 우리가 가진 자유를 엿보고 우리를 종으로 삼고자 함이로되

갈 4:9 이제는 너희가 하나님을 알 뿐 아니라 더욱이 하나님이 아신 바 되었거

늘 어찌하여 다시 약하고 천박한 초등학문으로 돌아가서 다시 그들에게 종 노릇하려 하느냐

히 4:16 그러므로 우리는 긍휼하심을 받고 때를 따라 돕는 은혜를 얻기 위하여 은혜의 보좌 앞에 담대히 나아갈 것이니라

영생훈련생

1 **약 4:14** 내일 일을 너희가 알지 못하는도다 너희 생명이 무엇이냐 너희는 잠깐 보이다가 없어지는 안개니라

2 **롬 11:4** 그에게 하신 대답이 무엇이냐 내가 나를 위하여 바알에게 무릎을 꿇지 아니한 사람 칠천 명을 남겨 두었다 하셨으니

롬 12:2 너희는 이 세대를 본받지 말고 오직 마음을 새롭게 함으로 변화를 받아 하나님의 선하시고 기뻐하시고 온전하신 뜻이 무엇인지 분별하도록 하라

3 **히 12:6** 주께서 그 사랑하시는 자를 징계하시고 그가 받아들이시는 아들마다 채찍질하심이라 하였으니

4 **히 4:14** 그러므로 우리에게 큰 대제사장이 계시니 승천하신 이 곧 하나님의 아들 예수시라 우리가 믿는 도리를 굳게 잡을지어다

마 24:13 그러나 끝까지 견디는 자는 구원을 얻으리라

5 **계 3:11** 내가 속히 오리니 네가 가진 것을 굳게 잡아 아무도 네 면류관을 빼앗지 못하게 하라

딤전 6:12 믿음의 선한 싸움을 싸우라 영생을 취하라 이를 위하여 네가 부르심을 받았고 많은 증인 앞에서 선한 증언을 하였도다

6 **마 7:13~14** 좁은 문으로 들어가라 멸망으로 인도하는 문은 크고 그 길이 넓어 그리로 들어가는 자가 많고 생명으로 인도하는 문은 좁고 길이 협착하여 찾는 자가 적음이라

7 **요 5:24** 내가 진실로 진실로 너희에게 이르노니 내 말을 듣고 또 나 보내신 이를 믿는 자는 영생을 얻었고 심판에 이르지 아니하나니 사망에서 생명으로 옮겼느니라

8 **고후 13:5** 너희는 믿음 안에 있는가 너희 자신을 시험하고 너희 자신을 확증하라 예수 그리스도께서 너희 안에 계신 줄을 너희가 스스로 알지 못하느냐 그렇지 않으면 너희는 버림 받은 자니라

9 **히 2:14~15** 자녀들은 혈과 육에 속하였으매 그도 또한 같은 모양으로 혈과 육을 함께 지니심은 죽음을 통하여 죽음의 세력을 잡은 자 곧 마귀를 멸하시며 또 죽기를 무서워하므로 한평생 매여 종 노릇 하는 모든 자들을 놓아 주려 하심이니

의인은 믿음으로 말미암아 살리라

1 **히 11:6** 믿음이 없이는 하나님을 기쁘시게 하지 못하나니 하나님께 나아가는 자는 반드시 그가 계신 것과 또한 그가 자기를 찾는 자들에게 상 주시는 이심을 믿어야 할지니라

2 **합 3:17~19** 비록 무화과나무가 무성하

지 못하며 포도나무에 열매가 없으며 감
람나무에 소출이 없으며 밭에 먹을 것
이 없으며 우리에 양이 없으며 외양간에
소가 없을지라도 나는 여호와로 말미암
아 즐거워하며 나의 구원의 하나님으로
말미암아 기뻐하리로다 주 여호와는 나
의 힘이시라 나의 발을 사슴과 같게 하
사 나를 나의 높은 곳으로 다니게 하시
리로다 이 노래는 지휘하는 사람을 위하
여 내 수금에 맞춘 것이니라

3 **히 4:12** 하나님의 말씀은 살아 있고 활
력이 있어 좌우에 날선 어떤 검보다도 예
리하여 혼과 영과 및 관절과 골수를 찔
러 쪼개기까지 하며 또 마음의 생각과
뜻을 판단하나니

사 55:11 내 입에서 나가는 말도 이와
같이 헛되이 내게로 되돌아오지 아니하
고 나의 기뻐하는 뜻을 이루며 내가 보
낸 일에 형통함이니라

4 **사 55:12** 너희는 기쁨으로 나아가며 평
안히 인도함을 받을 것이요 산들과 언덕
들이 너희 앞에서 노래를 발하고 들의
모든 나무가 손뼉을 칠 것이며

5 **시 1:3** 그는 시냇가에 심은 나무가 철을
따라 열매를 맺으며 그 잎사귀가 마르지
아니함 같으니 그가 하는 모든 일이 다
형통하리로다

겔 47:7~12 내가 돌아가니 강 좌우편
에 나무가 심히 많더라 그가 내게 이르
시되 이 물이 동쪽으로 향하여 흘러 아
라바로 내려가서 바다에 이르니 이 흘
러 내리는 물로 그 바다의 물이 되살아
나리라 이 강물이 이르는 곳마다 번성하

는 모든 생물이 살고 또 고기가 심히 많
으리니 이 물이 흘러 들어가므로 바닷물
이 되살아나겠고 이 강이 이르는 각처에
모든 것이 살 것이며 또 이 강 가에 어부
가 설 것이니 엔게디에서부터 에네글라
임까지 그물 치는 곳이 될 것이라 그 고
기가 각기 종류를 따라 큰 바다의 고기
같이 심히 많으려니와 그 진펄과 개펄
은 되살아나지 못하고 소금 땅이 될 것
이며 강 좌우 가에는 각종 먹을 과실나
무가 자라서 그 잎이 시들지 아니하며 열
매가 끊이지 아니하고 달마다 새 열매를
맺으리니 그 물이 성소를 통하여 나옴이
라 그 열매는 먹을 만하고 그 잎사귀는
약 재료가 되리라

6 **고전 12:21** 눈이 손더러 내가 너를 쓸
데가 없다 하거나 또한 머리가 발더러
내가 너를 쓸 데가 없다 하지 못하리라

7 **계 4:3** 앉으신 이의 모양이 벽옥과 홍보
석 같고 또 무지개가 있어 보좌에 둘렸
는데 그 모양이 녹보석 같더라

고후 4:4 그 중에 이 세상의 신이 믿지
아니하는 자들의 마음을 혼미하게 하여
그리스도의 영광의 복음의 광채가 비치
지 못하게 함이니 그리스도는 하나님의
형상이니라

히 10:20 그 길은 우리를 위하여 휘장
가운데로 열어 놓으신 새로운 살 길이요
휘장은 곧 그의 육체니라

8 **시 57:7** 하나님이여 내 마음이 확정되었
고 내 마음이 확정되었사오니 내가 노래
하고 내가 찬송하리이다

계 21:26 사람들이 만국의 영광과 존귀

를 가지고 그리로 들어가겠고

사 49:5 이제 여호와께서 말씀하시나니 그는 태에서부터 나를 그의 종으로 지으신 이시요 야곱을 그에게로 돌아오게 하시는 이시니 이스라엘이 그에게로 모이는도다 그러므로 내가 여호와 보시기에 영화롭게 되었으며 나의 하나님은 나의 힘이 되셨도다

슥 3:10 만군의 여호와가 말하노라 그 날에 너희가 각각 포도나무와 무화과나무 아래로 서로 초대하리라 하셨느니라

9 **삿 9:15** 가시나무가 나무들에게 이르되 만일 너희가 참으로 내게 기름을 부어 너희 위에 왕으로 삼겠거든 와서 내 그늘에 피하라 그리하지 아니하면 불이 가시나무에서 나와서 레바논의 백향목을 사를 것이라 하였느니라

렘 5:30~31 이 땅에 무섭고 놀라운 일이 있도다 선지자들은 거짓을 예언하며 제사장들은 자기 권력으로 다스리며 내 백성은 그것을 좋게 여기니 마지막에는 너희가 어찌하려느냐

10 **암 9:15** 내가 그들을 그들의 땅에 심으리니 그들이 내가 준 땅에서 다시 뽑히지 아니하리라 네 하나님 여호와의 말씀이니라

렘 32:41 내가 기쁨으로 그들에게 복을 주되 분명히 나의 마음과 정성을 다하여 그들을 이 땅에 심으리라

11 **벧전 1:18~23** 너희가 알거니와 너희 조상이 물려 준 헛된 행실에서 대속함을 받은 것은 은이나 금 같이 없어질 것으로 된 것이 아니요 오직 흠 없고 점 없는 어린 양 같은 그리스도의 보배로운 피로 된 것이니라 그는 창세 전부터 미리 알린 바 되신 이나 이 말세에 너희를 위하여 나타내신 바 되었으니 너희는 그를 죽은 자 가운데서 살리시고 영광을 주신 하나님을 그리스도로 말미암아 믿는 자니 너희 믿음과 소망이 하나님께 있게 하셨느니라 너희가 진리를 순종함으로 너희 영혼을 깨끗하게 하여 거짓이 없이 형제를 사랑하기에 이르렀으니 마음으로 뜨겁게 서로 사랑하라 너희가 거듭난 것은 썩어질 씨로 된 것이 아니요 썩지 아니할 씨로 된 것이니 살아 있고 항상 있는 하나님의 말씀으로 되었느니라

히 12:28 그러므로 우리가 흔들리지 않는 나라를 받았은즉 은혜를 받자 이로 말미암아 경건함과 두려움으로 하나님을 기쁘시게 섬길지니

12 **마 7:19** 아름다운 열매를 맺지 아니하는 나무마다 찍혀 불에 던져지느니라

고후 5:17 그런즉 누구든지 그리스도 안에 있으면 새로운 피조물이라 이전 것은 지나갔으니 보라 새 것이 되었도다

사 45:18 대저 여호와께서 이같이 말씀하시되 하늘을 창조하신 이 그는 하나님이시니 그가 땅을 지으시고 그것을 만드셨으며 그것을 견고하게 하시되 혼돈하게 창조하지 아니하시고 사람이 거주하게 그것을 지으셨으니 나는 여호와라 나 외에 다른 이가 없느니라

복음대학

1 **히 1:2** 이 모든 날 마지막에는 아들을

통하여 우리에게 말씀하셨으니 이 아들을 만유의 상속자로 세우시고 또 그로 말미암아 모든 세계를 지으셨느니라

2 **히 10:20** 그 길은 우리를 위하여 휘장 가운데로 열어 놓으신 새로운 살 길이요 휘장은 곧 그의 육체니라

3 **히 9:24** 그리스도께서는 참 것의 그림자인 손으로 만든 성소에 들어가지 아니하시고 바로 그 하늘에 들어가사 이제 우리를 위하여 하나님 앞에 나타나시고

4 **히 4:9** 그런즉 안식할 때가 하나님의 백성에게 남아 있도다

5 **히 12:28** 그러므로 우리가 흔들리지 않는 나라를 받았은즉 은혜를 받자 이로 말미암아 경건함과 두려움으로 하나님을 기쁘시게 섬길지니

6 **히 2:15** 또 죽기를 무서워하므로 한평생 매여 종 노릇 하는 모든 자들을 놓아 주려 하심이니

7 **히 2:3** 우리가 이같이 큰 구원을 등한히 여기면 어찌 그 보응을 피하리요 이 구원은 처음에 주로 말씀하신 바요 들은 자들이 우리에게 확증한 바니

8 **히 9:14** 하물며 영원하신 성령으로 말미암아 흠 없는 자기를 하나님께 드린 그리스도의 피가 어찌 너희 양심을 죽은 행실에서 깨끗하게 하고 살아 계신 하나님을 섬기게 하지 못하겠느냐

9 **히 12:8** 징계는 다 받는 것이거늘 너희에게 없으면 사생자요 친아들이 아니니라

10 **히 13:13** 그런즉 우리도 그의 치욕을 짊어지고 영문 밖으로 그에게 나아가자

11 **히 6:13** 하나님이 아브라함에게 약속하실 때에 가리켜 맹세할 자가 자기보다 더 큰 이가 없으므로 자기를 가리켜 맹세하여

12 **히 9:28** 이와 같이 그리스도도 많은 사람의 죄를 담당하시려고 단번에 드리신 바 되셨고 구원에 이르게 하기 위하여 죄와 상관 없이 자기를 바라는 자들에게 두 번째 나타나시리라

13 **히 1:1** 옛적에 선지자들을 통하여 여러 부분과 여러 모양으로 우리 조상들에게 말씀하신 하나님이

14 **히 3:3** 그는 모세보다 더욱 영광을 받을 만한 것이 마치 집 지은 자가 그 집보다 더욱 존귀함 같으니라

15 **히 4:8** 만일 여호수아가 그들에게 안식을 주었더라면 그 후에 다른 날을 말씀하지 아니하셨으리라

16 **히 5:4** 이 존귀는 아무도 스스로 취하지 못하고 오직 아론과 같이 하나님의 부르심을 받은 자라야 할 것이니라

17 **눅 16:16** 율법과 선지자는 요한의 때까지요 그 후부터는 하나님 나라의 복음이 전파되어 사람마다 그리로 침입하느니라

18 **히 1:14** 모든 천사들은 섬기는 영으로서 구원 받을 상속자들을 위하여 섬기라고 보내심이 아니냐

19 **히 7:11~14** 레위 계통의 제사 직분으로 말미암아 온전함을 얻을 수 있었으면 (백성이 그 아래에서 율법을 받았으니) 어찌하여 아론의 반차를 따르지 않고 멜기세덱의 반차를 따르는 다른 한

제사장을 세울 필요가 있느냐 제사 직분이 바꾸어졌은즉 율법도 반드시 바꾸어지리니 이것은 한 사람도 제단 일을 받들지 않는 다른 지파에 속한 자를 가리켜 말한 것이라 우리 주께서는 유다로부터 나신 것이 분명하도다 이 지파에는 모세가 제사장들에 관하여 말한 것이 하나도 없고

20 **호 7:8** 에브라임이 여러 민족 가운데에 혼합되니 그는 곧 뒤집지 않은 전병이로다

21 **전 4:12** 한 사람이면 패하겠거니와 두 사람이면 맞설 수 있나니 세 겹 줄은 쉽게 끊어지지 아니하느니라

22 **히 6:18** 이는 하나님이 거짓말을 하실 수 없는 이 두 가지 변하지 못할 사실로 말미암아 앞에 있는 소망을 얻으려고 피난처를 찾은 우리에게 큰 안위를 받게 하려 하심이라

23 **벧전 1:18~23** 너희가 알거니와 너희 조상이 물려 준 헛된 행실에서 대속함을 받은 것은 은이나 금 같이 없어질 것으로 된 것이 아니요 오직 흠 없고 점 없는 어린 양 같은 그리스도의 보배로운 피로 된 것이니라 그는 창세 전부터 미리 알린 바 되신 이나 이 말세에 너희를 위하여 나타내신 바 되었으니 너희는 그를 죽은 자 가운데서 살리시고 영광을 주신 하나님을 그리스도로 말미암아 믿는 자니 너희 믿음과 소망이 하나님께 있게 하셨느니라 너희가 진리를 순종함으로 너희 영혼을 깨끗하게 하여 거짓이 없이 형제를 사랑하기에 이르렀으니 마음으로 뜨겁게 서로 사랑하라 너희가 거듭난 것은 썩어질 씨로 된 것이 아니요 썩지 아니할 씨로 된 것이니 살아 있고 항상 있는 하나님의 말씀으로 되었느니라

24 **롬 4:25** 예수는 우리가 범죄한 것 때문에 내줌이 되고 또한 우리를 의롭다 하시기 위하여 살아나셨느니라

25 **히 6:16** 사람들은 자기보다 더 큰 자를 가리켜 맹세하나니 맹세는 그들이 다투는 모든 일의 최후 확정이니라

시 57:7 하나님이여 내 마음이 확정되었고 내 마음이 확정되었사오니 내가 노래하고 내가 찬송하리이다

26 **히 7장 (258쪽 참조)**

27 **창 14:20** 너희 대적을 네 손에 붙이신 지극히 높으신 하나님을 찬송할지로다 하매 아브람이 그 얻은 것에서 십분의 일을 멜기세덱에게 주었더라

28 **히 5:11~13** 멜기세덱에 관하여는 우리가 할 말이 많으나 너희가 듣는 것이 둔하므로 설명하기 어려우니라 때가 오래되었으므로 너희가 마땅히 선생이 되었을 터인데 너희가 다시 하나님의 말씀의 초보에 대하여 누구에게서 가르침을 받아야 할 처지이니 단단한 음식은 못 먹고 젖이나 먹어야 할 자가 되었도다 이는 젖을 먹는 자마다 어린 아이니 의의 말씀을 경험하지 못한 자요

29 **히 13:15** 그러므로 우리는 예수로 말미암아 항상 찬송의 제사를 하나님께 드리자 이는 그 이름을 증언하는 입술의 열매니라

30 **롬 14:17** 하나님의 나라는 먹는 것과 마

시는 것이 아니요 오직 성령 안에 있는 의와 평강과 희락이라

살전 5:18 범사에 감사하라 이것이 그리스도 예수 안에서 너희를 향하신 하나님의 뜻이니라 그리고 맡은 자들에게 구할 것은 충성이니라

31 **고전 4:1~2** 사람이 마땅히 우리를 그리스도의 일꾼이요 하나님의 비밀을 맡은 자로 여길지어다

정신적 예배와 영적 예배

1 **고전 3:16** 너희는 너희가 하나님의 성전인 것과 하나님의 성령이 너희 안에 계시는 것을 알지 못하느냐

히3:6 그리스도는 하나님의 집을 맡은 아들로서 그와 같이 하셨으니 우리가 소망의 확신과 자랑을 끝까지 굳게 잡고 있으면 우리는 그의 집이라

2 **히 9:24** 그리스도께서는 참 것의 그림자인 손으로 만든 성소에 들어가지 아니하시고 바로 그 하늘에 들어가사 이제 우리를 위하여 하나님 앞에 나타나시고

행 7:48 그러나 지극히 높으신 이는 손으로 지은 곳에 계시지 아니하시나니 선지자가 말한 바

3 **요 4:23** 아버지께 참되게 예배하는 자들은 영과 진리로 예배할 때가 오나니 곧 이 때라 아버지께서는 자기에게 이렇게 예배하는 자들을 찾으시느니라

4 **히 10:19~20** 그러므로 형제들아 우리가 예수의 피를 힘입어 성소에 들어갈 담력을 얻었나니 그 길은 우리를 위하여 휘장 가운데로 열어 놓으신 새로운 살길이요 휘장은 곧 그의 육체니라

5 **사 1:11** 여호와께서 말씀하시되 너희의 무수한 제물이 내게 무엇이 유익하뇨 나는 숫양의 번제와 살진 짐승의 기름에 배불렀고 나는 수송아지나 어린 양이나 숫염소의 피를 기뻐하지 아니하노라

6 **히 9:1** 첫 언약에도 섬기는 예법과 세상에 속한 성소가 있더라

7 **롬 8:6** 육신의 생각은 사망이요 영의 생각은 생명과 평안이니라

고후 3:17 주는 영이시니 주의 영이 계신 곳에는 자유가 있느니라

8 **히 9:4** 금 향로와 사면을 금으로 싼 언약궤가 있고 그 안에 만나를 담은 금 항아리와 아론의 싹난 지팡이와 언약의 돌판들이 있고

9 **요 6:56** 내 살을 먹고 내 피를 마시는 자는 내 안에 거하고 나도 그의 안에 거하나니

벧전 1:18~23 너희가 알거니와 너희 조상이 물려 준 헛된 행실에서 대속함을 받은 것은 은이나 금 같이 없어질 것으로 된 것이 아니요 오직 흠 없고 점 없는 어린 양 같은 그리스도의 보배로운 피로 된 것이니라 그는 창세 전부터 미리 알린 바 되신 이나 이 말세에 너희를 위하여 나타내신 바 되었으니 너희는 그를 죽은 자 가운데서 살리시고 영광을 주신 하나님을 그리스도로 말미암아 믿는 자니 너희 믿음과 소망이 하나님께 있게 하셨느니라 너희가 진리를 순종함으로 너희 영혼을 깨끗하게 하여 거짓이 없이 형제를 사랑하기에 이르렀으니 마음으로 뜨

겁게 서로 사랑하라 너희가 거듭난 것은 썩어질 씨로 된 것이 아니요 썩지 아니할 씨로 된 것이니 살아 있고 항상 있는 하나님의 말씀으로 되었느니라

10 **요 8:44** 너희는 너희 아비 마귀에게서 났으니 너희 아비의 욕심대로 너희도 행하고자 하느니라 그는 처음부터 살인한 자요 진리가 그 속에 없으므로 진리에 서지 못하고 거짓을 말할 때마다 제 것으로 말하나니 이는 그가 거짓말쟁이요 거짓의 아비가 되었음이라

다른 사람 어찌하든지

1 **사 55:8** 이는 내 생각이 너희의 생각과 다르며 내 길은 너희의 길과 다름이니라 여호와의 말씀이니라

2 **암 3:7** 주 여호와께서는 자기의 비밀을 그 종 선지자들에게 보이지 아니하시고는 결코 행하심이 없으시리라

암 3:10~15 자기 궁궐에서 포학과 겁탈을 쌓는 자들이 바른 일 행할 줄을 모르느니라 여호와의 말씀이니라 그러므로 주 여호와께서 이와 같이 말씀하시되 이 땅 사면에 대적이 있어 네 힘을 쇠하게 하며 네 궁궐을 약탈하리라 여호와께서 이와 같이 말씀하시되 목자가 사자 입에서 양의 두 다리나 귀 조각을 건져 냄과 같이 사마리아에서 침상 모서리에나 걸상의 방석에 앉은 이스라엘 자손도 건져냄을 입으리라 주 여호와 만군의 하나님의 말씀이니라 너희는 듣고 야곱의 족속에게 증언하라 내가 이스라엘의 모든 죄를 보응하는 날에 벧엘의 제단들을 벌하여 그 제단의 뿔들을 꺾어 땅에 떨어뜨리고 겨울 궁과 여름 궁을 치리니 상아 궁들이 파괴되며 큰 궁들이 무너지리라 여호와의 말씀이니라

3 **렘 23:21** 이 선지자들은 내가 보내지 아니하였어도 달음질하며 내가 그들에게 이르지 아니하였어도 예언하였은즉

4 **암 5:4** 여호와께서 이스라엘 족속에게 이와 같이 말씀하시기를 너희는 나를 찾으라 그리하면 살리라

5 **암 8:11** 주 여호와의 말씀이니라 보라 날이 이를지라 내가 기근을 땅에 보내리니 양식이 없어 주림이 아니며 물이 없어 갈함이 아니요 여호와의 말씀을 듣지 못한 기갈이라

6 **행 18:23** 얼마 있다가 떠나 갈라디아와 브루기아 땅을 차례로 다니며 모든 제자를 굳건하게 하니라

고전 4:1~2 사람이 마땅히 우리를 그리스도의 일꾼이요 하나님의 비밀을 맡은 자로 여길지어다 그리고 맡은 자들에게 구할 것은 충성이니라

7 **행 18:25~26** 그가 일찍이 주의 도를 배워 열심으로 예수에 관한 것을 자세히 말하며 가르치나 요한의 세례만 알 따름이라 그가 회당에서 담대히 말하기 시작하거늘 브리스길라와 아굴라가 듣고 데려다가 하나님의 도를 더 정확하게 풀어 이르더라

8 **고전 4:20** 하나님의 나라는 말에 있지 아니하고 오직 능력에 있음이라

마 27:46 제구시쯤에 예수께서 크게 소리 질러 이르시되 엘리 엘리 라마 사박

다니 하시니 이는 곧 나의 하나님, 나의 하나님, 어찌하여 나를 버리셨나이까 하는 뜻이라

히 10:19~20 그러므로 형제들아 우리가 예수의 피를 힘입어 성소에 들어갈 담력을 얻었나니 그 길은 우리를 위하여 휘장 가운데로 열어 놓으신 새로운 살 길이요 휘장은 곧 그의 육체라

9 **히 11:4** 믿음으로 아벨은 가인보다 더 나은 제사를 하나님께 드림으로 의로운 자라 하시는 증거를 얻었으니 하나님이 그 예물에 대하여 증언하심이라 그가 죽었으나 그 믿음으로써 지금도 말하느니라

10 **롬 15:16** 이 은혜는 곧 나로 이방인을 위하여 그리스도 예수의 일꾼이 되어 하나님의 복음의 제사장 직분을 하게 하사 이방인을 제물로 드리는 것이 성령 안에서 거룩하게 되어 받으실 만하게 하려 하심이라

11 **계 4:3** 앉으신 이의 모양이 벽옥과 홍보석 같고 또 무지개가 있어 보좌에 둘렸는데 그 모양이 녹보석 같더라

12 **고전 3:16** 너희는 너희가 하나님의 성전인 것과 하나님의 성령이 너희 안에 계시는 것을 알지 못하느냐

고후 6:16 하나님의 성전과 우상이 어찌 일치가 되리요 우리는 살아 계신 하나님의 성전이라 이와 같이 하나님께서 이르시되 내가 그들 가운데 거하며 두루 행하여 나는 그들의 하나님이 되고 그들은 나의 백성이 되리라

13 **고전 3:13** 각 사람의 공적이 나타날 터인데 그 날이 공적을 밝히리니 이는 불로 나타내고 그 불이 각 사람의 공적이 어떠한 것을 시험할 것임이라

히 12:28~29 그러므로 우리가 흔들리지 않는 나라를 받았은즉 은혜를 받자 이로 말미암아 경건함과 두려움으로 하나님을 기쁘시게 섬길지니 우리 하나님은 소멸하는 불이심이라

14 **마 11:27** 내 아버지께서 모든 것을 내게 주셨으니 아버지 외에는 아들을 아는 자가 없고 아들과 또 아들의 소원대로 계시를 받는 자 외에는 아버지를 아는 자가 없느니라

슥 14:21 예루살렘과 유다의 모든 솥이 만군의 여호와의 성물이 될 것인즉 제사 드리는 자가 와서 이 솥을 가져다가 그것으로 고기를 삶으리라 그 날에는 만군의 여호와의 전에 가나안 사람이 다시 있지 아니하리라

계 6:8 내가 보매 청황색 말이 나오는데 그 탄 자의 이름은 사망이니 음부가 그 뒤를 따르더라 그들이 땅 사분의 일의 권세를 얻어 검과 흉년과 사망과 땅의 짐승들로써 죽이더라

천국 통신

1 **왕하 13:20~21** 엘리사가 죽으니 그를 장사하였고 해가 바뀌매 모압 도적 떼들이 그 땅에 온지라 마침 사람을 장사하는 자들이 그 도적 떼를 보고 그의 시체를 엘리사의 묘실에 들이던지매 시체가 엘리사의 뼈에 닿자 곧 회생하여 일어났더라

2 **히 13:15** 그러므로 우리는 예수로 말미암아 항상 찬송의 제사를 하나님께 드리자 이는 그 이름을 증언하는 입술의 열매니라

한 알의 밀

1 **창 22:14** 아브라함이 그 땅 이름을 여호와 이레라 하였으므로 오늘날까지 사람들이 이르기를 여호와의 산에서 준비되리라 하더라

슥 2:8 만군의 여호와께서 이같이 말씀하시되 영광을 위하여 나를 너희를 노략한 여러 나라로 보내셨나니 너희를 범하는 자는 그의 눈동자를 범하는 것이라

시 17:8 나를 눈동자 같이 지키시고 주의 날개 그늘 아래에 감추사

시 23:1 여호와는 나의 목자시니 내게 부족함이 없으리로다

2 **요 14:9** 예수께서 이르시되 빌립아 내가 이렇게 오래 너희와 함께 있으되 네가 나를 알지 못하느냐 나를 본 자는 아버지를 보았거늘 어찌하여 아버지를 보이라 하느냐

태양을 버리는 무리

1 **엡 6:17** 구원의 투구와 성령의 검 곧 하나님의 말씀을 가지라

마 5:13 너희는 세상의 소금이니 소금이 만일 그 맛을 잃으면 무엇으로 짜게 하리요 후에는 아무 쓸 데 없어 다만 밖에 버려져 사람에게 밟힐 뿐이니라

2 **요일 5:4** 무릇 하나님께로부터 난 자마다 세상을 이기느니라 세상을 이기는 승리는 이것이니 우리의 믿음이니라

3 **호 4:6** 내 백성이 지식이 없으므로 망하는도다 네가 지식을 버렸으니 나도 너를 버려 내 제사장이 되지 못하게 할 것이요 네가 네 하나님의 율법을 잊었으니 나도 네 자녀들을 잊어버리리라

호 8:12 내가 그를 위하여 내 율법을 만 가지로 기록하였으나 그들은 이상한 것으로 여기도다

막 13:31 천지는 없어지겠으나 내 말은 없어지지 아니하리라

대진주

1 **출 3:3** 이에 모세가 이르되 내가 돌이켜 가서 이 큰 광경을 보리라 떨기나무가 어찌하여 타지 아니하는고 하니 그 때에

2 **벧전 1:23** 너희가 거듭난 것은 썩어질 씨로 된 것이 아니요 썩지 아니할 씨로 된 것이니 살아 있고 항상 있는 하나님의 말씀으로 되었느니라

3 **벧전 1:18** 너희가 알거니와 너희 조상이 물려 준 헛된 행실에서 대속함을 받은 것은 은이나 금 같이 없어질 것으로 된 것이 아니요

암 9:15 내가 그들을 그들의 땅에 심으리니 그들이 내가 준 땅에서 다시 뽑히지 아니하리라 네 하나님 여호와의 말씀이니라

4 **사 33:20** 우리 절기의 시온 성을 보라 네 눈이 안정된 처소인 예루살렘을 보리니 그것은 옮겨지지 아니할 장막이라 그 말뚝이 영영히 뽑히지 아니할 것이요 그 줄이 하나도 끊어지지 아니할 것이며

5 **마 7:25** 비가 내리고 창수가 나고 바람이 불어 그 집에 부딪치되 무너지지 아니하나니 이는 주추를 반석 위에 놓은 까닭이요

벧전 2:7 그러므로 믿는 너희에게는 보배이나 믿지 아니하는 자에게는 건축자들이 버린 그 돌이 모퉁이의 머릿돌이 되고

6 **요 11:25** 예수께서 이르시되 나는 부활이요 생명이니 나를 믿는 자는 죽어도 살겠고

히 12:28 그러므로 우리가 흔들리지 않는 나라를 받았은즉 은혜를 받자 이로 말미암아 경건함과 두려움으로 하나님을 기쁘시게 섬길지니

히 13:8 예수 그리스도는 어제나 오늘이나 영원토록 동일하시니라

7 **사 40:31** 오직 여호와를 앙망하는 자는 새 힘을 얻으리니 독수리가 날개치며 올라감 같을 것이요 달음박질하여도 곤비하지 아니하겠고 걸어가도 피곤하지 아니하리로다

8 **민 11:23** 여호와께서 모세에게 이르시되 여호와의 손이 짧으냐 네가 이제 내 말이 네게 응하는 여부를 보리라

9 **롬 8:35** 누가 우리를 그리스도의 사랑에서 끊으리요 환난이나 곤고나 박해나 기근이나 적신이나 위험이나 칼이랴

10 **요 4:14** 내가 주는 물을 마시는 자는 영원히 목마르지 아니하리니 내가 주는 물은 그 속에서 영생하도록 솟아나는 샘물이 되리라

왕상 17:16 여호와께서 엘리야를 통하여 하신 말씀 같이 통의 가루가 떨어지지 아니하고 병의 기름이 없어지지 아니하니라

11 **딤후 1:10** 이제는 우리 구주 그리스도 예수의 나타나심으로 말미암아 나타났으니 그는 사망을 폐하시고 복음으로써 생명과 썩지 아니할 것을 드러내신지라

요 5:24 내가 진실로 진실로 너희에게 이르노니 내 말을 듣고 또 나 보내신 이를 믿는 자는 영생을 얻었고 심판에 이르지 아니하나니 사망에서 생명으로 옮겼느니라

고전 15:55 사망아 너의 승리가 어디 있느냐 사망아 네가 쏘는 것이 어디 있느냐

12 **요 14:6** 예수께서 이르시되 내가 곧 길이요 진리요 생명이니 나로 말미암지 않고는 아버지께로 올 자가 없느니라

요 20:31 오직 이것을 기록함은 너희로 예수께서 하나님의 아들 그리스도이심을 믿게 하려 함이요 또 너희로 믿고 그 이름을 힘입어 생명을 얻게 하려 함이니라

13 **히 1:2~3** 이 모든 날 마지막에는 아들을 통하여 우리에게 말씀하셨으니 이 아들을 만유의 상속자로 세우시고 또 그로 말미암아 모든 세계를 지으셨느니라 이는 하나님의 영광의 광채시요 그 본체의 형상이시라 그의 능력의 말씀으로 만물을 붙드시며 죄를 정결하게 하는 일을 하시고 높은 곳에 계신 지극히 크신 이의 우편에 앉으셨느니라

14 **요일 5:4** 무릇 하나님께로부터 난 자마

다 세상을 이기느니라 세상을 이기는 승리는 이것이니 우리의 믿음이니라

15 **마 19:21** 예수께서 이르시되 네가 온전하고자 할진대 가서 네 소유를 팔아 가난한 자들에게 주라 그리하면 하늘에서 보화가 네게 있으리라 그리고 와서 나를 따르라 하시니

16 **고후 11:4** 만일 누가 가서 우리가 전파하지 아니한 다른 예수를 전파하거나 혹은 너희가 받지 아니한 다른 영을 받게 하거나 혹은 너희가 받지 아니한 다른 복음을 받게 할 때에는 너희가 잘 용납하는구나

마 16:18 또 내가 네게 이르노니 너는 베드로라 내가 이 반석 위에 내 교회를 세우리니 음부의 권세가 이기지 못하리라

갈 5:24 그리스도 예수의 사람들은 육체와 함께 그 정욕과 탐심을 십자가에 못 박았느니라

수 7:24 여호수아가 이스라엘 모든 사람과 더불어 세라의 아들 아간을 잡고 그 은과 그 외투와 그 금덩이와 그의 아들들과 그의 딸들과 그의 소들과 그의 나귀들과 그의 양들과 그의 장막과 그에게 속한 모든 것을 이끌고 아골 골짜기로 가서

행 5:3 베드로가 이르되 아나니아야 어찌하여 사탄이 네 마음에 가득하여 네가 성령을 속이고 땅 값 얼마를 감추었느냐

17 **행 1:8** 오직 성령이 너희에게 임하시면 너희가 권능을 받고 예루살렘과 온 유대와 사마리아와 땅 끝까지 이르러 내 증인이 되리라 하시니라

18 **사 6:8** 내가 또 주의 목소리를 들으니 주께서 이르시되 내가 누구를 보내며 누가 우리를 위하여 갈고 하시니 그 때에 내가 이르되 내가 여기 있나이다 나를 보내소서 하였더니

어느 신학도와의 문답

1 **마 11:27** 내 아버지께서 모든 것을 내게 주셨으니 아버지 외에는 아들을 아는 자가 없고 아들과 또 아들의 소원대로 계시를 받는 자 외에는 아버지를 아는 자가 없느니라

계 2:17 귀 있는 자는 성령이 교회들에게 하시는 말씀을 들을지어다 이기는 그에게는 내가 감추었던 만나를 주고 또 흰 돌을 줄 터인데 그 돌 위에 새 이름을 기록한 것이 있나니 받는 자 밖에는 그 이름을 알 사람이 없느니라

2 **고후 11:4** 만일 누가 가서 우리가 전파하지 아니한 다른 예수를 전파하거나 혹은 너희가 받지 아니한 다른 영을 받게 하거나 혹은 너희가 받지 아니한 다른 복음을 받게 할 때에는 너희가 잘 용납하는구나

3 **시 62:11** 하나님이 한두 번 하신 말씀을 내가 들었나니 권능은 하나님께 속하였다 하셨도다

삼위일체 성전출동

1 **고후 6:16** 하나님의 성전과 우상이 어찌 일치가 되리요 우리는 살아 계신 하나님

의 성전이라 이와 같이 하나님께서 이르시되 내가 그들 가운데 거하며 두루 행하여 나는 그들의 하나님이 되고 그들은 나의 백성이 되리라

히 3:6 그리스도는 하나님의 집을 맡은 아들로서 그와 같이 하셨으니 우리가 소망의 확신과 자랑을 끝까지 굳게 잡고 있으면 우리는 그의 집이라

고전 3:16 너희는 너희가 하나님의 성전인 것과 하나님의 성령이 너희 안에 계시는 것을 알지 못하느냐

고후 13:5 너희는 믿음 안에 있는가 너희 자신을 시험하고 너희 자신을 확증하라 예수 그리스도께서 너희 안에 계신 줄을 너희가 스스로 알지 못하느냐 그렇지 않으면 너희는 버림 받은 자니라

2 **행 7:48** 그러나 지극히 높으신 이는 손으로 지은 곳에 계시지 아니하시나니 선지자가 말한 바

3 **행 7:58~59** 성 밖으로 내치고 돌로 칠새 증인들이 옷을 벗어 사울이라 하는 청년의 발 앞에 두니라 그들이 돌로 스데반을 치니 스데반이 부르짖어 이르되 주 예수여 내 영혼을 받으시옵소서 하고

4 **고후 13:13** 주 예수 그리스도의 은혜와 하나님의 사랑과 성령의 교통하심이 너희 무리와 함께 있을지어다

5 **고후 3:16** 그러나 언제든지 주께로 돌아가면 그 수건이 벗겨지리라

히 9:24 그리스도께서는 참 것의 그림자인 손으로 만든 성소에 들어가지 아니하시고 바로 그 하늘에 들어가사 이제 우리를 위하여 하나님 앞에 나타나시고

히 10:19 그러므로 형제들아 우리가 예수의 피를 힘입어 성소에 들어갈 담력을 얻었나니

6 **벧전 2:9** 그러나 너희는 택하신 족속이요 왕 같은 제사장들이요 거룩한 나라요 그의 소유가 된 백성이니 이는 너희를 어두운 데서 불러 내어 그의 기이한 빛에 들어가게 하신 이의 아름다운 덕을 선포하게 하려 하심이라

계 5:10 그들로 우리 하나님 앞에서 나라와 제사장들을 삼으셨으니 그들이 땅에서 왕 노릇 하리로다 하더라

요일 5:4 무릇 하나님께로부터 난 자마다 세상을 이기느니라 세상을 이기는 승리는 이것이니 우리의 믿음이니라

마 5:13~14 너희는 세상의 소금이니 소금이 만일 그 맛을 잃으면 무엇으로 짜게 하리요 후에는 아무 쓸 데 없어 다만 밖에 버려져 사람에게 밟힐 뿐이니라 너희는 세상의 빛이라 산 위에 있는 동네가 숨겨지지 못할 것이요

7 **계 6:8** 내가 보매 청황색 말이 나오는데 그 탄 자의 이름은 사망이니 음부가 그 뒤를 따르더라 그들이 땅 사분의 일의 권세를 얻어 검과 흉년과 사망과 땅의 짐승들로써 죽이더라

마 23:24 맹인 된 인도자여 하루살이는 걸러 내고 낙타는 삼키는도다

8 **렘 5:31** 선지자들은 거짓을 예언하며 제사장들은 자기 권력으로 다스리며 내 백성은 그것을 좋게 여기니 마지막에는 너희가 어찌하려느냐

렘 7:4 너희는 이것이 여호와의 성전이

라, 여호와의 성전이라, 여호와의 성전이
라 하는 거짓말을 믿지 말라

렘 31:33 그러나 그 날 후에 내가 이스
라엘 집과 맺을 언약은 이러하니 곧 내
가 나의 법을 그들의 속에 두며 그들의
마음에 기록하여 나는 그들의 하나님이
되고 그들은 내 백성이 될 것이라 여호
와의 말씀이니라

9 **왕상 18:21** 엘리야가 모든 백성에게 가
까이 나아가 이르되 너희가 어느 때까
지 둘 사이에서 머뭇머뭇 하려느냐 여
호와가 만일 하나님이면 그를 따르고 바
알이 만일 하나님이면 그를 따를지니라
하니 백성이 말 한마디도 대답하지 아
니하는지라

메워진 골짜기

1 **시 119:71** 고난 당한 것이 내게 유익이
라 이로 말미암아 내가 주의 율례들을
배우게 되었나이다

2 **히 5:8** 그가 아들이시면서도 받으신 고
난으로 순종함을 배워서

3 **시 23:5** 주께서 내 원수의 목전에서 내
게 상을 차려 주시고 기름을 내 머리에
부으셨으니 내 잔이 넘치나이다

호 2:15 거기서 비로소 그의 포도원을
그에게 주고 아골 골짜기로 소망의 문
을 삼아 주리니 그가 거기서 응대하기를
어렸을 때와 애굽 땅에서 올라오던 날과
같이 하리라

4 **시 91:7** 천 명이 네 왼쪽에서, 만 명이
네 오른쪽에서 엎드러지나 이 재앙이 네
게 가까이 하지 못하리로다

사 40:31 오직 여호와를 앙망하는 자는
새 힘을 얻으리니 독수리가 날개치며 올
라감 같을 것이요 달음박질하여도 곤비
하지 아니하겠고 걸어가도 피곤하지 아
니하리로다

히 13:15 그러므로 우리는 예수로 말미
암아 항상 찬송의 제사를 하나님께 드
리자 이는 그 이름을 증언하는 입술의
열매니라

5 **히 10:20** 그 길은 우리를 위하여 휘장
가운데로 열어 놓으신 새로운 살 길이요
휘장은 곧 그의 육체니라

6 **히 9:22** 율법을 따라 거의 모든 물건이
피로써 정결하게 되나니 피흘림이 없은
즉 사함이 없느니라

요 1:29 이튿날 요한이 예수께서 자기에
게 나아오심을 보고 이르되 보라 세상
죄를 지고 가는 하나님의 어린 양이로다

7 **히 13:20** 양들의 큰 목자이신 우리 주
예수를 영원한 언약의 피로 죽은 자 가
운데서 이끌어 내신 평강의 하나님이

8 **시 84:5** 주께 힘을 얻고 그 마음에 시
온의 대로가 있는 자는 복이 있나이다

사 35:10 여호와의 속량함을 받은 자들
이 돌아오되 노래하며 시온에 이르러 그
들의 머리 위에 영영한 희락을 띠고 기
쁨과 즐거움을 얻으리니 슬픔과 탄식이
사라지리로다

고후 6:16 하나님의 성전과 우상이 어찌
일치가 되리요 우리는 살아 계신 하나님
의 성전이라 이와 같이 하나님께서 이르
시되 내가 그들 가운데 거하며 두루 행
하여 나는 그들의 하나님이 되고 그들은

나의 백성이 되리라

9 **눅 3:5** 모든 골짜기가 메워지고 모든 산과 작은 산이 낮아지고 굽은 것이 곧아지고 험한 길이 평탄하여질 것이요

10 **고전 1:24** 오직 부르심을 받은 자들에게는 유대인이나 헬라인이나 그리스도는 하나님의 능력이요 하나님의 지혜니라

시 57:7~8 하나님이여 내 마음이 확정되었고 내 마음이 확정되었사오니 내가 노래하고 내가 찬송하리이다 내 영광아 깰지어다 비파야, 수금아, 깰지어다 내가 새벽을 깨우리로다

11 **시 116:15** 그의 경건한 자들의 죽음은 여호와께서 보시기에 귀중한 것이로다

히 12:6 주께서 그 사랑하시는 자를 징계하시고 그가 받아들이시는 아들마다 채찍질하심이라 하였으니

12 **히 3:6~14** 그리스도는 하나님의 집을 맡은 아들로서 그와 같이 하셨으니 우리가 소망의 확신과 자랑을 끝까지 굳게 잡고 있으면 우리는 그의 집이라 그러므로 성령이 이르신 바와 같이 오늘 너희가 그의 음성을 듣거든 광야에서 시험하던 날에 거역하던 것 같이 너희 마음을 완고하게 하지 말라 거기서 너희 열조가 나를 시험하여 증험하고 사십 년 동안 나의 행사를 보았느니라 그러므로 내가 이 세대에게 노하여 이르기를 그들이 항상 마음이 미혹되어 내 길을 알지 못하는도다 하였고 내가 노하여 맹세한 바와 같이 그들은 내 안식에 들어오지 못하리라 하였다 하였느니라 형제들아 너희는 삼가 혹 너희 중에 누가 믿지 아니하는 악

한 마음을 품고 살아 계신 하나님에게서 떨어질까 조심할 것이요 오직 오늘이라 일컫는 동안에 매일 피차 권면하여 너희 중에 누구든지 죄의 유혹으로 완고하게 되지 않도록 하라 우리가 시작할 때에 확신한 것을 끝까지 견고히 잡고 있으면 그리스도와 함께 참여한 자가 되리라

히 6:11 우리가 간절히 원하는 것은 너희 각 사람이 동일한 부지런함을 나타내어 끝까지 소망의 풍성함에 이르러

마 24:13 그러나 끝까지 견디는 자는 구원을 얻으리라

최선

1 **마 5:13~14** 너희는 세상의 소금이니 소금이 만일 그 맛을 잃으면 무엇으로 짜게 하리요 후에는 아무 쓸 데 없어 다만 밖에 버려져 사람에게 밟힐 뿐이니라 너희는 세상의 빛이라 산 위에 있는 동네가 숨겨지지 못할 것이요

2 **요일 5:4** 무릇 하나님께로부터 난 자마다 세상을 이기느니라 세상을 이기는 승리는 이것이니 우리의 믿음이니라

요 16:33 이것을 너희에게 이르는 것은 너희로 내 안에서 평안을 누리게 하려 함이라 세상에서는 너희가 환난을 당하나 담대하라 내가 세상을 이기었노라

3 **히 10:20** 그 길은 우리를 위하여 휘장 가운데로 열어 놓으신 새로운 살 길이요 휘장은 곧 그의 육체니라

4 **고전 2:16** 누가 주의 마음을 알아서 주를 가르치겠느냐 그러나 우리가 그리스도의 마음을 가졌느니라

고후 13:5 너희는 믿음 안에 있는가 너희 자신을 시험하고 너희 자신을 확증하라 예수 그리스도께서 너희 안에 계신 줄을 너희가 스스로 알지 못하느냐 그렇지 않으면 너희는 버림 받은 자니라

5 **왕상 9:3** 여호와께서 그에게 이르시되 네 기도와 네가 내 앞에서 간구한 바를 내가 들었은즉 나는 네가 건축한 이 성전을 거룩하게 구별하여 내 이름을 영원히 그 곳에 두며 내 눈길과 내 마음이 항상 거기에 있으리니

빌 2:13 너희 안에서 행하시는 이는 하나님이시니 자기의 기쁘신 뜻을 위하여 너희에게 소원을 두고 행하게 하시나니

6 **롬 8:35** 누가 우리를 그리스도의 사랑에서 끊으리요 환난이나 곤고나 박해나 기근이나 적신이나 위험이나 칼이랴

7 **골 2:2** 이는 그들로 마음에 위안을 받고 사랑 안에서 연합하여 확실한 이해의 모든 풍성함과 하나님의 비밀인 그리스도를 깨닫게 하려 함이니

고전 1:30 너희는 하나님으로부터 나서 그리스도 예수 안에 있고 예수는 하나님으로부터 나와서 우리에게 지혜와 의로움과 거룩함과 구원함이 되셨으니

8 **빌 4:4** 주 안에서 항상 기뻐하라 내가 다시 말하노니 기뻐하라

살전 5:16 항상 기뻐하라

9 **고전 4:20** 하나님의 나라는 말에 있지 아니하고 오직 능력에 있음이라

10 **막 13:31** 천지는 없어지겠으나 내 말은 없어지지 아니하리라

11 **요 5:39** 너희가 성경에서 영생을 얻는 줄 생각하고 성경을 연구하거니와 이 성경이 곧 내게 대하여 증언하는 것이니라

요 20:31 오직 이것을 기록함은 너희로 예수께서 하나님의 아들 그리스도이심을 믿게 하려 함이요 또 너희로 믿고 그 이름을 힘입어 생명을 얻게 하려 함이니라

12 **마 2:4~11** 왕이 모든 대제사장과 백성의 서기관들을 모아 그리스도가 어디서 나겠느냐 물으니 이르되 유대 베들레헴이오니 이는 선지자로 이렇게 기록된 바 또 유대 땅 베들레헴아 너는 유대 고을 중에서 가장 작지 아니하도다 네게서 한 다스리는 자가 나와서 내 백성 이스라엘의 목자가 되리라 하였음이니이다 이에 헤롯이 가만히 박사들을 불러 별이 나타난 때를 자세히 묻고 베들레헴으로 보내며 이르되 가서 아기에 대하여 자세히 알아보고 찾거든 내게 고하여 나도 가서 그에게 경배하게 하라 박사들이 왕의 말을 듣고 갈새 동방에서 보던 그 별이 문득 앞서 인도하여 가다가 아기 있는 곳 위에 머물러 서 있는지라 그들이 별을 보고 매우 크게 기뻐하고 기뻐하더라 집에 들어가 아기와 그의 어머니 마리아가 함께 있는 것을 보고 엎드려 아기께 경배하고 보배합을 열어 황금과 유향과 몰약을 예물로 드리니라

13 **히 4:12** 하나님의 말씀은 살아 있고 활력이 있어 좌우에 날선 어떤 검보다도 예리하여 혼과 영과 및 관절과 골수를 찔러 쪼개기까지 하며 또 마음의 생각과 뜻을 판단하나니

눅 14:3 예수께서 대답하여 율법교사들과 바리새인들에게 이르시되 안식일에 병 고쳐 주는 것이 합당하냐 아니하냐

요일 5:21 자녀들아 너희 자신을 지켜 우상에게서 멀리하라

14 **계 3:22** 귀 있는 자는 성령이 교회들에게 하시는 말씀을 들을지어다

기독교 병원

1 **히 12:28** 그러므로 우리가 흔들리지 않는 나라를 받았은즉 은혜를 받자 이로 말미암아 경건함과 두려움으로 하나님을 기쁘시게 섬길지니

2 **히 2:3** 우리가 이같이 큰 구원을 등한히 여기면 어찌 그 보응을 피하리요 이 구원은 처음에 주로 말씀하신 바요 들은 자들이 우리에게 확증한 바니

히 5:9 온전하게 되셨은즉 자기에게 순종하는 모든 자에게 영원한 구원의 근원이 되시고

3 **히 10:19~20** 그러므로 형제들아 우리가 예수의 피를 힘입어 성소에 들어갈 담력을 얻었나니 그 길은 우리를 위하여 휘장 가운데로 열어 놓으신 새로운 살 길이요 휘장은 곧 그의 육체라

4 **히 13:13** 그런즉 우리도 그의 치욕을 짊어지고 영문 밖으로 그에게 나아가자

5 **히 13:15** 그러므로 우리는 예수로 말미암아 항상 찬송의 제사를 하나님께 드리자 이는 그 이름을 증언하는 입술의 열매니라

사 43:21 이 백성은 내가 나를 위하여 지었나니 나를 찬송하게 하려 함이니라

6 **히 4:9** 그런즉 안식할 때가 하나님의 백성에게 남아 있도다

히 5:11 멜기세덱에 관하여는 우리가 할 말이 많으나 너희가 듣는 것이 둔하므로 설명하기 어려우니라

히 13:20 양들의 큰 목자이신 우리 주 예수를 영원한 언약의 피로 죽은 자 가운데서 이끌어 내신 평강의 하나님이

7 **마 13:46** 극히 값진 진주 하나를 발견하매 가서 자기의 소유를 다 팔아 그 진주를 사느니라

8 **히 5:12** 때가 오래 되었으므로 너희가 마땅히 선생이 되었을 터인데 너희가 다시 하나님의 말씀의 초보에 대하여 누구에게서 가르침을 받아야 할 처지이니 단단한 음식은 못 먹고 젖이나 먹어야 할 자가 되었도다

히 6:1~2 그러므로 우리가 그리스도의 도의 초보를 버리고 죽은 행실을 회개함과 하나님께 대한 신앙과 세례들과 안수와 죽은 자의 부활과 영원한 심판에 관한 교훈의 터를 다시 닦지 말고 완전한 데로 나아갈지니라

9 **히 5:13** 이는 젖을 먹는 자마다 어린 아이니 의의 말씀을 경험하지 못한 자요

마 5:20 내가 너희에게 이르노니 너희 의가 서기관과 바리새인보다 더 낫지 못하면 결코 천국에 들어가지 못하리라

히 6:3 하나님께서 허락하시면 우리가 이것을 하리라

10 **마 23:13** 화 있을진저 외식하는 서기관들과 바리새인들이여 너희는 천국 문을 사람들 앞에서 닫고 너희도 들어가지 않

고 들어가려 하는 자도 들어가지 못하게 하는도다

흉년에서 풍년으로

1 **계 3:17** 네가 말하기를 나는 부자라 부요하여 부족한 것이 없다 하나 네 곤고한 것과 가련한 것과 가난한 것과 눈 먼 것과 벌거벗은 것을 알지 못하는도다

눅 12:20 하나님은 이르시되 어리석은 자여 오늘 밤에 네 영혼을 도로 찾으리니 그러면 네 준비한 것이 누구의 것이 되겠느냐 하셨으니

마 23:15 화 있을진저 외식하는 서기관들과 바리새인들이여 너희는 교인 한 사람을 얻기 위하여 바다와 육지를 두루 다니다가 생기면 너희보다 배나 더 지옥 자식이 되게 하는도다

2 **롬 8:38** 내가 확신하노니 사망이나 생명이나 천사들이나 권세자들이나 현재 일이나 장래 일이나 능력이나

3 **히 13:15** 그러므로 우리는 예수로 말미암아 항상 찬송의 제사를 하나님께 드리자 이는 그 이름을 증언하는 입술의 열매니라

4 **눅 13:7** 포도원지기에게 이르되 내가 삼 년을 와서 이 무화과나무에서 열매를 구하되 얻지 못하니 찍어버리라 어찌 땅만 버리게 하겠느냐

5 **히 6:2** 세례들과 안수와 죽은 자의 부활과 영원한 심판에 관한 교훈의 터를 다시 닦지 말고 완전한 데로 나아갈지니라

마 23:23 화 있을진저 외식하는 서기관들과 바리새인들이여 너희가 박하와 회향과 근채의 십일조는 드리되 율법의 더 중한 바 정의와 긍휼과 믿음은 버렸도다 그러나 이것도 행하고 저것도 버리지 말아야 할지니라

6 **히 2:3** 우리가 이같이 큰 구원을 등한히 여기면 어찌 그 보응을 피하리요 이 구원은 처음에 주로 말씀하신 바요 들은 자들이 우리에게 확증한 바니

7 **히 3:5~6** 또한 모세는 장래에 말할 것을 증언하기 위하여 하나님의 온 집에서 종으로서 신실하였고 그리스도는 하나님의 집을 맡은 아들로서 그와 같이 하셨으니 우리가 소망의 확신과 자랑을 끝까지 굳게 잡고 있으면 우리는 그의 집이라

8 **히 4:9** 그런즉 안식할 때가 하나님의 백성에게 남아 있도다

9 **히 5:13~14** 이는 젖을 먹는 자마다 어린 아이니 의의 말씀을 경험하지 못한 자요 단단한 음식은 장성한 자의 것이니 그들은 지각을 사용함으로 연단을 받아 선악을 분별하는 자들이니라

10 **히 6:1~2** 그러므로 우리가 그리스도의 도의 초보를 버리고 죽은 행실을 회개함과 하나님께 대한 신앙과 세례들과 안수와 죽은 자의 부활과 영원한 심판에 관한 교훈의 터를 다시 닦지 말고 완전한 데로 나아갈지니라

11 **히 6:17** 하나님은 약속을 기업으로 받는 자들에게 그 뜻이 변하지 아니함을 충분히 나타내시려고 그 일을 맹세로 보증하셨나니

12 **히 7:28** 율법은 약점을 가진 사람들을

제사장으로 세웠거니와 율법 후에 하신 맹세의 말씀은 영원히 온전하게 되신 아들을 세우셨느니라

13 **히 8:7** 저 첫 언약이 무흠하였더라면 둘째 것을 요구할 일이 없었으려니와

14 **히 9:12** 염소와 송아지의 피로 하지 아니하고 오직 자기의 피로 영원한 속죄를 이루사 단번에 성소에 들어가셨느니라

15 **히 10:1** 율법은 장차 올 좋은 일의 그림자일 뿐이요 참 형상이 아니므로 해마다 늘 드리는 같은 제사로는 나아오는 자들을 언제나 온전하게 할 수 없느니라

16 **히 10:19~20** 그러므로 형제들아 우리가 예수의 피를 힘입어 성소에 들어갈 담력을 얻었나니 그 길은 우리를 위하여 휘장 가운데로 열어 놓으신 새로운 살길이요 휘장은 곧 그의 육체니라

17 **히 11:40** 이는 하나님이 우리를 위하여 더 좋은 것을 예비하셨은즉 우리가 아니면 그들로 온전함을 이루지 못하게 하려 하심이라

18 **히 12:28** 그러므로 우리가 흔들리지 않는 나라를 받았은즉 은혜를 받자 이로 말미암아 경건함과 두려움으로 하나님을 기쁘시게 섬길지니

19 **히 13:13** 그런즉 우리도 그의 치욕을 짊어지고 영문 밖으로 그에게 나아가자

20 **시 150:3** 나팔 소리로 찬양하며 비파와 수금으로 찬양할지어다

시 1:1 복 있는 사람은 악인들의 꾀를 따르지 아니하며 죄인들의 길에 서지 아니하며 오만한 자들의 자리에 앉지 아니하고

21 **롬 1:17** 복음에는 하나님의 의가 나타나서 믿음으로 믿음에 이르게 하나니 기록된 바 오직 의인은 믿음으로 말미암아 살리라 함과 같으니라

갈 3:11 또 하나님 앞에서 아무도 율법으로 말미암아 의롭게 되지 못할 것이 분명하니 이는 의인은 믿음으로 살리라 하였음이라

히 10:38 나의 의인은 믿음으로 말미암아 살리라 또한 뒤로 물러가면 내 마음이 그를 기뻐하지 아니하리라 하셨느니라

22 **사 57:21** 내 하나님의 말씀에 악인에게는 평강이 없다 하셨느니라

렘 23:28 여호와의 말씀이니라 꿈을 꾼 선지자는 꿈을 말할 것이요 내 말을 받은 자는 성실함으로 내 말을 말할 것이라 겨가 어찌 알곡과 같겠느냐

23 **잠 10:7** 의인을 기념할 때에는 칭찬하거니와 악인의 이름은 썩게 되느니라

24 **시 37:17** 악인의 팔은 부러지나 의인은 여호와께서 붙드시는도다

25 **잠 24:20** 대저 행악자는 장래가 없겠고 악인의 등불은 꺼지리라

26 **눅 5:4** 말씀을 마치시고 시몬에게 이르시되 깊은 데로 가서 그물을 내려 고기를 잡으라

사 35:10 여호와의 속량함을 받은 자들이 돌아오되 노래하며 시온에 이르러 그들의 머리 위에 영영한 희락을 띠고 기쁨과 즐거움을 얻으리니 슬픔과 탄식이 사라지리로다

27 **행 5:29** 베드로와 사도들이 대답하여

이르되 사람보다 하나님께 순종하는 것이 마땅하니라

갈 1:10 이제 내가 사람들에게 좋게 하랴 하나님께 좋게 하랴 사람들에게 기쁨을 구하랴 내가 지금까지 사람들의 기쁨을 구하였다면 그리스도의 종이 아니니라

마 16:26 사람이 만일 온 천하를 얻고도 제 목숨을 잃으면 무엇이 유익하리요 사람이 무엇을 주고 제 목숨과 바꾸겠느냐

단단한 식물 멜기세덱

1 **요 12:24** 내가 진실로 진실로 너희에게 이르노니 한 알의 밀이 땅에 떨어져 죽지 아니하면 한 알 그대로 있고 죽으면 많은 열매를 맺느니라

2 **마 7:14** 생명으로 인도하는 문은 좁고 길이 협착하여 찾는 자가 적음이라

마 18:8 만일 네 손이나 네 발이 너를 범죄하게 하거든 찍어 내버리라 장애인이나 다리 저는 자로 영생에 들어가는 것이 두 손과 두 발을 가지고 영원한 불에 던져지는 것보다 나으니라

3 **히 5:12** 때가 오래 되었으므로 너희가 마땅히 선생이 되었을 터인데 너희가 다시 하나님의 말씀의 초보에 대하여 누구에게서 가르침을 받아야 할 처지이니 단단한 음식은 못 먹고 젖이나 먹어야 할 자가 되었도다

4 **암 8:11** 주 여호와의 말씀이니라 보라 날이 이를지라 내가 기근을 땅에 보내리니 양식이 없어 주림이 아니며 물이 없어 갈함이 아니요 여호와의 말씀을 듣지

못한 기갈이라

5 **엡 6:19** 또 나를 위하여 구할 것은 내게 말씀을 주사 나로 입을 열어 복음의 비밀을 담대히 알리게 하옵소서 할 것이니

갈 1:8 그러나 우리나 혹은 하늘로부터 온 천사라도 우리가 너희에게 전한 복음 외에 다른 복음을 전하면 저주를 받을지어다

6 **히 5:11** 멜기세덱에 관하여는 우리가 할 말이 많으나 너희가 듣는 것이 둔하므로 설명하기 어려우니라

7 **창 14:18** 살렘 왕 멜기세덱이 떡과 포도주를 가지고 나왔으니 그는 지극히 높으신 하나님의 제사장이었더라

8 **시 110:4** 여호와는 맹세하고 변하지 아니하시리라 이르시기를 너는 멜기세덱의 서열을 따라 영원한 제사장이라 하셨도다

9 **마 13:46** 극히 값진 진주 하나를 발견하매 가서 자기의 소유를 다 팔아 그 진주를 사느니라

10 **말 4:2** 내 이름을 경외하는 너희에게는 공의로운 해가 떠올라서 치료하는 광선을 비추리니 너희가 나가서 외양간에서 나온 송아지 같이 뛰리라

11 **계 4:10** 이십사 장로들이 보좌에 앉으신 이 앞에 엎드려 세세토록 살아 계시는 이에게 경배하고 자기의 관을 보좌 앞에 드리며 이르되

12 **롬 12:1** 그러므로 형제들아 내가 하나님의 모든 자비하심으로 너희를 권하노니 너희 몸을 하나님이 기뻐하시는 거룩한 산 제물로 드리라 이는 너희가 드릴

영적 예배니라

요 4:23 아버지께 참되게 예배하는 자들은 영과 진리로 예배할 때가 오나니 곧 이 때라 아버지께서는 자기에게 이렇게 예배하는 자들을 찾으시느니라

동서남북

1 **빌 3:20** 그러나 우리의 시민권은 하늘에 있는지라 거기로부터 구원하는 자 곧 주 예수 그리스도를 기다리노니

2 **고후 5:20** 그러므로 우리가 그리스도를 대신하여 사신이 되어 하나님이 우리를 통하여 너희를 권면하시는 것 같이 그리스도를 대신하여 간청하노니 너희는 하나님과 화목하라

요 14:9 예수께서 이르시되 빌립아 내가 이렇게 오래 너희와 함께 있으되 네가 나를 알지 못하느냐 나를 본 자는 아버지를 보았거늘 어찌하여 아버지를 보이라 하느냐

3 **고후 4:7** 우리가 이 보배를 질그릇에 가졌으니 이는 심히 큰 능력은 하나님께 있고 우리에게 있지 아니함을 알게 하려 함이라

마 13:46 극히 값진 진주 하나를 발견하매 가서 자기의 소유를 다 팔아 그 진주를 사느니라

4 **막 4:38** 예수께서는 고물에서 베개를 베고 주무시더니 제자들이 깨우며 이르되 선생님이여 우리가 죽게 된 것을 돌보지 아니하시나이까 하니

빌 4:7 그리하면 모든 지각에 뛰어난 하나님의 평강이 그리스도 예수 안에서 너희 마음과 생각을 지키시리라

살후 3:16 평강의 주께서 친히 때마다 일마다 너희에게 평강을 주시고 주께서 너희 모든 사람과 함께 하시기를 원하노라

수 21:44 여호와께서 그들의 주위에 안식을 주셨으되 그 조상들에게 맹세하신 대로 하셨으므로 그들의 모든 원수를 중에 그들과 맞선 자가 하나도 없었으니 이는 여호와께서 그들의 모든 원수들을 그들의 손에 넘겨 주셨음이니라

5 **엡 4:27** 마귀에게 틈을 주지 말라

6 **민 2:3** 동방 해 돋는 쪽에 진 칠 자는 그 진영별로 유다의 진영의 군기에 속한 자라 유다 자손의 지휘관은 암미나답의 아들 나손이요

민 10:14 선두로 유다 자손의 진영의 군기에 속한 자들이 그들의 진영별로 행진하였으니 유다 군대는 암미나답의 아들 나손이 이끌었고

7 **창 22:14** 아브라함이 그 땅 이름을 여호와 이레라 하였으므로 오늘날까지 사람들이 이르기를 여호와의 산에서 준비되리라 하더라

8 **출 17:15** 모세가 제단을 쌓고 그 이름을 여호와 닛시라 하고

9 **삿 6:24** 기드온이 여호와를 위하여 거기서 제단을 쌓고 그것을 여호와 살롬이라 하였더라 그것이 오늘까지 아비에셀 사람에게 속한 오브라에 있더라

10 **겔 48:35** 그 사방의 합계는 만 팔천 척이라 그 날 후로는 그 성읍의 이름을 여호와삼마라 하리라

11 **고전 1:30** 너희는 하나님으로부터 나서 그리스도 예수 안에 있고 예수는 하나님으로부터 나와서 우리에게 지혜와 의로움과 거룩함과 구원함이 되셨으니

12 **겔 47:3** 그 사람이 손에 줄을 잡고 동쪽으로 나아가며 천 척을 측량한 후에 내게 그 물을 건너게 하시니 물이 발목에 오르더니

13 **벧전 2:9** 그러나 너희는 택하신 족속이요 왕 같은 제사장들이요 거룩한 나라요 그의 소유가 된 백성이니 이는 너희를 어두운 데서 불러 내어 그의 기이한 빛에 들어가게 하신 이의 아름다운 덕을 선포하게 하려 하심이라

14 **엡 3:19** 그 너비와 길이와 높이와 깊이가 어떠함을 깨달아 하나님의 모든 충만하신 것으로 너희에게 충만하게 하시기를 구하노라

15 **롬 8:37** 그러나 이 모든 일에 우리를 사랑하시는 이로 말미암아 우리가 넉넉히 이기느니라

16 **계 21:2** 또 내가 보매 거룩한 성 새 예루살렘이 하나님께로부터 하늘에서 내려오니 그 준비한 것이 신부가 남편을 위하여 단장한 것 같더라

17 **창 1:28** 하나님이 그들에게 복을 주시며 하나님이 그들에게 이르시되 생육하고 번성하여 땅에 충만하라, 땅을 정복하라, 바다의 물고기와 하늘의 새와 땅에 움직이는 모든 생물을 다스리라 하시니라

요일 5:4 무릇 하나님께로부터 난 자마다 세상을 이기느니라 세상을 이기는 승리는 이것이니 우리의 믿음이니라

18 **히 4:1** 그러므로 우리는 두려워할지니 그의 안식에 들어갈 약속이 남아 있을지라도 너희 중에는 혹 이르지 못할 자가 있을까 함이라

19 **히 6:2** 세례들과 안수와 죽은 자의 부활과 영원한 심판에 관한 교훈의 터를 다시 닦지 말고 완전한 데로 나아갈지니라

20 **히 10:19** 그러므로 형제들아 우리가 예수의 피를 힘입어 성소에 늘어갈 담력을 얻었나니

21 **히 12:16** 음행하는 자와 혹 한 그릇 음식을 위하여 장자의 명분을 판 에서와 같이 망령된 자가 없도록 살피라

22 **계 3:20** 볼지어다 내가 문 밖에 서서 두드리노니 누구든지 내 음성을 듣고 문을 열면 내가 그에게로 들어가 그와 더불어 먹고 그는 나와 더불어 먹으리라

한국에는 삭개오도 없단 말인가

1 **마 20:16** 이와 같이 나중 된 자로서 먼저 되고 먼저 된 자로서 나중 되리라

2 **마 9:12** 예수께서 들으시고 이르시되 건강한 자에게는 의사가 쓸 데 없고 병든 자에게라야 쓸 데 있느니라

3 **눅 19:1~10** 예수께서 여리고로 들어가 지나가시더라 삭개오라 이름하는 자가 있으니 세리장이요 또한 부자라 그가 예수께서 어떠한 사람인가 하여 보고자 하되 키가 작고 사람이 많아 할 수 없어 앞으로 달려가서 보기 위하여 돌무화과나무에 올라가니 이는 예수께서 그리로 지나가시게 됨이러라 예수께서 그 곳에 이

르사 쳐다 보시고 이르시되 삭개오야 속히 내려오라 내가 오늘 네 집에 유하여야 하겠다 하시니 급히 내려와 즐거워하며 영접하거늘 뭇 사람이 보고 수군거려 이르되 저가 죄인의 집에 유하러 들어갔도다 하더라 삭개오가 서서 주께 여짜오되 주여 보시옵소서 내 소유의 절반을 가난한 자들에게 주겠사오며 만일 누구의 것을 속여 빼앗은 일이 있으면 네 갑절이나 갚겠나이다 예수께서 이르시되 오늘 구원이 이 집에 이르렀으니 이 사람도 아브라함의 자손임이로다 인자가 온 것은 잃어버린 자를 찾아 구원하려 함이니라

4 **행 3:6** 베드로가 이르되 은과 금은 내게 없거니와 내게 있는 이것을 네게 주노니 나사렛 예수 그리스도의 이름으로 일어나 걸으라 하고

5 **렘 2:13** 내 백성이 두 가지 악을 행하였나니 곧 그들이 생수의 근원되는 나를 버린 것과 스스로 웅덩이를 판 것인데 그것은 그 물을 가두지 못할 터진 웅덩이들이니라

히 10:19~20 그러므로 형제들아 우리가 예수의 피를 힘입어 성소에 들어갈 담력을 얻었나니 그 길은 우리를 위하여 휘장 가운데로 열어 놓으신 새로운 살 길이요 휘장은 곧 그의 육체니라

6 **창 2:23** 아담이 이르되 이는 내 뼈 중의 뼈요 살 중의 살이라 이것을 남자에게서 취하였은즉 여자라 부르리라 하니라

계 14:4 이 사람들은 여자와 더불어 더럽히지 아니하고 순결한 자라 어린 양이 어디로 인도하든지 따라가는 자며 사람 가운데에서 속량함을 받아 처음 익은 열매로 하나님과 어린 양에게 속한 자들이니

7 **고후 6:16** 하나님의 성전과 우상이 어찌 일치가 되리요 우리는 살아 계신 하나님의 성전이라 이와 같이 하나님께서 이르시되 내가 그들 가운데 거하며 두루 행하여 나는 그들의 하나님이 되고 그들은 나의 백성이 되리라

8 **시 84:10** 주의 궁정에서의 한 날이 다른 곳에서의 천 날보다 나은즉 악인의 장막에 사는 것보다 내 하나님의 성전 문지기로 있는 것이 좋사오니

수 23:10 너희 중 한 사람이 천 명을 쫓으리니 이는 너희의 하나님 여호와 그가 너희에게 말씀하신 것 같이 너희를 위하여 싸우심이라

삼상 2:8 가난한 자를 진토에서 일으키시며 빈궁한 자를 거름더미에서 올리사 귀족들과 함께 앉게 하시며 영광의 자리를 차지하게 하시는도다 땅의 기둥들은 여호와의 것이라 여호와께서 세계를 그것들 위에 세우셨도다

9 **고전 1:18~31** 십자가의 도가 멸망하는 자들에게는 미련한 것이요 구원을 받는 우리에게는 하나님의 능력이라 기록된 바 내가 지혜 있는 자들의 지혜를 멸하고 총명한 자들의 총명을 폐하리라 하였으니 지혜 있는 자가 어디 있느냐 선비가 어디 있느냐 이 세대에 변론가가 어디 있느냐 하나님께서 이 세상의 지혜를 미련하게 하신 것이 아니냐 하나님의 지

혜에 있어서는 이 세상이 자기 지혜로 하나님을 알지 못하므로 하나님께서 전도의 미련한 것으로 믿는 자들을 구원하시기를 기뻐하셨도다 유대인은 표적을 구하고 헬라인은 지혜를 찾으나 우리는 십자가에 못 박힌 그리스도를 전하니 유대인에게는 거리끼는 것이요 이방인에게는 미련한 것이로되 오직 부르심을 받은 자들에게는 유대인이나 헬라인이나 그리스도는 하나님의 능력이요 하나님의 지혜니라 하나님의 어리석음이 사람보다 지혜롭고 하나님의 약하심이 사람보다 강하니라 형제들아 너희를 부르심을 보라 육체를 따라 지혜로운 자가 많지 아니하며 능한 자가 많지 아니하며 문벌 좋은 자가 많지 아니하도다 그러나 하나님께서 세상의 미련한 것들을 택하사 지혜 있는 자들을 부끄럽게 하려 하시고 세상의 약한 것들을 택하사 강한 것들을 부끄럽게 하려 하시며 하나님께서 세상의 천한 것들과 멸시 받는 것들과 없는 것들을 택하사 있는 것들을 폐하려 하시나니 이는 아무 육체도 하나님 앞에서 자랑하지 못하게 하려 하심이라 너희는 하나님으로부터 나서 그리스도 예수 안에 있고 예수는 하나님으로부터 나와서 우리에게 지혜와 의로움과 거룩함과 구원함이 되셨으니 기록된 바 자랑하는 자는 주 안에서 자랑하라 함과 같게 하려 함이라

나니 이는 믿음을 따라 하지 아니하였기 때문이라 믿음을 따라 하지 아니하는 것은 다 죄니라

놀라운 학교와 서글픈 학교
1 **롬 14:23** 의심하고 먹는 자는 정죄되었